Band 395

Grundkurs Philosophie

Der Grundkurs Philosophie in den Urban-Taschenbüchern gibt einen umfassenden Einblick in die fundamentalen Fragen heutigen Philosophierens. Er stellt die wichtigsten Bereiche der Philosophie systematisch dar; ergänzend gibt er eine Übersicht über ihre Geschichte von der Antike bis zur Gegenwart. Anliegen des Grundkurses ist es, den Einstieg in die Philosophie zu ermöglichen und zu eigenständigem Denken anzuregen. Besonderer Wert wird deshalb auf eine verständliche Sprache und eine klare Gliederung der Gedankenführung gelegt; zu allen Abschnitten ist weiterführende Literatur angegeben. Koordination: Godehard Brüntrup und Michael Reder.

Band 1
Gerd Haeffner
Philosophische Anthropologie

Band 2
Harald Schöndorf
Erkenntnistheorie

Band 3
Godehard Brüntrup
Metaphysik

Band 4
Friedo Ricken
Allgemeine Ethik

Band 5
Josef Schmidt
Philosophische Theologie

Band 6
Friedo Ricken
Philosophie der Antike

Band 7
Rolf Darge
Philosophie des Mittelalters

Band 8,1
Heinrich C. Kuhn
Philosophie der Renaissance

Band 8,2
Harald Schöndorf
Philosophie des 17. und 18. Jahrhunderts

Band 9
Emerich Coreth/Peter Ehlen/
Josef Schmidt
Philosophie des 19. Jahrhunderts

Band 10
Peter Ehlen/Gerd Haeffner/
Friedo Ricken
Philosophie des 20. Jahrhunderts

Band 11
Heinrich Watzka
Sprachphilosophie

Band 12
Hans-Dieter Mutschler
Naturphilosophie

Band 13
Friedo Ricken
Sozialethik

Band 14
Norbert Brieskorn
Rechtsphilosophie

Band 15
N. N.
Geschichtsphilosophie

Band 16
Günter Pöltner
Philosophische Ästhetik

Band 17
Friedo Ricken
Religionsphilosphie

Band 18
Winfried Löffler
Einführung in die Logik

Band 19
Norbert Brieskorn
Sozialphilosophie

Heinrich Watzka

Sprachphilosophie

Grundkurs Philosophie 11

Verlag W. Kohlhammer

1. Auflage 2014

Alle Rechte vorbehalten
© W. Kohlhammer GmbH, Stuttgart
Satz: Andrea Siebert, Neuendettelsau
Gesamtherstellung: W. Kohlhammer GmbH, Stuttgart

Print:
ISBN 978-3-17-026303-1

E-Book-Formate:
pdf: ISBN 978-3-17-026304-8
epub: ISBN 978-3-17-026305-5
mobi: ISBN 978-3-17-026306-2

Für den Inhalt abgedruckter oder verlinkter Websites ist ausschließlich der jeweilige Betreiber verantwortlich.
Die W. Kohlhammer GmbH hat keinen Einfluss auf die verknüpften Seiten und übernimmt hierfür keinerlei Haftung.

Inhaltsverzeichnis

Vorwort 9

1. Einführung 11

1.1 Die Anfänge einer Sprachreflexion im Abendland und
    ihr jähes Ende 11
1.2 Denken in der Neuzeit 14
1.3 Die abgeleitete Intentionalität der Sprachzeichen 16
1.4 Sprachliche und nicht-sprachliche Modelle
    der Intentionalität 17
1.5 Neun Hypothesen über den Zusammenhang von
    Semantik, Psychologie und Physik 21

2. Denken und Reden, Versuch einer
   Verhältnisbestimmung 26

2.1 Intentionale Einstellungen 27
2.2 Ein Plädoyer für Propositionen 29
　　2.2.1 Russellsche Propositionen 32
　　2.2.2 Fregesche Propositionen 34
2.3 Begriffe 38
2.4 Können Kleinkinder und Tiere denken? 47
2.5 Davidsons Argument für den Zusammenhang von
    Denken und Sprachfähigkeit 50
2.6 Das Argument aus dem spezifisch rationalen Inhalt 56

3 Die Wende zur Sprache (I): Analytische Philosophie ... 61

3.1 Die Verstoßung der Gedanken aus dem Bewusstsein ... 61
3.2 Spuren des Mentalismus bei klassischen Denkern ... 65
3.3 Frege über ‚Sinn' und ‚Bedeutung' ... 76
3.4 Wittgensteins Argument gegen die Möglichkeit einer Privatsprache ... 82
3.5 Die elaborierteste Form des Mentalismus: intentionenbasierte Semantik ... 91

4 Grundzüge einer logischen Grammatik ... 97

4.1 Sprachanalyse und das Prinzip der Ausdrückbarkeit ... 97
4.2 Grundzüge einer Wahrheitssemantik ... 100
4.3 Der Zweck der Analyse ... 103
4.4 Frege-/Wittgenstein I-Semantik ... 107
    4.4.1 Semantik elementarer Sätze ... 107
    4.4.1.1 Semantik genereller Termini ... 111
    4.4.1.2 Semantik singulärer Termini ... 114
    4.4.2 Semantik komplexer Sätze ... 120
    4.4.2.1 Semantik wahrheitsfunktional verknüpfter Sätze .. 120
    4.4.2.2 Semantik genereller Sätze ... 122
4.5 Semantik des „ist"-Sagens ... 125
4.6 Illokutionäre Rollen (Sprechakttheorie) ... 132

5 Bezugnahme und Indexikalität ... 139

5.1 Eigenname und Bezug ... 139
5.2 Starre Bezugnahme und Quer-Weltein-Identität ... 145
5.3 Extension der Termini natürlicher Arten ... 151
5.4 Semantischer Externalismus ... 154
5.5 Putnams Vektortheorie des Sinns ... 160
5.6 Zweidimensionale Semantik ... 163
5.7 Psychologischer Anti-Individualismus ... 166

6	Die Wende zur Sprache (II): kontinentale Philosophie (Phänomenologie)	170
6.1	Herder und die Entdeckung der sprachlichen Dimension	171
6.2	Expressiv-konstitutive Sprachauffassungen	181
6.3	Sprachphilosophie aus dem Geist der Romantik	186
6.4	Sprache als Ort der ‚Lichtung' (Heidegger)	190
	6.4.1 Die Geschichte der ‚Lichtung'	190
	6.4.2 Existenzial-hermeneutische Vorüberlegungen	195
	6.4.3 Ereignis und Sprache	203
	6.4.4 Das ‚Dichterische' der Sprache	204

7	Interpretation, Text und Metapher	209
7.1	Vom Äußerungsverstehen zum Textverstehen	209
7.2	Schrift als ‚entfremdete Rede' (Gadamer)	212
7.3	Rückkehr zum ‚Problem des Textes' (Ricoeur)	215
	7.3.1 Vom Wort zur Schrift	215
	7.3.2 Der Text als ‚Werk'	217
	7.3.3 Die ‚Welt' des Werks	218
	7.3.4 Sich-Verstehen vor dem Werk	222
7.4	Semantik der Metapher	223

Literatur	229
Sachregister	236
Namenregister	239

Vorwort

Die Sprache ist das nicht-hintergehbare Medium der Reflexion. Dies hat die Philosophie lange Zeit nicht davon abgehalten, dem systematischen Nachdenken über die Sprache eine nachgeordnete Bedeutung beizulegen. Sprachphilosophie als selbständige philosophische Disziplin gibt es erst seit dem 20. Jahrhundert. Die so genannte Wende zur Sprache (*linguistic turn*, der Ausdruck geht auf Rorty 1967 zurück) ist freilich keine Affäre, die auf die analytische Philosophie beschränkt blieb, auch Denker wie Heidegger, Derrida oder Ricoeur haben sie vollzogen. Was macht Sprache aber zu einem bemerkenswerten und lohnenden Gegenstand der Philosophie? Die Sprachphilosophie im heutigen Sinn begann als Kritik an der Bewusstseinsphilosophie und am Mentalismus, wonach der Geist über bedeutungstragende innere Vehikel des Denkens verfügt, mittels derer er äußere Gegenstände oder Sachverhalte repräsentieren kann. Die ‚Verstoßung der Gedanken aus dem Bewusstsein' (Dummett 1988) führte zu der Auszeichnung eines Bereichs geteilter Bedeutungen und deren Bindung an die Institution einer gemeinsamen Sprache. Gedanken werden durch die Sprache nicht nur übertragen, sondern auch erzeugt. Im Zentrum der zu einer Grundlagendisziplin aufgerückten Sprachphilosophie steht die Bedeutungstheorie, die vom Vorrang des Satzes vor den Wortbedeutungen und dem Zusammenhang von Bedeutung und Wahrheit ausgeht. Der sprachanalytische Konsens, wonach eine Analyse der Gedanken durch eine Analyse der Sprache und nur durch sie zu haben ist, wird durch neuere Trends in der Philosophie des Geistes unterlaufen. Der vorliegende Band des Grundkurses Philosophie sieht die gegenwärtig primäre Aufgabe einer Sprachphilosophie in der Kritik am neu erstehenden Mentalismus und der Naturalisierung des begrifflichen Inhalts. Im Mittelpunkt steht die These, dass nur Wesen, die sich an diskursiven Praktiken des Behauptens und Begründens beteiligen und in diesem Sinn Sprache haben, über begriffliche Gehalte verfügen.

Mein Dank gilt dem Verlag Kohlhammer und insbesondere Herrn Jürgen Schneider, der durch seine jahrelange Geduld und Begleitung an der Realisierung dieses Buchs Anteil hat, aber auch meiner Mitarbeiterin Patricia Wallusch für die unentbehrliche Hilfe bei der Erstellung der endgültigen Textfassung.

1. Einführung

1.1 Die Anfänge einer Sprachreflexion im Abendland und ihr jähes Ende

Arno Borst beginnt sein monumentales Werk zur Geschichte der Meinungen über den Ursprung und die Vielfalt der Sprachen und Völker mit folgender Episode (Borst 1957, 3): Ein Mann aus Verona mit Namen Bonigrinus stand 1296 vor dem Inquisitionsgericht in Bologna, vor dem er als Anhänger der Irrlehre der Katharer angeklagt war. Das Verhör bestätigte diesen Verdacht. Bonigrinus gab an, dass der Teufel alles Irdische geschaffen habe, auch sei die Sintflut sein Werk gewesen. Völlig anders bewertete er den Turmbau zu Babel und das Ereignis der Sprachentrennung. Statt diese als Teufelswerk hinzustellen, plädierte er mit einem völlig unkatharischen Argument für die Gleichheit aller Sprachen und Religionen: „item dixit, quod sicut sunt LXXII linguae, ita sunt LXXII fides", als ob die Teilung der Sprachen und Religionen in gleicher Weise göttlichem Ratschluss entspräche. Bonigrinus entpuppte sich als ein früher Vertreter einer pluralistischen Religionstheorie. Auffällig ist die Koppelung von sprachlicher Zugehörigkeit und religiöser Identität. Bonigrinus endete 1297 auf dem Scheiterhaufen.

Der Glaube an 72 Sprachen war fester Bestandteil der Sprachtheorie im Mittelalter. Borst fasst den Topos oder das Klischee wie folgt zusammen: „Gott schuf den Menschen und gab ihm die Sprache; diese Sprache deckte sich mit den Dingen genau; Gott redete mit Adam Hebräisch. Aus Adams Familie erwuchsen viele Stämme, die alle ein Volk mit einer Sprache blieben. Erst in Babel wurde durch den frevelhaften Turmbau die Einheit des Menschengeschlechts zerrissen; es entstanden durch Gottes wunderbares Eingreifen 72 Sprachen und 72 Völker, die alle mit der hebräischen Ursprache und Adams Volk verwandt waren und blieben. Von ihnen stammten die ‚heutigen' Sprachen und Völker unmittelbar ab, noch immer 72 an der Zahl. Bei der Sprachenteilung blieb es bis Pfingsten; seither ist die Differenzierung durch die göttliche Stiftung der Kirche, durch den Aposteln vom

Heiligen Geist geschenkte Kenntnis aller Sprachen überwunden; die drei am Kreuz Christi angebrachten Sprachen Hebräisch, Griechisch und Latein sind zugleich als Bibelsprachen über alle anderen Idiome hinausgehoben und geheiligt. In ihnen werden sich die getrennten Völker versammeln, und am Ende der Zeiten werden alle Stämme dem Herrn im Himmel auf Hebräisch ihr Halleluja singen" (Borst 1957, 6). Sämtliche der soeben aufgeführten Motive kommen in mittelalterlichen Texten wirklich vor, aber neben ihnen finden sich auch zahlreiche andere Spekulationen, so dass sich eigentlich nicht von einer einheitlichen Sprachtheorie im Mittelalter sprechen lässt. Die Zahl der Sprachen stand zu der Völkerzahl in eher lockerem Zusammenhang. Die Bedeutung der Ereignisse am Turm von Babel wurde kontrovers diskutiert. Über den Urzustand im Paradies waren widersprüchliche Hypothesen im Umlauf: ob Adams Sprache Hebräisch, Syrisch oder gar Deutsch war; ob Gott zu Adam in einer dieser Sprachen redete oder ob er die ‚Sprache' der Naturerscheinungen, Blitz, Donner, Wolke benutzte; ob er sich gar nicht vernehmlich äußerte, sondern durch Eingebung mit Adam kommunizierte. Nicht weniger vielfältig waren die Ansichten über Art und Zahl der heiligen Sprachen und die wiedergefundene Spracheinheit am Ende der Zeiten.

Was sagt die hebräische Bibel über den Anfang? Am Anfang sprach Gott: „Es werde Licht." Und es wurde Licht. Die Schöpfung hebt an als eine gewaltige Sprechhandlung Gottes. Erst durch das Aussprechen der Dinge erhalten diese ihr Sein und ihr Wesen. In *Genesis* 2,16 spricht Gott erstmals mit Adam, um ihm die Bewahrung und Nutznießung des Gartens (mit Ausnahme der Früchte des Baumes der Erkenntnis von ‚böse' und ‚gut') zu übertragen. In welcher Sprache redete Gott mit Adam? War es Hebräisch? Schon bei den Rabbinen beginnt der Streit über diese Frage und setzt sich über die Kirchenväter bis ins Mittelalter hinein fort. Auffällig ist, dass Gott nicht damit beginnt, aus dem Ackerboden die Tiere des Feldes und die Vögel des Himmels zu formen, bevor er mit Adam geredet hatte. Gott führte die untermenschliche Kreatur, die er aus Lehm herstellte, dem Adam zu, um zu sehen, wie er (Adam) sie benennen würde. Wie Adam jedes Lebewesen benennen würde, so sollte es heißen. Die Bibel weist Adam die Rolle des „Nomotheten oder Gesetzgebers", d. h. des „ersten Schöpfers der Sprache" zu, wie sie auch in der Mythologie anderer

Kulturen nachweisbar ist (Eco 1994, 21). Die Bibel lässt es offen, auf welcher Grundlage Adam die Tiere benannte. Benannte er sie bei einem Namen, der ihnen auf der Grundlage eines „außersprachlichen Rechts" zukam (ebd.), oder ging er bei der Namensgebung willkürlich vor? Hat Adam jedes Tier auf der Grundlage einer wesentlichen Bestimmung, seiner Natur benannt, oder begründete er mit der Benennung lediglich eine Konvention?

In *Genesis* 2,22f. erblickt Adam die ihm zugedachte „Hilfe", die „ihm entsprach", was sich in der von Adam vorgenommenen Namensgebung ausdrückt: „Das ist doch nun endlich Bein von meinem Bein und Fleisch von meinem Fleisch, *Männin* soll sie heißen, denn vom Mann ist sie genommen", so in der Übersetzung Martin Luthers, der das hebräische אשה so übersetzt, um hörbar zu machen, dass es sich um das Feminin zu איש handelt. In *Genesis* 3,20 nennt Adam seine Frau „Eva", was ‚Leben' oder ‚Mutter der Lebenden' bedeutet. Wir haben also zwei Fälle von „Benennungen nicht-willkürlicher Art", in denen der Mensch die Sache mit ihrem „richtigen" Namen benennt (Eco 1994, 22).

Die Frage des Nomotheten oder Gesetzgebers des Namens wird in Platons Dialog *Kratylos*, der ersten sprachphilosophischen Abhandlung im Abendland, explizit gestellt und unbeantwortet gelassen. Der Gesetzgeber könnte den Dingen einen Namen verliehen haben, der ihnen kraft ihrer Natur (φύσει) zukommt, er könnte mit der Benennung aber auch nichts weiter als eine Konvention begründet haben. In diesem Fall trügen die Dinge einen Namen, der ihnen aufgrund einer Übereinkunft (νόμῳ) zukomme. Der Fürsprecher der Konventionalitätsthese ist Hermogenes, die These von der natürlichen Richtigkeit der Namen wird Kratylos, nach dem der Dialog benannt ist, in den Mund gelegt. Sokrates zeigt sich im Dialog zunächst unentschieden. Er probiert es mit Etymologien, er diskutiert die These, dass der Name durch Lautnachahmung oder Lautmalerei (Onomatopöie) richtig benenne und gibt diese These der Lächerlichkeit preis, und hält dann mit der eigenen Position nicht länger hinter dem Berg, wonach die wahre Erkenntnis nicht von den Benennungen („Worten"), sondern von den Sachen selber auszugehen hat. Wenn es überhaupt eines ‚Nomotheten' bedarf, dann ist dieser kein andere als der in der Dialektik, d. h. an der am Wahren interessierten Unterredungskunst geschulte Philosoph. Platon schlägt einen dritten Weg zwischen der Konventionalitätsthese des Hermogenes und der These des Kratylos von der natürlichen Richtigkeit der Namen ein, womit er das Problem beiseiteschiebt. Die Sprache ist seither kein eigentliches Thema für die Philosophie des Abendlandes. Das zentrale Thema der Philosophie der Antike und des Mittelalters ist das Seiende, verstanden als Idee (Platon) oder als substanzielle Form (Aristoteles). Seit dem Spätmittelalter schiebt sich die erkenntniskritische Skepsis vor die Erkennbarkeit des so verstandenen Seienden. Die theoretische Philosophie der Neuzeit schlägt sich mit der Frage der Objektivität unserer Begriffe und der unerschütterlichen Fundamente unseres Wissens vor dem Hintergrund der universell gewordenen Skepsis herum, nicht mehr mit dem Seienden.

Literatur:

Eco 1994.
Kraus 1996.
Prechtl 1998.
Leiss 2009.

1.2 Denken in der Neuzeit

Die Tätigkeiten, die wir seit dem Beginn der Neuzeit „Denken" nennen, untergliedern sich entsprechend des dreistufigen Schemas der damaligen Logik in die Handlungen des *Begreifens* (Begriffsbildung), des *Urteilens* und des *Schließens*. Die Trias liegt allen Logikbüchern der Epoche seit der Logik von Port-Royal von 1662 zugrunde (Arnauld/Nicole 1994). Noch Immanuel Kant unterteilt den ersten Hauptteil seiner *Logik*, die *Allgemeine Elementarlehre*, in die Abschnitte: (1.) „Von den Begriffen", (2.) „Von den Urteilen", (3.) „Von den Schlüssen" (Kant 1977, 521ff.). Bei der Begriffsbildung geht unser Verstand induktiv vor, indem er die Phänomene vergleicht, Ähnlichkeiten feststellt und bestimmte Merkmale abstrahiert, die er in einem Begriff zusammenfasst. Der Begriff ist stets der Begriff eines Gegenstandes. Die basalste Form des Urteils ist die Subsumtion eines Gegenstands unter einen Begriff, z. B.:

> Dieser [Mensch] ist weise.

Im Urteil lassen sich aber auch mehrere Begriffe von einem Gegenstand miteinander verknüpfen. Das Urteil ist demnach ein Verknüpfen oder Trennen der Begriffe von Gegenständen, d. h. eine Synthesis von Begriffen mit Blick auf Gegenstände, z. B.

> Der Berg raucht.
> Schwäne haben weißes Gefieder.
> Nicht alle Menschen sind weise.

Ein Urteil kann wahr oder falsch sein. Werden Urteile in eine bestimmte Form gebracht, lassen sich aus Urteilen weitere Urteile ableiten, ohne dass die Wirklichkeit über die Wahrheit dieser Urteile befragt werden müsste. Die Wahrheit von Urteilen lässt sich also manchmal auch an der Form von Urteilen ablesen, z. B.

> [Prämisse:] Alle Menschen sind sterblich.
> [Prämisse:] Alle Athener sind Menschen.
> [Konklusion:] Alle Athener sind sterblich.

Die in der Trias von *Begriff, Urteil, Schluss* zusammengefassten Verstandestätigkeiten sind keine sprachlichen Tätigkeiten. Begriff, Urteil, Schluss besitzen zwar Äquivalente in den natürlichen Sprachen – jedem Begriff entspricht idealerweise ein Prädikatswort in einer Sprache, der Verknüpfung von Subjekt und Prädikat im Satz entspricht die Synthesis der Begriffe von einem Gegenstand im Urteil, dem Schluss entspricht die Ableitung von wahren Urteilen aus wahren Urteilen –, aber die entsprechenden Verstandeshandlungen sind nicht wesentlich an die Verwendung von Sprachzeichen gekoppelt. Begriffe dürfen daher nicht mit den Prädikatswörtern einer Sprache, Urteile nicht mit Aussagen und Schlüsse nicht mit Ableitungen von Aussagen aus Aussagen verwechselt werden.

1.3 Die abgeleitete Intentionalität der Sprachzeichen

Was wir die *Semantik* von Sprachzeichen nennen – dass Wörter *Bedeutung* haben und *für* Gegenstände *stehen*, dass Aussagen *wahr* oder *falsch* sind –, gilt als ein Phänomen, das sich von der Tatsache herleitet, dass Menschen die Fähigkeit besitzen, eine Konvention der Art zu begründen, dass Typen von Lauten oder Schriftgebilden dazu benutzt werden können, den Inhalt von Urteilen auszudrücken und mitzuteilen. Die Erfindung des Geistes, mittels Laut- und/oder Schrifttypen Gedankeninhalte auszudrücken und mitzuteilen, nennen wir eine „Sprache". Eine Sprache besteht, stark vereinfacht ausgedrückt, aus zwei endlichen Mengen: (1.) aus einem endlichen Vorrat an Zeichen, den Phonemen, die nicht weiter variiert, sondern zu Morphemen (Silben) und Lexemen (Wörtern) kombiniert werden; (2.) aus einer endlichen Menge von Verknüpfungsregeln (Syntax, Grammatik), die es erlauben, aus Wörtern Sätze zu bilden. Durch Flexion und Verknüpfung lassen sich immer komplexere Sätze bilden. Der Satz ist die grundlegende Einheit der Verständigung, d. h. mittels Sätzen, und nur mit ihnen, können wir einen Inhalt ausdrücken, d. h. etwas zu verstehen geben. Sätze können wahr oder falsch sein. Wörter haben Bedeutung, weil sie in Sätzen verwendet werden können, in denen wir etwas zum Ausdruck bringen, mit dem wir Wahrheit beanspruchen.

Von sich her haben die Laut- und/oder Schrifttypen, die im Verbund mit Verknüpfungsregeln eine Sprache konstituieren, keinerlei Bedeutung. Die Semantik der Sprachzeichen ist vielmehr von der *Intentionalität* des menschlichen Geistes entlehnt, d. h. von seiner Fähigkeit, Begriffe auszubilden, denen Gegenstände entsprechen, und mittels der Begriffe Urteile zu fällen, die mit Blick auf einen gegebenen Sachverhalt wahr oder falsch sein können. Der Begriff der Intentionalität, der das Vermögen des Geistes bestimmt, sich auf *etwas* zu beziehen, seien es reale oder nur vorgestellte Gegenstände, Eigenschaften oder Sachverhalte, geht in der modernen Diskussion auf den Philosophen und Psychologen Franz Brentano zurück (Brentano 1924). Der Sache nach ist das Phänomen seit der Antike bekannt.

Intentionalität im ursprünglichen Sinn kommt allem Anschein nach dem Geist allein zu, niemals den Sprachzeichen. Die Semantik jedweder Sprache wurzelt in der Intentionalität des Geistes von Denkerinnen und Denkern, welche Sprache haben. In der Reihenfolge der Erklärung hat die Erklärung der Intentionalität des Geistes Vorrang vor der Erklärung der Semantik der Sprachzeichen. Die Erklärung der Intentionalität des Geistes fällt in den Zuständigkeitsbereich der *Philosophie des Geistes*, die Erklärung der Semantik von sprachlichen Zeichen in die Zuständigkeit der *Sprachphilosophie*. Wenn der Erklärung der Intentionalität des Geistes gegenüber der Erklärung der Semantik einer Sprache der Vorrang gebührt, folgt daraus, dass die Philosophie des Geistes, nicht die Sprachphilosophie eine Grundlagendisziplin der theoretischen Philosophie ist. Ein prominenter Vertreter dieser Vorrangthese ist John Searle: „Hinter meinem Zugang zu Problemen der Sprache steht die grundlegende Annahme, dass die Sprachphilosophie ein Zweig der Philosophie des Geistes ist. Das Vermögen von Sprechakten, Gegenstände und Sachverhalte in der Welt zu repräsentieren, ist eine Erweiterung des biologisch fundamentaleren Vermögens des Geistes (bzw. Hirns), den Organismus mit Hilfe von Geisteszuständen wie Überzeugungen und Wünschen, insbesondere aber mittels Handlung und Wahrnehmung zur Welt in Beziehung zu setzen" (Searle 1987, 9). Für Searle ist das Repräsentationsvermögen sprachlicher Ausdrucksmittel nicht intrinsisch, sondern von der Intentionalität des Geistes abgeleitet, wohingegen die Intentionalität der Geisteszustände von keinen vorgängigen Formen der Intentionalität mehr abhängt, vielmehr eine „intrinsische Eigenschaft dieser Zustände selbst" darstellt (Searle 1987, 10). Ziel dieses Buchs ist es, die Vorrangstellung der Philosophie des Geistes gegenüber der Sprachphilosophie hinsichtlich der Reihenfolge der Erklärung umzukehren und für die Wahrheit der Gegenthese zu argumentieren.

1.4 Sprachliche und nicht-sprachliche Modelle der Intentionalität

In Bezug auf das Verhältnis von Sprechen und Denken sind zwei radikale Standpunkte denkbar. Die eine (extreme) Partei vertritt den Standpunkt, dass sich das Phänomen der Intentionalität sprachfrei erklären lässt. Die Frage, ob Kreaturen, die sprachfrei denken, nicht auch sprechen können, ist damit nicht vorweg entschieden. Es wird nur so viel behauptet, dass der Begriff des Denkens unabhängig vom Begriff des Sprechens expliziert werden kann. Käme zum einen Phänomen (Denken) das andere Phänomen (Sprechen) hinzu, würde sich das letztere parasitär auf das erstere beziehen. Sprachliche Äußerungen hätten Sinn, weil sie sich als Übersetzungen (Enkodierungen) unserer Gedanken beschreiben lassen. Damit ist keiner Weise vorentschieden, ob die Struktur unserer Gedanken die mindeste Ähnlichkeit mit der Struktur unserer Sätze hat. Einige Vertreter der Kognitionswissenschaft dürften diese Auffassung vertreten.

Der entgegengesetzte Standpunkt favorisiert ein *sprachliches Modell* der Intentionalität. Das sprachliche Modell lässt eine radikale (a) und eine moderate Lesart (b) zu. Die radikale Lesart (a) läuft auf die Annahme einer *Sprache des Geistes* ('language of thought', 'lingua mentis') hinaus. Gemäß dieser Lesart sind intentionale Zustände einer Denkerin Relationen dieser Denkerin zu Satzzeichenvorkommnissen der Sprache des Geistes. Die Sprache des Geistes ('Mentalesisch') ist keine der uns bekannten öffentlichen Sprachen. Das Mentalesische ist auch keine Sprache, die gelernt werden könnte. Ihre Symbole müssen angeboren sein. Ihre Bedeutungen dürfen im Unterschied zu den Bedeutungen der uns bekannten öffentlichen Sprachen nicht willkürlich (konventionell) sein. Die Existenz des Mentalesischen ist die Bedingung dafür, dass Menschen eine Sprache erlernen und ihren Gedanken Ausdruck verleihen können. Für Jerry Fodor setzt sich das Mentalesische aus syntaktisch definierten Symbolen zusammen, die mit funktional charakterisierbaren distinkten Zuständen des Gehirns identisch sind. Die syntaktische Rolle der mentalesischen Symbole superveniert über der kausalen Rolle der neuronalen Zustände, durch die jene realisiert sind (Fodor 1975; 1987, Anhang). Für die Anhänger des Mentalesischen besitzen nicht Gedanken (Überzeugungen, Absichten, Wünsche), sondern Satzzeichenvorkommnisse des Mentalesischen intrinsische Intentionalität. Die Intentionalität des menschlichen Geistes ist abgeleitet von der Intentionalität des Mentalesischen. Die Symbole des Mentalesischen haben Bedeutung, nicht weil wir mit ihnen etwas denken oder meinen, sondern weil sie natürliche Zeichen für Dinge und Ereignisse innerhalb oder außerhalb des Gehirns sind. Im Gehirn materialisieren sich buchstäblich die natürlichen Zeichen innerer und äußerer Dinge und Ereignisse. Ein neuronales Erregungsmuster des Typs Ψ im Gehirn von Karla ist beispielsweise ein natürliches Zeichen für Pferde genau dann, wenn Einzelvorkommnisse von Ψ in Karlas Hirn von Pferden in Karlas Umgebung ausgelöst werden und nicht beispielsweise von Rindern, Eseln, Zebras (Fodor 1990). Anhänger einer teleologischen Semantik fügen eine weitere Bedingung hinzu. Ψ ist nicht schon dadurch ein natürliches Zeichen für Pferde, dass Einzelvorkommnisse von Ψ in Karlas Hirn in der Regel von Pferden und nicht von Rindern, Eseln, Zebras ausgelöst werden. Ψ ist nur dann ein natürliches Zeichen für Pferde, wenn der Mechanismus, der dafür sorgt, dass Ψ in der Anwesenheit von Pferden und nur von Pferden ausgelöst wird, in Karlas Vorfahren im Lauf der Evolution ausgelesen wurde (Dretske 1981; Milikan 1984). Es gibt aber auch Autoren, die die natürliche Sprache, z. B. Deutsch, Englisch, Urdu, als die Sprache des Geistes ansehen (Devitt 1981, Kap. 3.2; Devitt/Sterelny 1999, Kap. 7.3; Carruthers 1996, 38).

Die moderate Lesart des sprachlichen Modells der Intentionalität (b) unterteilt sich in eine *analogische* (b.1) und eine *relationale Spielart* (b.2) (vgl. Brandom 2000, 230f.). Gemäß der analogischen Spielart (b.1) tun wir, wenn wir einer Kreatur einen Gedanken zuschreiben, nichts anderes, als was wir täten, wenn wir ihr eine gehaltvolle sprachliche Äußerung des gleichen Inhalts zuschreiben würden. Dass die Kreatur keine Sprache spricht, ändert nichts daran, dass wir ihr die betreffende Einstellung zuzuschreiben. Die Frage ist lediglich, welche Belege wir für die Zuschreibung haben. Als Beleg scheiden sprachliche Äußerungen aus. Die Fähigkeit, sich und anderen gehaltvolle intentionale Zustände zuzuschreiben (und diese Zuschreibungen zu verstehen), ist abhängig von der Fähigkeit, sich und anderen gehaltvolle sprachliche Äußerungen zuzuschreiben (und diese Zuschreibungen zu verstehen). Auf der einen Seite können Kreaturen, die zu keinem sprachlichen Ausdruck fähig sind, Gedanken haben, Überzeugungen ausbilden, Schlüsse ziehen etc. Unsere Zuschreibungen sind daher gerechtfertigt. Auf der anderen Seite erklären wir den Inhalt ihrer Gedanken nicht anders als wir den Inhalt ihrer gehaltvollen Äußerungen erklären würden, lägen uns welche vor. In der Reihenfolge der Erklärung hat die Erklärung des Inhalts von Äußerungen den Vorrang vor der Erklärung des Inhalts der Gedanken. Die *analogische* oder *Ähnlichkeitsauffassung* war die von der Antike bis zur Schwelle des 20.

Jahrhunderts dominante Auffassung. Gemäß dieser Auffassung kann jemand denken, ohne eine Sprache zu sprechen oder zu verstehen. Denken ist aber sprachähnlich.

Die *relationale* Spielart des sprachlichen Modells der Intentionalität (b.2) räumt keiner der beiden Phänomene, Denken und Reden, den begrifflichen Vorrang ein. Der Hauptvertreter der relationalen Auffassung ist Donald Davidson: „Weder die Sprache noch das Denken lässt sich vollständig im Sinne des jeweils anderen erklären, und keinem von beiden kommt eine begriffliche Vorrangstellung zu. Die beiden sind zwar tatsächlich miteinander verbunden, und zwar in dem Sinne, dass jedes des anderen bedarf, um verstanden zu werden; doch diese Verbindung ist nicht so vollständig, dass eines von beiden [...] ausreicht, um das andere zu explizieren" (Davidson 1986a, 225). Die Abhängigkeit des Sprechens vom Denken dürfte außer Frage stehen. Sprechen heißt, Gedanken auszudrücken und mitzuteilen. Sprachzeichen haben losgelöst von ihrer expressiven und kommunikativen Rolle innerhalb einer auf Kooperation angelegten und der Wahrheit verpflichteten menschlichen Praxis keine Bedeutung. ‚Pferd' steht von Natur aus in keiner engeren Verbindung mit Pferden wie Staubsauger mit Sternenstaub. ‚Pferd'-Einzelzeichenvorkommnisse bedeuten *Pferd*, weil wir sie im Deutschen dafür verwenden, Gedanken auszudrücken, die *über* Pferde sind. Ohne Jerry Fodor zu nahe treten zu wollen: Sprachzeichen sind kein Spezialfall natürlicher Zeichen wie Spuren im Schnee, Rauch am Himmel oder Jahresringe der Bäume. Kein Sprachzeichen bezeichnet auf natürliche Weise. Die Bedeutung der Sprachzeichen ist ohne Ausnahme arbiträr. Auf der anderen Seite bedarf unser Denken des Ausdrückens und Mitteilens in Raum einer gemeinsamen Sprache. Der Zusammenhang von Reden und Denken wurde auch von der Tradition stets anerkannt, wenngleich meist immer in der Version einer Ähnlichkeitstheorie (vgl. weiter unten 3.2).

Literatur:

Davidson 1986a.
Detel 2007.
Milikan 2012.
Papineau 2006.

1.5 Neun Hypothesen über den Zusammenhang von Semantik, Psychologie und Physik

Das bisher elaborierteste Programm einer Reduktion von semantischen Eigenschaften auf die Leistungen einer sprachfreien Intentionalität ist die *intentionenbasierte Semantik* (‚*Intention-Based-Semantics*') von Herbert Paul Grice und seinen Schülern Stephen Schiffer und John Searle (Grice 1957; Schiffer 1987; Searle 1984). Das Programm fußt auf einer Reihe von Voraussetzungen, die nur zu einem Teil sprachphilosophischer Natur sind und sich mit Grundannahmen aus den Bereichen der Psychologie, der Philosophie des Geistes und der Metaphysik überschneiden. Stephen Schiffer hat in *The Remnants of Meaning* neun Hypothesen formuliert, die die Tragweite und Ambivalenz des Programms in aller Schärfe hervortreten lassen (Schiffer 1987, 1–17):

(1.) Paula steht am Strand des Golfs von Neapel und sieht, dass vom Gipfel des Vesuvs Qualm aufsteigt. Paula adressiert an ihren Begleiter folgende Lautfolge

[S] Der Berg raucht.

Die erste Hypothese lautet, dass die Lautfolge [S] eine Reihe *semantischer* Merkmale aufweist:

1. [S] ist ein Satz der deutschen Sprache, der *bedeutet*, dass der Berg raucht.
2. Indem Paula [S] äußert, *sagt* Paula, *dass* der Berg raucht.
3. Was Paula sagt, ist genau dann *wahr*, wenn der Berg raucht.
4. Mit dem Lautvorkommnis ‚der Berg' *referiert* Paula (*nimmt* Paula *Bezug*) auf den Vesuv.
5. Das von Paula geäußerte Lautvorkommnis ‚raucht' *trifft* auf den Vesuv *zu* (*ist von* dem Vesuv *wahr*).

Reduktionistische Philosophen gehen davon, dass die semantischen Eigenschaften von [S] nicht grundlegender Natur sind, sondern sich auf Eigenschaften reduzieren lassen, die wir in nicht-semantischem und nicht-intentionalem Vokabular beschreiben können. Die intentionenbasierte Semantik verfolgt ein zweistufiges Ziel: die Reduktion der semantischen Eigenschaften auf psychologische Eigenschaften, und die Reduktion psychologischer Eigenschaften auf physikalische Eigenschaften.

(2.) Paula und ihr Begleiter haben die Lautfolge [S] noch nie in ihrem Leben gehört. Dennoch gelang es Paula, [S] auf Anhieb zu erzeugen, auch wurde [S] von Paulas Begleiter auf Anhieb verstanden. Dieses Faktum ist nur dann erklärbar, wenn wir davon ausgehen, dass die deutsche Sprache (und mit ihr jede natürliche Sprache L) eine *kompositionale Semantik* in dem Sinne besitzt, dass die Bedeutungen des primitiven Vokabulars in L zusammen mit den Regeln der Syntax von L hinreichend sind, um zu erklären, wie diese Bedeutungen die Bedeutungen von unendlich vielen zusammengesetzten Ausdrücken in L determinieren. Die zweite Hypothese lautet daher, dass jede natürliche Sprache eine kompositionale Bedeutungstheorie besitzt.

(3.) Eine Bedeutungstheorie für die Äußerungen in L aufzustellen heißt nichts anderes, als die *Wahrheitsbedingungen* der Äußerungen in L anzugeben. Worin sonst sollte die *Bedeutung* von [S] bestehen, wenn nicht darin, dass eine Äußerung von [S] genau dann wahr ist, wenn der Berg raucht? Bei der Formulierung der Wahrheitsbedingungen für eine beliebige Äußerung in L werden selbstverständlich die Grundsätze der kompositionalen Semantik Anwendung finden. Die dritte Hypothese lautet daher, dass die Bedeutungstheorie für eine natürliche Sprache eine wahrheitstheoretische kompositionale Bedeutungstheorie sein muss.

(4.) Eine Theorie der Bedeutung der Äußerungen in L sollte selbstverständlich auch angeben können, worin das Verstehen dieser Bedeutungen für einen durchschnittlich kompetenten Sprecher bzw. Hörer von L besteht. Die vierte Hypothese lautet daher, dass eine Bedeutungstheorie für L auch eine *Theorie des Verstehens* der Ausdrücke in L beinhaltet.

(5.) Paula und ihr Begleiter befinden sich in geistigen Zuständen, die *Inhalt* haben. So verleiht Paula mit ihrer Äußerung ‚der Berg raucht' ihrem Glauben Ausdruck, dass der Berg raucht. Paula hat nicht nur einen Glauben. Sie glaubt z. B. auch, dass Neapel in Italien liegt, dass Berge normalerweise nicht rauchen, dass Schnee weiß ist, etc. Von Paula lässt sich eine Vielzahl solcher psychologischer Fakten behaupten. Die fünfte Hypothese lautet daher, dass Sprecher und Sprecherinnen einer Sprache Überzeugungen und andere geistige Zustände mit Inhalt haben, der semantisch bewertbar ist, d. h. wahr oder falsch sein kann.

(6.) Wer in der Philosophie des Geistes keinen psycho-physischen Dualismus vertritt – das ist die große Mehrheit heutiger Philosophen –, muss davon ausgehen, dass sich Paula in einem bestimmten ‚inneren Zustand' befindet, der ihren Glauben, dass der Berg raucht, ‚realisiert'. Paulas Gehirn instantiiert einen neuronalen Zustandstyp, der dafür verantwortlich ist, dass Paulas ‚innerer Zustand' (a) ein Zustand des *Glaubens* ist, (b) ein Zustand des Glaubens, *dass der Berg raucht*, ist. Die sechste Hypothese lautet daher, dass Überzeugungen und andere geistige Zustände entweder mit neuronale Zuständen identisch sind oder von neuronalen Zuständen realisiert werden.

(7.) Indem Paula glaubt, dass der Berg raucht, steht sie in einer Relation zu einem Objekt, das von ihr geglaubt wird. Als Objekte des Glaubens und anderer Einstellungen kommen:

a) Propositionen,
b) syntaktisch definierte Symbole einer ‚Sprache des Geistes' (lingua mentis), die über Zustandstypen des Gehirns supervenieren und ‚natürlichen Inhalt' haben,

in Frage. Ein intentionaler Zustand von Paula wie z. B. ihr Glaube, dass der Berg raucht, lässt sich analysieren (a) als Relation von Paula zu der Proposition, *dass der Berg raucht*, (b) als Relation von Paula zu einem Satzvorkommnis der lingua mentis in Paulas Hirn, für das es die deutsche Übersetzung ‚der Berg raucht' gibt. Mit Blick auf die Variante (a) hat sich in der analytischen Philosophie die Redeweise von ‚propositionalen Einstellungen' eingebürgert. Wenn eine Person etwas glaubt, wünscht oder beabsichtigt, befindet sie sich gemäß dieser Redeweise in der propositionalen Einstellung des Glaubens, Wünschens, Beabsichtigens. Die Zuschreibung einer propositionalen Einstellung hat die Form

[Z] P glaubt/wünscht/beabsichtigt, dass p,

wobei das Verb der propositionalen Einstellung (‚glaubt', ‚wünscht', ‚beabsichtigt') als zweistelliger Relationsausdruck gedeutet wird, der von zwei singulären Termini vervollständigt werden muss. Man beachte, dass nicht nur beliebige Einsetzungen für ‚P', sondern auch der mit ‚dass' eingeleiteten Nebensatz ‚dass p' als bezugnehmende Ausdrücke gedeutet werden. Wenn wir also behaupten:

[Z'] Paula glaubt, dass der Berg raucht,

nehmen wir mit ‚Paula' auf Paula und mit ‚dass der Berg raucht' auf die Proposition, *dass der Berg raucht*, Bezug. Die siebte Hypothese lautet daher, dass propositionale Einstellungen Relationen einer Sprecherin/Denkerin zu Propositionen sind.

(8.) Die semantischen Eigenschaften von Wörtern und Sätzen einer natürlichen Sprache L sind nicht irreduzibel semantisch, sie lassen sich vielmehr auf die psychologischen Eigenschaften der Sprecherinnen und Hörer von L reduzieren. Es versteht sich von selbst, dass die Sätze einer lingua mentis von dieser Reduktion ausgenommen sind. Deren Inhalt superveniert von Haus aus über robusten, kausal-gestützen Hirn-Welt-Relationen. Aber auch die psychologischen Eigenschaften von Sprecherinnen und Hörern müssen sich auf die physischen Eigenschaften ihres Gehirns und Nervensystems reduzieren lassen, wenn die 6. Hypothese wahr ist.

(9.) Die Reduktion des Semantischen auf das Psychologische erfolgt im Modell einer *intentionenbasierten Semantik* in zwei Schritten:

1. ‚Ausdrucksbedeutungen' wie z. B. die Bedeutung des deutschen Satzes [S] ‚der Berg raucht' werden auf ‚Sprecherbedeutungen' reduziert;
2. ‚Sprecherbedeutungen' werden auf die kommunikativen Absichten (Intentionen) von Sprechern reduziert, bei ihren Hörern einen Glauben bestimmten Inhalts hervorzurufen. So kann Paula mittels der Äußerung der Lautsequenz [S] *meinen*, dass der Berg raucht, ohne dass [S] *bedeutet*, dass der Berg raucht, allein dadurch, dass sie [S] in der Absicht äußert, dass ihr Begleiter erkennt, dass sie [S] in der Absicht äußert, in ihm den Glauben zu bewirken, dass der Berg raucht.

Das Grice'sche Programm einer auf Intentionen basierten Semantik setzt voraus, dass Paula mittels der Äußerung von [S] *meinen* kann, dass der Berg raucht, ohne dass [S] in ihrer Sprache *bedeutet*, dass der Berg raucht – ohne dass es in der Sprechergruppe, der Paula angehört, die Konvention gibt, dass man [S] nur dann äußern sollte, wenn man glaubt, dass der Berg raucht. Die Existenz von Sprecherbedeutungen setzt nicht die Existenz von Ausdrucksbedeutungen, d. h. einer Sprache voraus. Sprecherbedeutungen werden eingeführt, um die Konventionen einer Sprache in den kommunikativen Absichten ihrer Sprecher zu fundieren. Die neunte Hypothese lautet daher, dass (a) Ausdrucksbedeutungen (sprachliche Konventionen) auf Sprecherbedeutungen reduzierbar sind, und (b) Sprecherbedeutungen auf die Absichten von Akteuren, mittels der Äußerung von Lauten Überzeugungen und andere Einstellungen hervorzurufen.

Im Fortgang des Buchs wird dafür argumentiert, dass semantische Eigenschaften (1. Hypothese) irreduzibel sind. Ebenso anti-reduktionistisch ist die Haltung zur Frage der psycho-physischen Reduktion, d. h. der Reduktion der intentionalen Zustände einer Denkerin auf ihre physischen (neuronalen) Zustände (6. Hypothese). Wer die reduktionistischen Prämissen der Hypothesen 6 und 8 nicht teilt, wird dem Programm einer intentionenbasierten Semantik (Hypothese 9) keine Erfolgsaussichten einräumen wollen. Die Hypothesen 2, 3 und 4 werden als plausibel und alternativenlos angesehen, gleiches gilt für die relationale Theorie der propositionalen Einstellungen (Hypothese 7).

2. Denken und Reden, Versuch einer Verhältnisbestimmung

Auf den ersten Blick scheinen Intentionalität und Sprachfähigkeit zwei vollkommen unabhängige geistige Fähigkeiten zu sein, die sich parallel entwickelt haben und unabhängig von der jeweils anderen verstanden werden können. Ich werde in diesem Kapitel einige Argumente vorstellen, die die gegenteilige These zu untermauern versuchen, wonach beide Fähigkeiten, (a) die Fähigkeit, Gedanken zu haben, die ihren Inhalt begrifflich repräsentieren, (b) die Fähigkeit, Gedanken auszudrücken und mitzuteilen, einander benötigen und sich nicht unabhängig voneinander erklären lassen. Beide Fähigkeiten, das Denken und das Reden, sind zwar nicht identisch, jedoch in einer Weise miteinander verbunden, dass jedes des anderen bedarf, um verstanden werden zu können. Donald Davidson hat darauf aufmerksam gemacht, dass Philosophen dazu neigen, die Verbindung beider als so eng oder vollständig anzusehen, dass „eines von beiden […] ausreicht, um das andere zu explizieren" (Davidson 1986a, 225). Dies geschah in der Vergangenheit meist unter dem Vorzeichen einer sprachanalogen Auffassung des Denkens: Denken galt per se als sprachartig, es vollzog sich in einem Medium, das Ähnlichkeit mit den Zeichen und Symbolen einer öffentlichen Sprache hat, ohne auf diese angewiesen zu sein (vgl. den historischen Überblick in 3.2). Die Verbindung beider ist weniger eng als die Tradition annahm. Umso dringlicher ist das Desiderat, zu zeigen, wie die Fähigkeit, Gedanken zu haben, vom Besitz einer Sprache abhängt. Für die Mehrheit der klassischen Autoren galt die Intentionalität unseres Geistes als das grundlegende Phänomen. Die ‚Intentionalität' der Sprachzeichen wurde von der Intentionalität der Sprachbenutzer abgeleitet. Ich möchte die Erklärungsrichtung nicht einfach umdrehen, sondern mit Davidson ein relationales Modell des Verhältnisses von Denken und Reden, Intentionalität und Sprachfähigkeit verteidigen.

2.1 Intentionale Einstellungen

Der Terminus ‚Intentionalität' wurde von dem deutsch-österreichischen Philosophen Franz Brentano eingeführt, um das Mentale von anderen Untersuchungsgegenständen der Psychologie abzugrenzen. Mentale Phänomene zeichnen sich für Brentano weniger durch das Merkmal des Bewusstseins als vielmehr durch ihre Intentionalität aus. Unter ‚Intentionalität' versteht Brentano die „Beziehung auf einen Inhalt, die Richtung auf ein Objekt [...], oder die immanente Gegenständlichkeit" des Mentalen (Brentano 1924, 124f.). Die analytische Philosophie unserer Tage hat den von Brentano eingeführten Sprachgebrauch beibehalten, ohne seiner These zuzustimmen, dass der Objektbezug eine notwendige Bedingung des Mentalen sei. Es hat sich als sinnvoll erwiesen, zwischen (a) intentionalen und (b) nicht-intentionalen Bewusstseinszuständen zu unterscheiden. Beispiele für (a) sind Meinen, Glauben, Überzeugtsein, Wünschen, Beabsichtigen, Urteilen und andere so genannte propositionale Einstellungen, aber auch Sinneswahrnehmungen, Träume, Halluzinationen, Emotionen wie Liebe, Hass, Furcht, Eifersucht und Begehren. Beispiele für (b) sind Empfindungen, Schmerz, Juckreiz, Gefühle, aber auch komplexere Phänomen wie Stimmungen, Angst, Freude, Depression.

Die Zuschreibung intentionaler Zustände kann mit Hilfe so genannter intentionaler Verben erfolgen. Die Art der Verwendung des intentionalen Verbs entscheidet über die Art des Objektbezugs, der dem zugeschriebenen mentalen Zustand eigentümlich ist. Intentionale Verben können in folgenden Satzkonstruktionen auftreten (vgl. Glock 2010, 13):

I. S   Vs (denkt, glaubt, urteilt, erwartet etc.)   dass p
II. S   Vs (beabsichtigt, plant, meint etc.)   zu Φ
III. S Vs (liebt, begehrt, denkt an etc.)   X

Die Verben, die sich in dem Schema für den Buchstaben ‚V' einsetzen lassen, bezeichnen gemäß einer Tradition, die auf Bertrand Russell zurückgeht, die unterschiedlichen Typen intentionaler „Einstellungen" (‚attitudes', Russell 1921, 243). ‚S' vertritt in dem Schema das Subjekt der Einstellungen, während die Einsetzungen für ‚dass p ", ‚zu

Φ' und ‚X', den jeweiligen Inhalt einer Einstellung ausdrücken. Im Fall von (I) ist das grammatische Objekt von S' Einstellung eine Proposition, die mit Hilfe eines mit ‚dass' eingeleiteten Nebensatzes benannt und mittels der Satzphrase p ausgedrückt wird:

1) Otto ist davon überzeugt, dass einige Eisbären in der Antarktis leben.
2) Verena befürchtet, dass es in hundert Jahren keine Alpengletscher geben wird.
3) Attila (der Nachbarshund) glaubt, dass sein Herrchen vor der Tür steht.

Im Fall von (II) ist das grammatische Objekt von S' Einstellung ein Handlungstyp, der durch eine mit ‚zu' eingeleitete Infinitivphrase eines Handlungsverbs Φ charakterisiert wird:

4) Otto plant, zu heiraten.
5) Verena zieht es vor, zu schweigen.
6) Attila (dem Nachbarshund) widerstrebt es, zu baden.

Im Fall von (III) ist das grammatische Objekt von S' Einstellung ein Einzelding, d. h. ein konkretes oder abstraktes Individuum, das durch den singulären Terminus ‚X' benannt wird:

7) Otto bewundert Verena.
8) Verena fürchtet die (Zahl) Sieben.
9) Attila (der Nachbarshund) liebt Rapunzel (die Nachbarskatze).

Die aufgelisteten Typen intentionaler Objekte erfüllen ausnahmslos das Kriterium der „intentionalen Inexistenz" des Mentalen (Brentano 1924, 124). Otto kann davon überzeugt sein, dass in der Antarktis Eisbären leben, auch wenn das Gegenteil davon wahr ist. Er kann planen, zu heiraten, selbst wenn er seinen Plan niemals ausführt. Er kann jemanden bewundern, der nicht mehr existiert oder nie existiert hat. Intentionale Einstellungen lassen sich auf der Grundlage des oben eingeführten Schemas in (I.) *propositionale Einstellungen*, (II.) *handlungsbezogene Einstellungen* und (III.) *objektbezogene Einstellungen* unterteilen (Glock 2010a, 13). Die Mehrzahl der analytischen Autoren neigt dazu, sämtliche Formen der Intentionalität unter dem Titel der ‚propositionalen Einstellungen' zu thematisieren. Die Vorrangstellung des propositionalen Inhalts wird damit begründet, dass auch die handlungs- und objektbezogenen Einstellungen sprachbegabter Wesen propositionale Einstellungen implizieren (Kenny 1963, 126, 206f.; Tugendhat 1976, 102; McDowell 1998, 33, 35, 71f.). Die Fähigkeit, sich intentional auf Objekte oder Handlungsweisen zu beziehen, schließt die Fähigkeit ein, den Inhalt solcher Einstellungen zum Inhalt eines Urteils oder anderer propositionaler Einstellungen zu machen. Objektbezogene Einstellungen ziehen sehr oft handlungsbezogene Einstellungen nach sich und diese propositionale Einstellungen oder setzen sie voraus. Die Korrektheit der Zuschreibung ‚S wünscht ein X' kann es erforderlich machen, dass wir S die handlungsbezogene Einstellung ‚S wünscht ein X zu Φ-en' zuschreiben sowie die propositionale Einstellung ‚S ist davon überzeugt, dass X-e F sind'. Beispiele: ‚S wünscht einen Apfel', ‚S wünscht einen Apfel zu verspeisen', ‚S ist davon überzeugt, dass Äpfel schmackhaft sind'; ‚S bewundert Verena „, ‚S beabsichtigt, Verena zu heiraten', ‚S ist davon überzeugt, dass Verena eine ideale Partnerin ist'. Die These des Vorrangs der Einstellungen des Typs (I) vor den Einstellungen der Typen (II) und (III) impliziert nicht, dass Subjekte, die die Fähigkeit besitzen, sich intentional auf Propositionen zu beziehen, niemals objekt- oder handlungsbezogene Einstellungen haben könnten. Es wird nur der entgegengesetzte Fall angezweifelt: dass wir Subjekten, denen wir aus welchen Gründen auch immer die Fähigkeit absprechen, Einstellungen des Typs (I) zu haben, bedenkenlos Einstellungen der Typen (II) und (III) zuschreiben.

2.2 Ein Plädoyer für Propositionen

Propositionen werden durch das sprachliche Mittel eines mit ‚dass' eingeleiteten Nebensatzes benannt und durch Sätze ausgedrückt. So wie ein Satz etwas Zusammengesetztes ist, sind auch die durch Sätze ausgedrückten Propositionen in beispielhafter Weise zusammengesetzte Entitäten (Meixner 2004, 102). Propositionen sind aussichtsreiche Kandidaten für die Bedeutungen von Sätzen sowie den Inhalt intentionaler Zustände sprachbegabter Wesen. Ein weiterer Vorteil von Propositionen ist, dass sie als Prämissen oder Konklusionen in Schlüssen auftreten können.

Propositionen drücken sich zwar in Sätzen aus – so benennt der Satz, der im Zusammenhang der Zuschreibung propositionaler Einstellungen die Inhaltsklausel vervollständigt, die Proposition –, aber im Unterschied zu Sätzen handelt es sich bei Propositionen um abstrakte, nicht-räumliche, zeitlose, sprach- und subjektabhängige Entitäten. So hat die Proposition

(P_1) dass der Verzehr von Karotten die Sehkraft stärkt

gegenüber dem deutschen Satz

(S_1) ‚Der Verzehr von Karotten stärkt die Sehkraft'

eine Reihe von Vorzügen (vgl. Schiffer 2003, 14):

(1.) P_1 ist abstrakt, d. h. im Unterschied zu S_1 oder einem bedeutungsgleichen Satz in einer anderen natürlichen Sprache nicht räumlich und zeitlich lokalisierbar; Propositionen besitzen grundsätzlich nicht solche Eigenschaften, die sie als physische Objekte ausweisen würden.

(2.) P_1 ist sprach- und subjektunabhängig in einem zweifachen Sinn: (a) die Existenz von P_1 hängt nicht davon ab, dass P_1 zu irgendeinem Zeitpunkt von jemandem geglaubt, für wahr gehalten oder zum Inhalt einer der anderen Klassen propositionaler Einstellungen gemacht worden wäre, ja nicht einmal davon, dass Denkerinnen oder Denker existieren, während S_1 immerhin die Existenz der deutschen Sprache voraussetzt; (b) P_1 kann durch Sätze beliebiger natürlicher Sprachen ausgedrückt werden, ohne dass P_1 selbst zu irgendeiner Sprache gehörte. Die Sprach- und Subjektunabhängigkeit der Propositionen ist geeignet, semantische Fakten wie Synonymie (Bedeutungsgleichheit, Übersetzbarkeit), Ambiguität (Mehrdeutigkeit) und verbalen Disput (Streit um Worte) zu erklären (vgl. Lycan 2008, 69). Zu sagen, dass die Sätze S_1 und S_2 synonym sind, heißt nichts anderes als zu sagen, dass beide Sätze dieselbe Proposition ausdrücken. Zu sagen, dass ein Satz S₁ mehrdeutig ist, heißt zu sagen, dass er mindestens zwei unterschiedliche Propositionen P₁ und P₂ ausdrücken. Zu sagen, dass ein Disput rein verbal sei, heißt zu sagen, dass die Konfliktparteien sich in nichts widersprechen; sie gebrauchen unterschiedliche Formulierungen, um dieselben Propositionen auszudrücken.

(3.) Die Proposition, *dass der Verzehr von Karotten die Sehkraft stärkt* (P₁), ist dann und nur wahr, wenn der Verzehr von Karotten die Sehkraft stärkt. P₁ hat ihre Wahrheitsbedingungen notwendig, denn es ist eine *notwendige* Wahrheit, dass P₁ dann und nur dann wahr ist, wenn der Verzehr von Karotten die Sehkraft stärkt. Der deutsche *Satz* ‚der Verzehr von Karotten stärkt die Sehkraft' (S₁) ist zwar ebenfalls dann und nur dann wahr, wenn der Verzehr von Karotten die Sehkraft stärkt, aber nur kontingenterweise, dann nämlich, wenn die Sprecher des Deutschen ‚Karotten' verwenden, um auf Karotten Bezug zu nehmen. Würden sie ‚Karotten' verwenden, um auf Kaninchen Bezug zu nehmen, wäre S₁ nicht länger wahr.

(4.) Die Wahrheitsbedingungen von P₁ sind *absolut*, d. h. nicht relativierbar auf eine Denkerin oder eine Gruppe von Denkern, einen Zeitpunkt und einen Ort. Den Kontrast bilden wiederum Sätze. Für S₁ lassen sich Wahrheitsbedingungen nur relativ zu einzelnen Sprechern oder einer Gruppe von Sprechern, einer gemeinsamen Sprache sowie Zeit und Ort angeben.

Die Subjekt- und Sprachunabhängigkeit der Propositionen bietet einen zusätzlichen explanatorischen Vorteil. Unter der Voraussetzung, dass die intentionalen Zustände einer Denkerin Relationen dieser Denkerin zu Propositionen sind, lässt sich mit Bezugnahme auf Propositionen erklären, wie mehrere Denkerinnen zum selben Zeitpunkt oder eine oder mehrere Denkerinnen zu unterschiedlichen Zeitpunkten dasselbe meinen, glauben, für wahr halten, anzweifeln etc. können. „[D]enn man wird doch nicht leugnen können, dass die Menschheit einen gemeinsamen Schatz von Gedanken hat, den sie von einem Geschlechte auf das andere überträgt" (Frege 1994a, 44). Die für uns selbstverständliche Annahme der synchronen und diachronen Identität von Denkinhalten, die sowohl intra- als auch intersubjektiv besteht, wird durch die Annahme der Existenz von Propositionen gestützt. Auf der Grundlage dieser Annahme sind folgende deduktive Übergänge gerechtfertigt (Schiffer 2003, 12):

I. Timo glaubt, dass es auf dem Mars Leben gibt, und auch Klara glaubt es.
   Es gibt also etwas, was Timo und Klara glauben, nämlich [die Proposition] dass es auf dem Mars Leben gibt.
II. Timo glaubt alles, was Klara sagt.
    Klara sagt, dass es auf dem Mars Leben gibt.
    Timo glaubt [die Proposition], dass es auf dem Mars Leben gibt.
III. Timo glaubt, dass es auf dem Mars Leben gibt.
     Dass es auf dem Mars Leben gibt, ist Klaras Überzeugung.
     Timo teilt Klaras Überzeugung, nämlich [die Proposition], dass es auf dem Mars Leben gibt.
IV. Timo glaubt, dass es auf dem Mars Leben gibt.
    Es ist ziemlich unwahrscheinlich, dass es auf dem Mars Leben gibt.
    Timo glaubt daher etwas, was ziemlich unwahrscheinlich ist, nämlich
    [die Proposition], dass es auf dem Mars Leben gibt.

Propositionen als Objekte sogenannter propositionaler Einstellungen (Glauben, Wünschen, Beabsichtigen etc.) können selbst wieder Propositionen als Bestandteile haben. Die Proposition *dass Rom in der Mitte Italiens liegt und eine fast dreitausendjährige Geschichte hat* setzt sich zusammen aus den Propositionen *dass Rom in der Mitte Italiens liegt* und *dass Rom eine fast dreitausendjährige Geschichte hat*. Die Proposition *dass wenn Wasser gefriert, es in den festen Aggregatzustand übergeht* setzt sich zusammen aus den Propositionen *dass Wasser gefriert* und *dass Wasser in den festen Aggregatzustand übergeht*. Bei Strafe des Regresses müssen Propositionen Bestandteile haben, die selber keine Propositionen sind. Was sind die grundlegenden Bestandteile von Propositionen?

2.2.1 Russellsche Propositionen

Ein prominenter Vorschlag, der auf Bertrand Russell zurückgeht (Russell 1921), läuft darauf hinaus, Propositionen als abstrakte Objekte, genauerhin als geordnete Mengen, bestehend aus Individuen,

Eigenschaften, Relationen und sonstigen Universalien anzusehen. Wir hatten gesehen, dass Propositionen durch mit ‚dass' eingeleitete Nebensätze benannt und in Sätzen ausgedrückt werden. Was liegt näher als die Konstituentien einer Proposition P_1 mit dem Bezug der bezugnehmenden Teilausdrücke eines Satzes S_1, der P_1 benennt und gleichzeitig ausdrückt, bzw. den Eigenschaften, Relationen etc., die von den prädikativen Ausdrücken in S_1 konnotiert werden, zu identifizieren? Nehmen wir z. B. an, dass wir Peter folgende Überzeugungen zuschreiben können: Peter glaubt,

(S_1) dass Fido ein Hund ist,
(S_2) dass Dante Beatrice liebte,
(S_3) dass es Tiger gibt.

Der Bezug von ‚Fido' in S_1 ist Fido, ein in der aktuellen Welt existierendes Individuum (der gleichnamige Hund). Die prädikative Satzphrase ‚ist ein Hund' konnotiert die Eigenschaft, ein Hund zu sein, eine Eigenschaft, die in unserer Welt millionenfach ‚instantiiert' ist. Mit dem ontologischen Fachterminus ‚instantiiert' wird zum Ausdruck gebracht, dass Fido ein Exemplar der natürlichen Art Hund ist, d. h. das Hundesein exemplifiziert. Die Proposition, die von Peter geglaubt wird, ist eine geordnete Menge, bestehend aus dem Individuum Fido und der Eigenschaft, ein Hund zu sein:

(P_1) ⟨Fido, Eigenschaft ein Hund zu sein⟩

Die Überzeugungen, die Peter mit S_2 und S_3 zugeschrieben wurden, haben folgende Propositionen zum Inhalt:

(P_2) ⟨⟨Dante, Beatrice⟩ Relation zu lieben⟩
(P_3) ⟨Eigenschaft des Tigerseins, Eigenschaft instantiiert zu sein⟩

P_2 setzt sich zusammen aus dem geordneten Paar Dante und Beatrice, sowie der zweistelligen Relation des Liebens, die von Dante und Beatrice exemplifiziert wird. P_3 besteht aus der Eigenschaft des Tigerseins, sowie der höherstufigen Eigenschaft der Instantiierung einer Eigenschaft der niedrigeren Stufe. P_1 ist wahr genau dann, wenn das

Individuum, das den Namen ‚Fido' trägt, in unserer Welt die Eigenschaft des Hundeseins exemplifiziert, und falsch, wenn das Individuum, das ‚Fido' heißt, die betreffende Eigenschaft nicht exemplifiziert, oder wenn niemand existiert, der ‚Fido' heißt. Entsprechendes gilt für P$_2$ und P$_3$. Die hier vorgelegte Analyse hat zur Voraussetzung, dass neben Individuen auch Universalien existieren. Aus der Falschheit einer Proposition P darf daher nicht geschlossen werden, dass die in P vorkommenden Universalien nicht existierten. Russellsche Propositionen erinnern stark an die Kategorie der Sachverhalte in Ludwig Wittgensteins frühem Hauptwerk *Tractatus logico-philosophicus* (Wittgenstein 1984). Wittgensteins Sachverhalte sind Verbindungen von Gegenständen, die bestehen und nicht bestehen können, wobei die Gegenstände das „Feste, Bestehende", die Verbindungen das „Wechselnde, Unbeständige" sind (Wittgenstein 1984, 14, 2.0271). Dem Gedanken als dem logischen Bild der Tatsache entspricht eine mögliche Verbindung der Gegenstände im Sachverhalt. Nur die mögliche Verbindung von Gegenständen kann Inhalt eines Gedankens sein. Etwas Unmögliches lässt sich nicht denken. Ein Gedanke wird dadurch wahr, dass der ‚gedachte' mögliche Sachverhalt ein wirklicher Sachverhalt, d. h. eine Tatsache ist.

2.2.2 Fregesche Propositionen

Die Diskussion der zurückliegenden Jahrzehnte hat gezeigt, dass Russellsche Propositionen den Inhalt der propositionalen Einstellungen rationaler Subjekte nicht fein genug schneiden. Die zu Tage getretene Schwierigkeit besteht darin, dass sich bezugsgleiche Termini in *intensionalen* Kontexten nicht ‚salva veritate', d. h. wahrheitswerterhaltend ersetzen lassen, während das in *extensionalen* Kontexten problemlos möglich ist. Es hat sich folgende Sprechweise eingebürgert, der gemäß bezugnehmende Ausdrücke in extensionalen Kontexten ‚transparent' vorkommen, während ihre Stellung in intensionalen Kontexten als ‚opak' gilt (Lycan 2008, 12). Die Logik als Reich des Extensionalen beruht auf dem Grundsatz, dass der Wahrheitswert eines elementaren Satzes in funktionaler Weise vom Bezug seiner bezugnehmenden Teilausdrücke, z. B. der Namen, abhängt. Wenn wir in einem Satz einen bezugnehmenden Ausdruck durch einen bezugsgleichen Ausdruck ersetzen, bleibt der Wahrheitswert des Satzes unverändert. Der Satz ‚der Morgenstern ist ein Planet' wird nicht dadurch falsch, dass wir in ihm den bezugnehmenden Ausdruck ‚der Morgenstern' durch ‚der Abendstern' ersetzen. Der Satz ‚die Zahl 9 ist eine ungerade Zahl' wird nicht dadurch falsch, dass wir den bezugnehmenden Ausdruck ‚die Zahl 9' durch ‚die Zahl der Planeten in unserem Sonnensystem' ersetzen, vorausgesetzt, die Anzahl der Planeten in unserem Sonnensystem ist 9.

Ein Musterfall für die Erzeugung *intensionaler* Kontexte ist die Praxis der Zuschreibung propositionaler Einstellungen mit Hilfe eines mit ‚dass' eingeleiteten Nebensatzes. Nennen wir diese Nebensatzkonstruktion die ‚Inhaltsklausel' einer Einstellung. Bezugsgleiche Ausdrücke in den Inhaltsklauseln von propositionalen Einstellungen lassen sich nicht wahrheitswerterhaltend austauschen. Dies soll in Kürze an zwei Beispielen gezeigt werden. Das Faktum der Nichtersetzbarkeit ‚salva veritate' lässt Zweifel daran aufkommen, dass Russellsche Propositionen dasjenige sind, was von rationalen Subjekten geglaubt, für wahr gehalten, erhofft etc. wird. Nehmen wir an, dass wir Paula folgende Überzeugungen zuschreiben können: Paula glaubt,

(S$_1$) dass Pascal Mercier ein erfolgreicher Romancier ist,

(S$_2$) dass der Verlobungsring ihrer Mutter aus Gold gefertigt ist.

Wenn wir den Inhalt von Paulas Überzeugungen mit Russellschen Propositionen gleichsetzen, haben wir die Freiheit, die bezugnehmenden Ausdrücke in S$_1$ und S$_2$ durch bezugsgleiche Termini zu ersetzen. Es ist schließlich vollkommen gleichgültig, mit welchen Ausdrücken wir die Entitäten, aus denen sich Russellsche Propositionen zusammensetzen, benennen. Wir könnten beispielsweise in S$_1$ den Eigennamen ‚Pascal Mercier' durch ‚Peter Bieri' ersetzen, in S$_2$ die Artbezeichnung ‚Gold' durch ‚chemisches Element der Ordnungszahl 79'. Nehmen wir also die entsprechenden Ersetzungen vor und schreiben wir: Paula glaubt,

(S$_3$) dass Peter Bieri ein erfolgreicher Romancier ist,

(S$_4$) dass der Verlobungsring ihrer Mutter aus dem chemischen Element der Ordnungszahl 79 gefertigt ist.

Wir erhalten auf diese Weise Sätze, die falsch sind. Paula hat mehrere Romane von Pascal Mercier gelesen. Sie hat zwei Semester lang Vorlesungen bei dem Philosophen Peter Bieri in Berlin gehört. Paula weiß nicht, dass der Romanautor Pascal Mercier und der Philosoph Peter Bieri dieselbe Person sind. Paula ist eine durchschnittliche Sprecherin des Deutschen mit durchschnittlicher Bildung. Sie hat während ihrer Schulzeit im Chemieunterricht gelernt, dass Gold das chemische Element mit der Ordnungszahl 79, hat es dann aber vergessen. Paula gebraucht den Ausdruck ‚Gold' wie die meisten Sprecher des Deutschen. Wir kommen also in die unangenehme Situation, Paula widersprüchliche Überzeugungen zuschreiben zu müssen: Paula glaubt,

(S_5) dass Peter Bieri ein erfolgreicher Romancier ist und dass Peter Bieri kein erfolgreicher Romanautor ist,
(S_6) dass der Verlobungsring ihrer Mutter aus dem chemischen Element der Ordnungszahl 79 gefertigt ist und dass der Verlobungsring ihrer Mutter nicht aus dem chemischen Element der Ordnungszahl 79 gefertigt ist.

Paula ist jedoch eine vollkommen rationale Person, die niemals bereit wäre, etwas Widersprüchliches zu glauben. Was ist also schiefgegangen? Wir haben nicht beachtet, dass Termini in intensionalen Kontexten, d. h. in Kontexten von Glaubenszuschreibungen, nicht ‚transparent', sondern ‚opak' vorkommen, so dass sie sich nicht ‚salva veritate' ersetzen lassen. ‚Pascal Mercier' und ‚Peter Bieri' sowie ‚Gold' und ‚chemisches Element der Ordnungszahl 79' haben dieselbe *Bedeutung*, jedoch unterschiedlichen *Sinn*. Die Unterscheidung von Sinn und Bedeutung geht auf den deutschen Logiker Gottlob Frege zurück und wird im nächsten Kapitel ausführlich vorgestellt. Frege fasst den Unterschied des Sinns bedeutungsgleicher Ausdrücke als einen Unterschied in der „Art des Gegebenseins" ihrer Bedeutung auf (Frege 1994a, 41). In Paulas kognitiver Ökonomie macht es einen Unterschied, ob sie an eine bestimmte Person als Pascal Mercier oder als Peter Bieri denkt bzw. an einen Rohstoff als Gold oder als chemisches Element der Ordnungszahl 79. Es ist daher vorgeschlagen worden, Propositionen so fein zu individuieren, dass sie als Grundbestandteile keine Individuen, Eigenschaften und Relationen, sondern ‚Gegebenheitsweisen' dieser Dinge aufweisen. Gegebenheitsweisen werden in der Literatur häufig mit Begriffen gleichgesetzt (Peacocke 1992, 2f.; Fodor 1998, 15f.; Künne 2007, 342f.). Begriffe sind die Grundbestandteile von Propositionen, die die Rolle von Gegebenheitsweisen spielen. Propositionen, deren Konstituentien Begriffe sind, werden in der Literatur „Fregesche Propositionen" genannt (Schiffer 2003, 22).

Wenn wir davon ausgehen, dass die Objekte propositionaler Einstellungen Fregesche Propositionen sind, müssen wir die Inhaltsklausel S_1 wie folgt analysieren: der Name ‚Pascal Mercier' ist Ausdruck eines singulären Begriffs von Pascal Mercier; das Prädikat ‚ist ein erfolgreicher Romancier' ist Ausdruck des prädikativen Begriffs einer kulturrelativen Eigenschaft, nämlich der Eigenschaft, ein erfolgreicher Romancier zu sein. Die Inhaltsklausel S_1 drückt die Fregesche Proposition P_1 aus, die sich aus den Begriffen *Pascal Mercier* und *Eigenschaft, ein erfolgreicher Romancier zu sein* zusammensetzt. P_1 ist wahr genau dann, wenn das Individuum, das von Paula mittels ihres singulären Begriffs *Pascal Mercier* bestimmt wird, unter den prädikativen Begriff *Eigenschaft, ein erfolgreicher Romancier zu sein* fällt bzw. die Eigenschaft, ein erfolgreicher Romancier zu sein, exemplifiziert. Nennen wir diese Eigenschaft die Eigenschaft Φ. Paula hat epistemischen Zugang zu der Person, die die Eigenschaft Φ exemplifiziert, nur über den Begriff *Pascal Mercier*, nicht über den Begriff *Peter Bieri*. Mit ‚Peter Bieri' assoziiert Paula den Philosophen, nicht den Romancier. Ähnlich verfahren wir mit S_2, der Inhaltsklausel zu Paulas Glauben, dass der Verlobungsring ihrer Mutter aus Gold gefertigt sei, wobei wir uns die vollständige Analyse schenken und uns ausschließlich mit dem Teilausdruck ‚Gold' beschäftigen. Die Artbezeichnung ‚Gold' ist in S_2 Ausdruck des prädikativen Begriffs *Gold*, der eine natürliche Art, das Gold, bestimmt. Die von der Inhaltsklausel S_2 ausgedrückte Proposition P_2 enthält neben anderen Begriffen den Begriff *Gold*. P_2 ist wahr genau dann, wenn das Einzelding X, das von Paula mittels ihres singulären (an dieser Stelle nicht weiter analysierten) Begriffs *Verlobungsring ihrer Mutter* bestimmt wird, unter den prädikativen Begriff *Gold* fällt bzw. die Eigenschaft, aus Gold zu sein, exemplifiziert. Paula hat epistemischen Zugang zu dem Rohstoff, der von X exemplifiziert wird, ausschließlich über den Begriff *Gold*, nicht den Begriff *chemisches Element der Ordnungszahl 79*. Paula assoziiert nur mit dem

Ausdruck ‚Gold' den Rohstoff, aus dem der Verlobungsring ihrer Mutter gefertigt wurde. Mit dem Ausdruck ‚chemisches Element der Ordnungszahl 79' assoziiert sie nichts Bestimmtes außer einigen unangenehmen Erinnerungen an ihren Chemieunterricht. Damit ist der Nachweis erbracht, dass nur solche Propositionen, die als Konstituenten Begriffe haben, den Inhalt so fein schneiden, dass er als Inhalt rationaler, aber nicht allwissender Subjekte, deren kognitive Perspektive auf die Wirklichkeit von ihren Begriffen eingeschränkt ist, in Frage kommt.

Literatur:

Schiffer 2006.
Künne 2007.

2.3 Begriffe

Begriffe sind die Subkomponenten von Propositionen, die die Rolle von Gegebenheitsweisen spielen. Begriffe sind daher verschieden (1.) von den Ausdrücken einer Sprache, den Subjektausdrücken, Prädikaten und anderen Satzteilen, (2.) von den Individuen, Eigenschaften, Relationen etc., auf die sich die Ausdrücke einer Sprache beziehen. Begriffe sind weder etwas Sprachliches noch etwas in der Welt Vorkommendes. Ein prädikativer Begriff wie *Gold* darf weder mit dem Prädikat ‚Gold' einer Sprache L, welches *Gold* in L ausdrückt, noch mit der Eigenschaft, Gold zu sein, identifiziert werden. Während es möglich ist, dass ein Prädikat in einer Sprache mehr als einen Begriff ausdrückt, ist es unmöglich, dass ein Begriff mehr als eine Eigenschaft bestimmt. Umgekehrt ist es möglich, dass von einer Eigenschaft mehrere Begriffe existieren. Die Einzeldinge, die eine Eigenschaft exemplifizieren, fallen unter den Begriff, der diese Eigenschaft bestimmt. Um Verwechslungen zu vermeiden, empfiehlt es sich, die hier vorgeschlagene Terminologie konsequent anzuwenden (vgl. Künne 2007, 336): Prädikate *drücken* (prädikative) Begriffe *aus*, während sie Eigenschaften *konnotieren*. Begriffe *bestimmen* Eigenschaften, die von Einzeldingen *exemplifiziert* werden, die unter   ≥griff bzw. *in* dessen Extension *fallen*. Beispiel: In   e drückt das Prädikat ‚ist ein Mensch' den Begr   nnotiert die Eigenschaft, ein Mensch zu sein.   bestimmt, die Eigenschaft, ein Mensch zu sein, d   tuell existierenden (oder nach einer Auffassung   in Vergangenheit, Gegenwart und Zukunft existierenden) Menschen exemplifiziert wird. Menschen und nur Menschen fallen unter den Begriff *Mensch* bzw. in dessen Extension.

Was lässt sich sonst noch über Begriffe sagen? Bevor ich folgende Fragen anschneide: existieren Begriffe, was ist ihre Existenzweise (konkret, abstrakt, psychisch-real oder ideal), lassen sich Identitätsbedingungen für Begriffe angeben, was sind Besitzbedingungen für Begriffe, möchte ich einige in der Philosophiegeschichte vertretenen Meinungen über die Natur und die Funktionsweise von Begriffen zusammentragen (vgl. Burge 1993; Fodor 1998; Laurence und Margolis 1999; Nimtz und Langkau 2010):

(1.) Die Idee der Begriffe kombiniert die Idee der Kompositionalität unserer Gedanken mit der Idee ihrer Inferentialität. Als Konstituentien von Propositionen können Begriffe in einer nicht begrenzbaren Anzahl von Propositionen auftreten und immer neue Propositionen hervorbringen. Dieser Sachverhalt spiegelt sich in dem kompositionalen Charakter von Propositionen wieder, demgemäß die Inhaltsbestandteile (Begriffe) den Inhalt (Proposition) vervollständigen, sofern sie eine logische Form exemplifizieren. Paulas Überzeugung, dass Romanciers intelligenter sind als Philosophen, und ihre Überzeugung, dass Pascal Mercier ein Romancier ist, haben einen gemeinsamen Inhaltsbestandteil: den Begriff *Romancier*. Paula kann auf der Grundlage ihrer Überzeugungen allein mit Hilfe der Logik zu dem Schluss gelangen, dass Pascal Mercier intelligenter ist als alle Philosophen. Sofern wir ihr zugestehen, dass sie auch den Begriff *Mensch* besitzt, können wir ihr zutrauen, dass sie auf dem Weg eines analytischen Schlusses zu der Überzeugung gelangt, dass Philosophen nicht die intelligentesten Menschen sind. Den analytischen Schlüssen liegt traditionell die Vorstellung zugrunde, dass Begriffe wie *Romancier* oder *Philosoph* komplexe Begriffe sind, die in Teilbegriffe zerlegbar sind, welche in den komplexen Begriffen „verworren" mitgedacht werden (Kant 1968, B11), unter ihnen der Begriff *Mensch*. Analytische Urteile machen verworrene Begriffsinhalte explizit. Die Vorstellung des Enthaltenseins von (Teil-)Begriffen in (komplexen) Begriffen ist in der modernen Diskussion zugunsten der Vorstellung einer „inferentiellen Disposition" eines Begriffs im Sinn einer privilegierten Beziehung zu anderen Begriffen aufgegeben worden (Laurence und Margolis 1999, 5; Brandom 2001, 21f.). Dabei sind es streng genommen nicht Begriffe, die zueinander in inferentiellen Ein- und Ausschlussverhältnissen stehen, sondern vollständige Gedankeninhalte (Propositionen), die als Bestandteile Begriffe haben. Unter der Voraussetzung, dass die inferentielle Disposition der Begriffe an die Propositionen, die sie enthalten, vererbt wird, lässt sich zwanglos erklären, warum Paula Gedanken hervorbringen kann, die in systematischer Weise mit ihren bisherigen Gedanken zusammenhängen, z. B. den Gedanken, dass Romanciers die intelligenteren Menschen sind. Die Hypothese vermag auch zu erklären, warum der Erwerb eines einzigen neuen Begriffs eine Denkerin befähigt, eine Vielzahl neuer Gedanken zu fassen, darunter Gedanken, die sie nie zuvor gedacht hat. Das Faktum der Systematizität, Produktivität und Unbegrenztheit unserer Gedanken bliebe ohne die Annahme von Begriffen unerklärlich.

(2.) Begriffe sind repräsentational oder intentional im Sinne Brentanos und legen eine Intension fest. Als Grundbestandteile von Propositionen konstituieren Begriffe Weisen, in denen eine Denkerin an Einzeldinge, Eigenschaften, Relationen etc. denkt. Ein Begriff F von x ist eine Weise, an x zu denken, nicht im adverbialen Sinn, wenn man sagt ‚Paula denkt angestrengt über x nach', ‚Sie denkt sehnsuchtsvoll an x', sondern im apophantischen Sinn der „mitteilend bestimmenden Aufzeigung" von etwas *als* etwas (Heidegger 1972, 156). Der Besitz des Begriffs F befähig eine Denkerin, an etwas *als* F zu denken, sich etwas *als* F vorzustellen, etwas *als* F wahrzunehmen, über etwas *als* F zu urteilen. Der Begriff F ist keine repräsentierte Eigenschaft von x, vielmehr eine Weise, an x zu denken und x mit einer bestimmten Eigenschaft zu repräsentieren. Begriffe sind ebenso wie Propositionen „repräsentationale abstrakte Entitäten, ihr *esse* ist *repraesentare*" (Künne 2007, 346). Dies unterscheidet sie von Einzeldingen, Eigenschaften und Relationen, die nicht *„repraesentantia"*, sondern *„repraesentanda"* sind (ebd.). Begriffe und Propositionen sind primär Gedankeninhalte und nur sekundär – wie in diesem Buch – intentionale Objekte des Denkens. Der intentionale Charakter von Begriffen kommt darin zum Ausdruck, dass Begriffe spezifische repräsentationale oder referentielle Funktionen haben. Die Identität von Begriffen hängt wesentlich an dieser repräsentationalen Funktion. Der Begriff des Menschen wäre nicht der Begriff des Menschen, wenn er nicht eine Weise festlegte, an Menschen zu denken bzw. über Menschen wäre. Bei einem Begriff, der nicht auf Menschen anwendbar ist, kann es sich nicht um den Begriff *Mensch* handeln. Dieser Grundsatz bleibt sogar im Fall leerer Begriffe in Geltung. Der Begriff *Einhorn* wäre nicht der Begriff des Einhorns, wenn er nicht eine Weise festlegte, an Einhörner zu denken bzw. Einhörner zu repräsentieren. Es spielt dabei keine Rolle, dass in unserer Welt keine Einhörner existieren. Weil Begriffe intrinsisch intentional sind, legen sie Intensionen fest. Unter Intensionen verstehe ich mit der neueren analytischen Philosophie Funktionen von möglichen Welten zu Extensionen (Lycan 2008, 127). Auch traditionell haben Begriffe ‚Intension' und ‚Extension'. Unter ‚Intension' der Begriffe wurde ihr Inhalt, unter ‚Extension' die Menge der Einzeldinge, die unter den Begriff fallen, verstanden. Nach der neuen technischen Auffassung der Intensionen, die auf Rudolf Carnap zurückgeht, bestimmt eine Intension für jede mögliche Welt eine Extension in dieser Welt. So ist eine Welt W_2 möglich, in der abweichend von der aktuellen Welt W_1 keine Menschen existieren. Die Intension von *Mensch* sorgt dafür, dass in W_2 die Extension von *Mensch* leer ist und in W_1 Menschen und nur Menschen in der Extension von *Mensch* sind.

(3.) Nach traditioneller Auffassung weist die Mehrzahl unserer Begriffe eine definitionale Struktur auf, die sich in ihren Definitionen ausdrückt. Eine Definition enthält die notwendigen und hinreichenden Bedingungen der Anwendung eines Begriffs. Unter der ‚Anwendung' eines Begriffs verstehen die klassischen Autoren (a) die semantische Relation des Vorliegens einer Extension, wobei die Definition eines Begriffs *F* die notwendigen und hinreichenden Bedingungen angibt, die ein Gegenstand erfüllen muss, um in der Extension von *F* zu sein. Unter der ‚Anwendung' eines Begriffs kann aber auch (b) der psychologische Prozess verstanden werden, an dessen Ende idealerweise das Urteil steht, dass ein Gegenstand entweder unter den Begriff fällt oder nicht unter ihn fällt (Laurence und Margolis 1999, 9). Die Forderung nach einer Definition unserer wichtigsten Begriffe ist so alt wie der sokratische Dialog und Platons Dialektik. Aristoteles unterscheidet als erster zwischen einer Wesensdefinition und einer Definition ‚dem Namen nach' und legt mit seiner Forderung, dass die Definition die Angabe der Gattungs- und Artmerkmale eines Dings einschließen müsse, den Standard für die nächsten eineinhalb Jahrtausende fest. So ist der Mensch als Angehöriger der Gattung Lebewesen artspezifisch definierbar als ‚vernunftbegabtes Lebewesen'. Der Begriff *Mensch* setzt sich zusammen aus den Teilbegriffen *Lebewesen* und *vernunftbegabt*. Ein Junggeselle ist definierbar als ‚unverheirateter Erwachsener männlichen Geschlechts', d. h. der Begriff *Junggeselle* ist aus den Begriffen *erwachsen, männliches Geschlecht, nicht verheiratet* gebildet. Die definitionale Struktur der Begriffe autorisiert analytische Schlüsse wie z. B.: ‚x ist ein Mensch' → ‚x ist ein Lebewesen' und ‚x ist vernunftbegabt'; ‚x ist ein Junggeselle' → ‚x ist erwachsen' und ‚x ist nicht verheiratet' und ‚x ist männlichen Geschlechts'. Die Diskussion der zurückliegenden Jahre hat erhebliche Zweifel daran aufkommen lassen, dass auch nur einige unsere wichtigen Begriffe analytische Definitionen besitzen (siehe weiter unten 5.3). Dass *alle* Begriffe definierbar seien, ist auch von der Tradition nicht behauptet worden.

(4.) Begriffe sind nützliche Instrumente bei der Erfüllung der Aufgabe der Kategorisierung von Objekten im psychologischen Sinn, wobei ‚Objekte' so weit gefasst sind, dass sie neben Einzeldingen auch Ereignisse und Eigenschaftsinstantiierungen, d. h. Gerüche, Farben, Töne, Geschmack, Gestalten etc. einschließen. Die Ausübung responsiv-diskriminatorischer Fähigkeiten wie das verlässliche Wiedererkennen unterschiedlicher Typen von Objekten und der Einsatz eines entsprechend differenzierten Verhaltensrepertoires ist nicht an den Besitz von Begriffen geknüpft. Intelligente Wesen, die über keine Begriffe verfügen, können darin sehr effizient sein, Objekte nach Kategorien zu ordnen und in ihre Strategien zielgerichteten Handelns zu integrieren. Der Besitz von Begriffen kann diese Aufgabe erleichtern, den Differenzierungsgrad der Einteilungen erhöhen und den Grund für neue Kategorien legen, die die bisherige Kategorien in vielfacher Weise überformen und überkreuzen. Die dreijährige Klara hat bereits gelernt, Hunde von Katzen, Vögeln und Schildkröten zu unterscheiden. Unlängst hat sie gelernt, den Begriff *Säugetier* anzuwenden. Sie ist jetzt in der Lage, Tiere, die ihren Nachwuchs mit Milch säugen, von Tieren zu unterscheiden, die dies nicht tun, z. B. Vögel. Sie wird bei ihrem nächsten Besuch auf dem Bauernhof darauf achten, säugende Hunde und Katzen zu beobachten, während sie mit Blick auf Vögel keine entsprechenden Erwartungen hegt. Klara weiß bereits, dass Hunde und Katzen Säugetiere sind und Vögel nicht. Im Fall von Schildkröten ist sie sich noch unsicher. Die Kategorisierung mit Hilfe von Begriffen kann als Prozess verstanden werden, innerhalb dessen die in der Definition aufgeführten Merkmale mit den Merkmalen der Objekte, die eine Kategorie bilden sollen, abgeglichen werden. Klara hat sich vorgenommen, bei ihrem nächsten Besuch im Terrarium des Zoos genau zu beobachten, welches Verhalten Schildkröten mit Blick auf ihren Nachwuchs an den Tag legen. Zu urteilen, dass x unter den Begriff F fällt, heißt nichts anderes als zu urteilen, dass x die Bedingungen erfüllt, die in der Definition von F aufgeführt sind. Dieses Modell der Kategorisierung setzt freilich voraus, dass es immer möglich ist, die notwendigen und hinreichenden Bedingungen der Anwendung des Begriffs zu kennen. Wir werden in Kapitel 5 sehen, dass diese Erwartung zu hoch gegriffen ist.

(5.) Begriffe werden durch Teile eines Satzes ausgedrückt und konstituieren deren Bedeutung. So wie Begriffe von ihrer Extension zu unterscheiden sind, sind die Bedeutungen der Teilausdrücke eines Satzes von deren Bezug oder Referenz zu unterscheiden. Gottlob Frege hat zwischen „Sinn" und „Bedeutung" der Ausdrücke unterschieden, wobei er unter dem Begriff etwas anderes verstand als den Sinn eines Prädikatsausdrucks (mehr darüber in Kap. 3.3). Begriffe kommen als Bedeutungen zahlreicher Prädikate einer natürlichen Sprache in Frage, sofern man unter der Bedeutung nicht den Bezug oder die Referenz versteht, sondern etwas, das Freges „Sinn" nahekommt und das er als die „Art des Gegebenseins" einer Bedeutung bezeichnet hat (Frege 1994a, 41). Die Bedeutung eines Prädikats ‚F' einer Sprache L zu kennen heißt über den Begriff zu verfügen, der durch ‚F' in L ausgedrückt werden kann. Der Besitz eines Begriffs manifestiert sich in dem korrekten Gebrauch des entsprechenden Prädikats in L. Die enge Verbindung von Begriffsbesitz und Beherrschen des Wortgebrauchs hat den angenehmen Effekt, dass sich auf dem Weg des Erlernens neuer Ausdrücke neue Begriffe erwerben lassen. Die Ausweitung der sprachlichen Ausdruckskompetenz und die Aneignung neuer Begriffe gehen Hand in Hand.

Die bis hierher zusammengestellten Meinungen über Natur und Funktionsweise der Begriffe bilden die Grundlage für die sprachphilosophischen Überlegungen im engeren Sinn, die im nächsten Abschnitt und im Rest des Buchs folgen. Lediglich mit Blick auf These (3), wonach die Mehrzahl unserer Begriffe eine definitionale Struktur aufweist, vertrete ich eine abweichende Meinung, die in Kapitel 5 (5.3 und 5.4) begründet wird. Ich habe mich für eine Sichtweise entschieden, die Begriffen eine objektive, wenngleich ideale Existenzweise zuschreibt, wobei ‚ideal' hier nicht im Gegensatz zu ‚real', sondern zu ‚psychisch-real' gemeint ist. Indem ich Begriffe als die Subkomponenten von Gedanken*inhalten* (Propositionen) und als *Bedeutungen* sprachlicher Termini eingeführt habe, habe ich Begriffe und Gedanken auf der Ebene des *Inhalts*, nicht der Träger oder Vehikel des Inhalts thematisiert. Die Mehrzahl heutiger Philosophen und Kognitionswissenschaftler identifiziert Begriffe mit den Subkomponenten mentaler Repräsentationen, d. h. Typen strukturierter Einzelvorkommnisse (token) im Geist oder Gehirn einer Denkerin, die Inhalt haben, anstatt Gedankeninhalte zu sein (Fodor 1998; Laurence und Margolis 1999). Nach dieser Auffassung sind Begriffe nicht abstrakter Natur, vielmehr Einzelvorkommnisse psychologischer Typen, z. B. die Symbole einer Lingua mentis (Fodor 1975). Die Vehikeltheorie der Begriffe empfiehlt sich für diejenigen, die an einer reduktiven Erklärung der Intentionalität des Geistes und der Semantik natürlicher Sprachen interessiert sind. Aus Sicht der reduktiven Materialisten materialisieren sich Begriffe als proximale Ursachen bzw. Wirkungen kognitiver Prozesse buchstäblich im Gehirn einer Denkerin. Kognitive Prozesse haben in der Regel auch distale Ursachen, d. h. Vorkommnisse in der Umwelt der Denkerin, doch spielen diese bei den Anhängern ‚engen Gehalts' keine Rolle (vgl. weiter unten 5.7). Begriffe sind Träger kausaler Rollen und als solche typenidentifizierbar. Zwei mentale Vorkommnisse, die funktional äquivalent sind, sind ipso facto typenidentisch. Für diejenigen, die nicht an reduktiven Erklärungen von Bedeutungen interessiert sind, entfällt ein wichtiges Motiv für die Bevorzugung der Vehikeltheorie der Begriffe.

Nach der hier vertretenen Auffassung sind Begriffe „repräsentationale abstrakte Entitäten", auf die die Typ-Einzelvorkommnis-Unterscheidung nicht anwendbar ist (Künne 2007, 346). Begriffe materialisieren sich nicht als neuronale Erregungsmuster im Gehirn einer Denkerin. Umso schwerer wiegt die Frage nach ihren Identitätsbedingungen. Die Frage nach der Verschiedenheit von Begriffen ist dem gegenüber leicht zu beantworten. In der Tradition Freges hat sich folgender Test herausgebildet: Zwei Begriffe F und G sind genau dann verschieden, wenn mit Blick auf zwei Propositionen, die F und G als Subkomponenten enthalten, gilt, dass die eine von ihnen informativ, während die andere, in der wir F gegen G oder G gegen F ausgetauscht haben, trivial ist (Peacocke 1992, 2). Gemäß dem hier vorgeschlagenen Test sind die begrifflichen Konstituentien *Gold* und *chemisches Element mit der Ordnungszahl 79* in dem Urteil *Gold ist das chemische Element mit der Ordnungszahl 79* verschieden. Der Inhalt dieses Urteils ist informativ, während es die Inhalte der Urteile *Gold ist Gold* oder *Das chemische Element mit der Ordnungszahl 79 ist das chemische Element mit der Ordnungszahl 79* nicht sind.

Bei der Beantwortung der Frage nach den Identitätsbedingungen ist den Anhängern abstrakter Begriffe der Weg versperrt, der den reduktiven Materialisten offenstand. Diese identifizierten Begriffe mit den Trägern kausaler Rollen, die im Gehirn einer Denkerin als neuronale Erregungsmuster nachweisbar sein mussten. Die Identitätsbedingungen von Begriffen sind aus materialistischer Sicht auch ihre Existenzbedingungen. Den Anhängern abstrakter Begriffe ist dieser Schachzug verwehrt. Auch sie werden versuchen, eine Antwort auf die Frage nach der Identität von Begriffen zu geben. Was immer sie an Vorschlägen für die Individuierung von Begriffen aufbieten werden, was sie ‚Identitätsbedingungen von Begriffen' nennen, ist durch und durch epistemischer Natur. Es ist im Fall abstrakter Individuen wie Zahlen, Begriffe, Funktionen relativ unwahrscheinlich, dass die Identitätsbedingungen, die wir angeben können, auch deren Existenzbedingungen sind. Dass *wir* Zahlen mit Hilfe bestimmter rekursiver Operationen generieren, besagt möglicherweise nichts über die Weise ihrer Existenz. Gleiches gilt für Begriffe und Funktionen. Die Identitätsfrage wird sich für die Anhänger abstrakter Begriffe nur als epistemologische Frage formulieren lassen. Es ist daher nur ein kleiner

Schritt bis zu der Behauptung, dass die Identitätsfrage mit Blick auf Begriffe schon beantwortet ist, wenn wir die Antwort auf die Frage kennen, was es für eine Denkerin heißt, über einen bestimmten Begriff zu verfügen bzw. diesen Begriff zu besitzen. Obgleich Begriffe keine Fähigkeiten sind, manifestiert sich der Besitz von Begriffen in charakteristischen Fähigkeiten oder Dispositionen, die wir einer Denkerin, die ihn besitzt, zuschreiben können. Christopher Peacocke hat in den 1990er Jahren einen Ansatz vorgelegt, wonach die Angabe von Besitzbedingungen für einzelne Begriffe hinreichend ist, solche Begriffe zu individuieren (Peacocke 1992, 5f.). Peacocke versteht seine Strategie als begriffstheoretisches Pendant zu der Adäquatheitsbedingung, die Michael Dummett für eine Theorie sprachlicher Bedeutung formuliert hat (Dummett 1993, 3). So wie eine Theorie der Bedeutung eine Theorie des Verstehens sein sollte, um adäquat zu sein, sollte eine Theorie der Begriffe eine Theorie der Besitzbedingungen von Begriffen sein. Die Besitzbedingung eines Begriffs F fokussiert die Rolle von F in Übergängen, die eine Denkerin, die F besitzt, zu vollziehen bereit ist, wobei es sich um Übergänge zwischen vollständigen Gedankeninhalten (Propositionen) handelt, die F als Subkomponente haben. In einigen Fällen handelt es sich um inferentielle Übergänge, in anderen Fällen um Übergänge aus Anfangszuständen, die Inhalte aus Wahrnehmungen vererben. In jedem Fall wird der Gedankeninhalt, der F als Bestandteil hat, durch das individuiert, was gute Gründe sind, diesen Inhalt für wahr zu halten, oder seine Individuierung hat Folgen für das, was gute Gründe sind, ihn für wahr zu halten. Als Gründe fungieren selbst wieder vollständige Gedankeninhalte. Die Besitzbedingungen für F setzen voraus, dass eine Denkerin bereits andere Begriffe besitzt. Der hier nur in Umrissen beschriebene Ansatz lässt sich unschwer als Variante einer Semantik der begrifflichen Rolle verstehen (Peacocke 1992, 107; 111).

Auch für Robert Brandom werden Begriffe über ihre Rollen beim Folgern, d. h. in Inferenzen individuiert, wobei er stärker als Peacocke die sozialen Folgen von Begründungen, d. h. das Eingehen diskursiver Verpflichtungen und den Erwerb von Berechtigungen vor Augen hat. Über einen Begriff zu verfügen heißt für Brandom, einen begrifflichen Gehalt in eine explizite sprachliche Form zu überführen, in der er sowohl als Prämisse als auch als Konklusion in berechtigenden Inferenzen dienen kann: „Das Begreifen des *Begriffs*, der in einem solchen Vorgang des Explizitmachens verwendet wird, besteht im Beherrschen seines inferentiellen Gebrauchs: im Wissen [...] worauf man sich sonst noch festlegen würde, wenn man den Begriff anwendet, was einen dazu berechtigen würde und wodurch eine solche Berechtigung ausgeschlossen wäre" (Brandom 2001, 22f.). Der Besitz von Begriffen ist gemäß der inferentialistischen Spielart einer Theorie des Inhalts an den Besitz einer Sprache und an geeignete sprachliche Performanzen, d. h. Sprechhandlungen wie Behaupten, Argumentieren, Infragestellen, Vermuten gekoppelt.

Literatur:

Brandom 2001.
Burge 1993.
Glock 2011.
Künne 2007.
Langkau/Nimtz 2010.
Laurence/Margolis 1999.
Peacocke 1992.

2.4 Können Kleinkinder und Tiere denken?

Der in diesem Buch verteidigte Ansatz, wonach Begriffe die Subkomponenten von Gedanken*inhalten* und nicht die Vehikel des Denkens sind, schließt Kreaturen, die über keine Sprache in unserem Sinn verfügen, vom Besitz von Begriffen aus. Damit wird solchen Kreaturen nicht abgesprochen, dass sie sehr verlässlich Objekte wiedererkennen, in differenzierter Weise auf sie reagieren und ‚lernen', d. h. ihre Klassifikationen erweitern und auf neue Situationen flexibel anwenden können. Die Ausübung so beeindruckender kognitiver Fähigkeiten wie Objektpermanenz, d. h. der Fähigkeit zu wissen, dass ein Objekt weiterexistiert, wenn es außerhalb des Wahrnehmungsfelds ist, das Durchbrechen angeborener oder konditionierter Verhaltensprogramme durch das anfanghafte Wählenkönnen von Mitteln bei der Verfolgung eigener Ziele sowie der sozialen Intelligenz, d. h. der Fähigkeit, eigene und fremde Gefühle korrekt wahrzunehmen, zu verstehen und zu beeinflussen, ist nicht an den Besitz einer Sprache geknüpft (vgl. Rakoczy 2010, 81–84). Es wird auch nicht geleugnet, dass solche Kreaturen den Inhalt ihrer kognitiven Zustände bildhaft repräsentieren und in Bildern verarbeiten. Sollen wir aber sagen, dass Kreaturen, die keine (oder noch keine) Sprache sprechen, Gedanken haben, wie wir sie haben, mit dem einzigen Unterschied, dass sie ihre Gedanken für sich behalten, während wir sie kundtun und mitteilen können?

In einem vielzitierten Artikel erzählt der Wittgensteinschüler Norman Malcolm die Geschichte seines Hundes, der die Nachbarskatze jagt. Die Katze tritt die Flucht in Richtung eines Baums, einer Eiche, an, doch in letzter Minute ändert sie die Richtung und verschwindet hinter Büschen. Der Hund, der die Richtungsänderung nicht bemerkt, stürzt auf die Eiche zu, stellt sich auf die Hinterläufe, umfasst den Stamm mit seinen Vorderpfoten, als wolle er hinaufklettern, und bellt hocherregt in die Baumkrone hinein. Malcolm, der die Szene beobachtete, sagt zu seiner Frau: ‚Er denkt, dass die Katze auf dem Baum ist.' (Malcolm 1972–1973, 13) Malcolm verwendet in seiner Zuschreibung das intentionale Verb ‚denken', weil die Reaktion des Hundes verrät, dass er sich geirrt hat. Wäre die Katze tatsächlich auf die Eiche geklettert, hätte Malcolm sagen können: ‚Der Hund weiß, dass die Katze auf dem Baum ist.' Malcolm zögert jedoch, seinem Hund Gedanken zuzuschreiben, wie dies in der Formulierung ‚Der Hund hatte den Gedanken, dass die Katze auf dem Baum ist' zum Ausdruck kommt, d. h. er lässt es offen, ob sein Hund propositionale Einstellungen haben kann. Hans-Johann Glock hat angeregt, mit Blick auf intelligente Tiere und Kleinkinder vom relationalen Modell propositionaler Einstellungen, wonach wir Denkerinnen und Denkern eine Relation zu Propositionen zuschreiben, die als Subkomponenten Begriffe enthalten, Abstand zu nehmen. Er schlägt vor, solchen Kreaturen Glauben und verwandte Einstellungen „holodoxastisch" zuzuschreiben (Glock 2010, 20). Obwohl die Sätze, die wir für die Zuschreibungen verwenden, Bestandteile haben, setzen die Zuschreibungen nicht die vorgängige Zuschreibung von Gedankenkomponenten voraus. Sie beruhen vielmehr darauf, dass die intelligenten Kreaturen durch ihr Verhalten manifestieren, dass sie jenseits vorgegebener

Verhaltensroutinen auf Situationen flexibel reagieren und überlegt entscheiden. Eine Kreatur ist zu der Einstellung des Glaubens fähig, wenn sie einen Sachverhalt richtig oder fehlerhaft beurteilt, d. h. wenn sie sich irren kann. Malcolms Hund kann daher glauben, dass die Katze auf dem Baum ist. Kann er aber auch glauben, dass es derselbe Baum ist wie der Baum, auf den die Katze Zuflucht nahm, als er sie am Vortag jagte? Kann der Hund von einem Objekt glauben, dass es ein Baum ist? Wenn wir dem Hund den Glauben, dass die Katze auf dem Baum ist, zuschreiben, müssen wir unterstellen, dass er neben diesem einen Glauben viele allgemeine Überzeugungen über Bäume hat: dass Bäume Pflanzen sind, dass sie Laub oder Nadeln haben, dass sie Nährstoffe und Wasser aus dem Boden ziehen, dass sie sehr langsam wachsen und eine hohe Lebensdauer erreichen können. Es existiert keine feststehende Liste von Dingen, die jemand glauben muss, um den Begriff des Baumes zu haben. Wer aber keine von diesen allgemeinen Überzeugungen hat, wird schwerlich einen Gedanken fassen können, der von Bäumen handelt. Ähnliche Überlegungen gelten mit Blick auf Katzen, die neben Bäumen den Inhalt dessen ausmachen, was von Malcolms Hund angeblich geglaubt wird (Davidson 2001, 98).

Davidson untermauert seine Kritik an der Zuschreibung von Gedanken an nichtsprachliche Kreaturen mit einer grundsätzlichen Überlegung zum holistischen Charakter des Glaubens und anderer propositionalen Einstellungen. Für Davidson ist das Bemerkenswerte an propositionalen Einstellungen, dass sie nur in der Mehrzahl und aufeinander abgestimmt auftreten. Einen Glauben eines bestimmten Inhalts zu haben, heißt dazu disponiert zu sein, eine große Anzahl komplementärer Inhalte zu glauben. Ein Glaube bedarf des nächsten Glaubens, so wie die Einstellung des Glaubens der anderen grundlegenden Einstellungen wie Beabsichtigen, Wünschen, Hoffen, Befürchten bedarf (Davidson 2001, 96). Die Identität eines Glaubens, wie die seines Inhalts, ist nicht abtrennbar vom logischen Ort dieses Glaubens im Geflecht der zugehörigen Glaubensüberzeugungen und verwandter Einstellungen (Davidson 2001, 99). Wie finden wir heraus, was der Hund, der Schimpanse, der Delphin, das einjährige Menschenbaby glauben?

2.5 Davidsons Argument für den Zusammenhang von Denken und Sprachfähigkeit

Donald Davidson hat in zurückliegenden Jahrzehnten in mehreren Anläufen ein Argument vorgelegt, dass im Kern darauf hinausläuft, dass eine Kreatur nur dann Gedanken haben kann, wenn sie gleichzeitig der Interpret der sprachlichen Äußerungen Anderer ist (Davidson 1986a, 227). Was es zu verstehen gilt ist, warum wir einer Kreatur, die keine Sprache spricht und auch nicht als Interpret der Äußerungen anderer in Frage kommt, keine Gedanken zuschreiben sollten. Die Praxis der Zuschreibung von Gedanken steht im Zusammenhang unseres Interesses an einer teleologischen Erklärung der Handlungen anderer Personen (Davidson 1986a, 229). Wir fragen uns beispielsweise, warum jemand den Arm hebt, und eine Erklärung könnte lauten, dass er das Interesse eines Freundes auf sich lenken wollte. Eine etwas vollständigere Erklärung würde lauten: er hob den Arm, weil er die Aufmerksamkeit seines Freundes erregen *wollte* und weil er *glaubte*, dass er durch das Heben eines Arms die Aufmerksamkeit eines Freundes auf sich lenken würde. Wir erklären etwas relativ Sinnenfälliges durch Faktoren, die keiner direkten Beobachtung zugänglich sind: *Wünsche* und *Überzeugungen*. Die Erklärung einer Handlung mittels Wünsche und Überzeugungen kommt unserem Interesse entgegen, im Verhalten der handelnden Personen ein möglichst kohärentes Muster ausfindig zu machen. Die Idee der Kohärenz umfasst die Idee der Rationalität, soll doch die zu erklärende Handlung im Hinblick auf die zugeschriebenen Wünsche und Überzeugungen vernünftig sein und sollen Wünsche und Überzeugungen zueinander passen. Bei einer teleologischen Erklärung berufen wir uns in besonderer Weise auf den Begriff des *Grundes*. Die Überzeugung und der Wunsch, die eine Handlung erklären sollen, müssen derart sein, dass jeder, der diese Überzeugung und diesen Wunsch hätte, auch einen Grund hätte, in dieser Weise zu handeln. Die Unterstellung der Rationalität des Handelnden ist eine wichtige methodologische Voraussetzung für die Zuschreibung von Gedanken (Wünschen und Überzeugungen). Es ist zwar nicht ausgeschlossen, dass wir einer Person auch irrationale Gedanken und Handlungen zuschreiben, aber wir erschweren damit die Verständlichkeit der Zuschreibung von

Gedanken. Gedanken lassen sich nur vor dem Hintergrund eines weitgehend widerspruchsfreien Musters von Überzeugungen und Handlungen erkennen.

Wir hatten bereits gesehen, dass kein Gedanke für sich allein stehen kann, weil sein Inhalt dadurch konstituiert wird, dass er in inferentiellen Ein- und Ausschlussverhältnissen zu einer Vielzahl weiterer Gedanken steht. Es ist die Frage, ob die verschiedenen Arten von Gedanken – Glaube, Wissen, Absichten, Wünsche, Befürchtungen etc. – auf einige wenige oder eine grundlegende Art von Gedanken zurückgeführt werden können. Davidson vertritt die Auffassung, dass das Glauben für alle Arten von Gedanken von grundlegender Bedeutung ist (Davidson 1986a, 226). Eine Denkerin kann nur dann froh sein, sich daran erinnern, bedauern, kritisieren oder wissen, dass sie mit n.n. verheiratet ist, wenn sie *glaubt*, dass sie mit n.n. verheiratet ist. Um wünschen zu können, mit n.n. verheiratet zu sein, muss sie *glauben*, dass die Ehe eine auf Dauer angelegte, gesetzlich geregelte Verbindung zweier Menschen ist, dass das Eingehen einer Ehe für beide Partner von Vorteil ist, etc. Es gibt vermutlich keine abschließende Liste, die angibt, welche Überzeugungen jemand haben muss, um wünschen zu können, dass er mit einer anderen Person verheiratet sei, es ist aber notwendig, dass es zahlreiche ineinandergreifende Überzeugungen gibt. Gleiches gilt für die Interpretation der sprachlichen Äußerungen (Sätze) einer Sprecherin. Um die Äußerungen einer Sprecherin zu interpretieren, genügt es nicht zu wissen, was ihre Worte in der entsprechenden Sprache bedeuten. Wir müssen insbesondere herausfinden, was sie mit ihrer Äußerung bezweckt, ob sie eine Behauptung aufstellt, eine Frage stellt, eine Absicht kundgibt, einen Wunsch ausdrückt etc. Da der Einstellung des Glaubens im Ensemble der Arten von Gedanken eine grundlegende Rolle zukommt, ist es nicht verwunderlich, dass die satzbezogene Einstellung des *Fürwahrhaltens* oder *als wahr Akzeptierens* ist von zentraler Bedeutung ist bei der Interpretation der Äußerungen der Sprecher einer Sprache. Natürlich besteht die Sprache nicht nur aus aufrichtigen Behauptungen. Wenn jemand einen Befehl äußert, können wir für gewöhnlich davon ausgehen, dass er einen bestimmten, mit dem geäußerten eng zusammenhängenden Satz für falsch hält. Wer befiehlt ‚Öffne die Tür', muss von der Falschheit des Satzes ‚Die Tür ist offen' überzeugt sein. Wer lügt, ist ebenfalls von der Falschheit seiner Äußerung überzeugt. Wer eine Frage stellt, weiß in der Regel nicht, ob ein bestimmter Satz wahr ist, etc. Um aus solchen Feststellungen zu erschließen, dass die Sprecherin einen Satz für wahr hält, müssen wir eine Menge über ihre Wünsche und Überzeugungen wissen. Die auf Sätzen gerichtete Einstellung des Fürwahrhaltens ist die Grundlage der Interpretation der Äußerungen der Anderen. Wenn wir wissen, welche Überzeugung ein für wahr gehaltener Satz ausdrückt, wissen wir, wie er zu interpretieren ist. Wenn wir wissen, dass eine Person den Satz für wahr hält, und wenn wir gleichzeitig wissen, wie dieser Satz zu interpretieren ist, können wir den Satz benutzen, um eine zutreffende Glaubenszuschreibung vorzunehmen. Die Praxis der Interpretation der Äußerungen anderer ist nicht wesentlich verschieden von der Praxis, ihnen Überzeugungen und Wünsche zuzuschreiben und uns auf diese Weise ihr Handeln verständlich zu machen. Die Zuschreibung von Wünschen und Überzeugungen geht Hand in Hand mit der Interpretation der gesprochenen Sprache.

Um eine Person als Subjekt ihrer Handlungen zu verstehen, müssen wir davon ausgehen, dass ihre Überzeugungen kohärent und größtenteils wahr sind. Der Grund dafür ist, dass eine Überzeugung durch ihren Ort im Rahmen eines Musters von Überzeugungen identifiziert wird. Wenn sich in dieses Muster zu viele falsche Meinungen einschleichen, können wir einer Person überhaupt keine Überzeugung mehr zuschreiben können. Damit werden uns ihre Handlungen unverständlich. Ein einzelner gravierender Fehlglaube macht unsere Fähigkeit noch nicht zunichte, weitere Überzeugungen zu identifizieren. Es ist umgekehrt so, dass ein Irrtum nur vor dem Hintergrund nicht in Frage gestellter wahrer Überzeugungen als Irrtum identifizierbar ist (Davidson 1986, 244). Eine Interpretation ist nur möglich, wenn wir die Möglichkeit massiven Irrtums a priori ausschließen können. Damit ist nicht ausgeschlossen, dass sich Sprecher und Interpreten nicht auch irren können. Von Bedeutung ist jedoch, dass die Interpretin oder der Interpret über die Begriffe der objektiven Wahrheit und des Irrtums verfügen. Die Begriffe der objektiven Wahrheit und des Irrtums sind intrinsisch verwoben mit der satzbezogenen Einstellung des Fürwahrhaltens. Damit ist deutlich geworden, dass ausschließlich Kreaturen, die einer Sprachgemeinschaft angehören und die sprachlichen Äußerungen Anderer interpretieren können, über den Begriff des Glaubens verfügen. Die Begriffe des Glaubens, der Wahrheit und des Irrtums haben ihren systematischen Ort im Kontext der Interpretation und nur in diesem Kontext: „Unser Begriff des Glaubens rührt ausschließlich von der Rolle her, die das Glauben bei der Interpretation der Sprache spielt, denn als private Einstellung ist das Glauben nicht verständlich, es sei denn, als Anpassung an die durch die Sprache gelieferte öffentliche Norm" (Davidson 1986a, 246). *Unser* Begriff des Glaubens ist der öffentliche, soziale Begriff, kein privater Begriff. Davidson scheint an dieser Stelle seines Arguments davon auszugehen, dass der Begriff des Glaubens *ausschließlich* über die Praxis des Interpretierens der Äußerungen anderer erworben werden kann, und dass der Begriff des Glaubens solchen Kreaturen, die sich an dieser Praxis nicht beteiligen, nicht zur Verfügung steht. Folgt daraus, dass nichtsprachliche Kreaturen nicht zu der Einstellung des Glaubens und den übrigen Einstellungen fähig sind? Genau das folgert Davidson. Sein Argument hat zwei Prämissen (Davidson 2001, 102):

I. Um einen Glauben zu haben, ist es notwendig, den Begriff des Glaubens zu haben.
II. Der Begriff des Glaubens hat seinen systematischen Ort im Kontext der Interpretation der sprachlichen Äußerungen anderer.

Daraus folgert Davidson:

III. Kreaturen, die keine Sprache in unserem Sinn haben, haben nicht den Begriff des Glaubens und erst recht keine Einstellungen des Glaubens.

Zuletzt möchte ich auf einen verwirrenden Aspekt in Davidsons bisherigem Argument zu sprechen kommen. Die Praxis des Interpretierens setzt zwar Reziprozität hinsichtlich der satzbezogen Einstellung des Fürwahrhaltens beim Interpreten und den zu Interpretierenden voraus, aber keine gemeinsame Sprache. Bisher wurde lediglich gezeigt, dass es keinen Grund gibt, einer Kreatur, die nicht an der Kommunikation teilnimmt, einen Glauben oder eine andere Einstellung zuschreiben, ist doch die einzige Evidenz dafür, dass eine Kreatur über den Begriff des Glaubens verfügt, dass sie an der Kommunikation teilnimmt, also spricht. Um die Äußerungen Anderer interpretieren können, muss der Interpret selber keine Sprache sprechen. Er muss lediglich eine Vielzahl kohärenter Überzeugungen über den Anderen, über dessen Überzeugungen, Absichten und Wünsche und dessen Einbettung in die natürliche und soziale Umwelt ausgebildet haben. Er kann diese Dinge glauben, weil er *qua Interpret* über den Begriff des Glaubens verfügt. Es ist begrifflich möglich, dass jemand Inhalte glauben kann und insofern Gedanken haben kann, ohne jemals selbst einen seiner Gedanken geäußert oder mitgeteilt zu haben, und das heißt doch, ohne interpretiert worden zu sein. Die Rolle des stummen Teilnehmers an der Kommunikation ist hinreichend, um über den Begriff des Glaubens und damit über propositionale Einstellungen zu verfügen.

Davidson hat in den nachfolgenden Jahren sein Argument leicht modifiziert, indem er die Abhängigkeit des Begriffs des Glaubens von den Begriffen der Wahrheit und der objektiven Realität unterstreicht (Davidson 2001, 102–105). Die Prämisse, dass nur eine Kreatur, welche über den Begriff des Glaubens verfügt, einen Glauben haben kann, d. h. eine Denkerin sein kann, bleibt unangetastet. Um den Begriff des Glaubens zu besitzen, muss diese Kreatur auch den Begriff der objektiven Realität besitzen, d. h. sie muss mit der Idee vertraut sein, dass es eine Realität gibt, die von ihren Überzeugungen unabhängig ist. Zu diesem Zweck muss sich die Kreatur auch irren können, d. h. es muss ihr aufgefallen sein, dass ihre Überzeugungen nicht der Wahrheit entsprochen haben. Nur eine Kreatur, die über den Begriff der objektiven Realität verfügt, kann sich in dem anspruchsvollen Sinn irren, dass sie versteht, dass sie sich geirrt hat. Sie muss sich korrigieren können.

Wie erwirbt eine Kreatur den Begriff der objektiven Realität? Davidson macht darauf aufmerksam, dass der Begriff der objektiven Realität mit Hilfe des Begriffs der intersubjektiven Wahrheit gelernt werden kann. Der Kontrast zwischen dem, was jemand glaubt, und dem, was der Fall ist, wird in der sprachlichen Kommunikation eingeübt. Als Modell für eine Lernsituation dient Davidson das Szenario einer Triangulation. Die Grundlage des Spracherwerbs sowie des Erwerbs grundlegender kognitiver Fähigkeiten ist die angeborene Fähigkeit des Kinds, auf bestimmte Reize bzw. eine Klasse von Reizen in spezifischer Weise zu reagieren. Das Kind ahmt die Lauterzeugnisse der Erwachsenen nach, und wenn es beim Vorhandensein von Tischen einen Laut hervorbringt, der unserem Wort ‚Tisch' weitgehend ähnelt, wird es häufig gelobt oder belohnt. Schon bald geschieht es, dass das Kind in der Umgebung von Tischen ‚Tisch' sagt. Das Kind findet Tische in relevanter Hinsicht ähnlich, und es reagiert auf die wahrgenommene Ähnlichkeit mit einem ähnlichen Verhalten, d. h. es produziert Lautäußerungen, die unserem gesprochenen Wort ‚Tisch' ähneln. Es wäre aber zu früh zu sagen, dass Kind habe schon Gedanken *über* Tische, es kenne die *Bedeutung* von ‚Tisch', es besitze unseren Begriff *Tisch*. Noch herrscht darüber Ungewissheit, welche Reize das Kind dazu veranlassen, einen Laut zu äußern, der unserem Wort ‚Tisch' ähnelt. Erst dadurch, dass das Kind bemerkt, dass wir es mit seinen Reaktionen beobachten und es bestätigen oder korrigieren, kommt eine Triangulation zustande, die dem Reiz einen objektiven Ort im gemeinsamen Raum reziproker Verhaltenserwartungen zuweist: „Eine Linie verläuft vom Kind aus zum Tisch hin, eine weitere Linie verläuft von uns aus zum Tisch hin, und die dritte Linie geht von uns zum Kind. Der betreffende Reiz befindet sich dort, wo die Linie vom Kind zum Tisch sich schneidet mit der Linie von uns zum Tisch" (Davidson 1993a, 12). Das Kind findet Tische in relevanter Hinsicht ähnlich; auch wir finden Tische ähnlich; gleichzeitig finden wir jede Reaktion des Kindes auf Tische ähnlich. Die Identifikation der Gegenstände des Denkens besitzt eine soziale Grundlage. Das Kind, das sich am einen Ende der Triangulation vorfindet, besitzt freilich noch nicht den Begriff der objektiven Realität. Wir haben es bis jetzt mit einem Wesen zu tun, das auf eine objektive Welt reagiert, aber noch keine Gedanken über die Welt haben kann. Der Begriff der objektiven Realität wird gemeinsam mit dem Erwerb einer Sprache und der Teilnahme an der Kommunikation erworben. Ohne Bewusstsein dafür, „dass wir unsere Gedanken und unsere Welt mit anderen teilen", verfügen wir nicht über den Begriff der objektiven Realität, d. h. von Gegenständen und Ereignissen, deren Existenz unabhängig ist von unserem Denken (Davidson 1993b, 81).

Dagegen lässt sich einwenden, dass Davidson nicht gezeigt hat, dass es keinen Pfad zum Begriff der objektiven Realität geben könnte, der nicht über die Korrektur oder Bestätigung im sozialen Raum geteilter Verhaltenserwartungen führt. Warum soll es einer intelligenten Kreatur nicht auffallen können, dass sich die Dinge anders verhalten als sie glaubte? Gibt es zu der Beobachtung, dass andere bei der Identifizierung von Objekten Fehler machen, nicht eine Alternative, die darin besteht, dass eine Kreatur im Monolog mit sich selber herausfindet, dass sie falsch geurteilt hat, so wie es ihr möglich ist, dahinterzukommen, dass Objekte nicht aufhören zu existieren, wenn sie aus ihrem Wahrnehmungsfeld getreten sind? An dieser Stelle wird deutlich, dass Davidson nicht wirklich zeigen konnte, dass der Begriff der objektiven Realität *ausschließlich* auf dem Weg der sprachlichen Kommunikation erworben werden kann. Davidson beansprucht auch gar nicht, so ein Argument vorgelegt zu haben. Er macht aber darauf aufmerksam, dass noch keiner gezeigt hat, wie sich dieser Begriff auf anderem Weg als über den Weg der sprachlichen Kommunikation erlernen ließ (Davidson 2001, 105). Der Zusammenhang von Intentionalität und sprachlicher Ausdrucksfähigkeit ist offensichtlich nicht von der Art einer begrifflichen Notwendigkeit. Empirisch ist dieser Zusammenhang gut bestätigt.

Literatur:

Glüer 2006
Bermúdez 2010

2.6 Das Argument aus dem spezifisch rationalen Inhalt

Davidsons Argument beruht auf zwei Prämissen, die beide anfechtbar sind: (1) nur eine Kreatur, welche über den Begriff des Glaubens und a fortiori über die Begriffe der Wahrheit und der objektiven Realität verfügt, ist zu propositionalen Einstellungen des Glaubens fähig; (2) die Begriffe des Glaubens und der objektiven Realität werden im Zusammenhang der sprachlichen Kommunikation erworben. Gegen die erste Prämisse kann argumentiert werden, dass der Begriff des Glaubens ins Spiel kommt, wenn wir Kreaturen Glauben zweiter Stufe, d. h. Einstellungen, die einen Glauben zum Inhalt haben, zuschreiben wollen. Warum sollten wir Kreaturen, die nicht zu Einstellungen zweiter Stufe fähig sind, generell das Haben von Einstellungen absprechen? Aber selbst dann, wenn wir Davidson zugestehen, dass der Besitz des Begriffs des Glaubens eine notwendige Bedingung für das Haben von Einstellungen ist, ist immer noch nicht gezeigt worden, dass ihn nur Kreaturen besitzen, die eine Sprache sprechen und ihre Inhalte sprachlich kommunizieren. Ein begrifflicher Zusammenhang von Sprachfähigkeit und Denken kann nur dann geltend gemacht werden, wenn eine stärkere These vertreten wird, wonach der Besitz von Begriffen an Fähigkeiten geknüpft ist, die nicht-sprachlichen Kreaturen abgehen. Begriffliche Gehalte sind für Robert Brandom spezifisch rationale Gehalte, die nur Kreaturen zugänglich sind, die sich an sprachlichen Praktiken beteiligen, deren Herzstück das Ziehen von Schlüssen und das Verlangen und das Geben von Gründen ist. Brandom fragt, was die „hervorstechenden Unterschiede [sind] zwischen einem Messinstrument wie einem Thermometer oder Spektrometer und einem Beobachter, der nichtinferentiell zu Überzeugungen gelangt oder Behauptungen über Temperaturen und Farben aufstellt" (Brandom 2000, 150). Wir können eine Papagei dazu abrichten, dass er beim wiederholten Aufleuchten einer roten Lampe eine bestimmten Laut hervorbringt, z. B. das deutsche Wort ‚rot'. Wir können ein Spektrophotometer an einen Audiorekorder anschließen und diesen so programmieren, dass er immer dann die Lautfolge ‚das ist rot' reproduziert, wenn das Spektrophotometer Licht der entsprechenden Wellenlänge misst. Sowohl das Messinstrument als auch der Papagei und der menschliche Beobachter besitzen verlässliche unterscheidende Reaktions-Dispositionen mit Blick auf Farben wie Rot. Der menschliche Beobachter versteht seine Reaktion, d. h. er verbindet mit ihr eine Bedeutung, für die das Messinstrument und der Papagei blind sind. Brandom fragt weiter, in welcher praktischen Fähigkeit dieses Verstehen besteht. Seine Antwort ist, dass der menschliche Beobachter für seine Reaktion Gründe angeben kann, während diese Fähigkeit dem Messinstrument und dem Tier abgeht. Zwischen beiden besteht ein Unterschied zwischen „responsiver" und „begrifflicher" Klassifikation (Brandom 2000, 152). Einen Begriff zu verstehen oder zu begreifen heißt, „die *Inferenzen* praktisch zu beherrschen, in denen er vorkommt" (Brandom 2000, 152). Der Papagei behandelt weder ‚das ist rot' als inkompatibel mit ‚das ist grün', noch folgert er daraus ‚das ist farbig'. Dem Papagei und dem Messinstrument fehlen ein Verständnis für die Signifikanz ihrer Reaktion als Grund, weitere Überzeugungen auszubilden und andere auszuschließen. Für Brandom sind Begriffe „wesentlich inferentiell gegliedert" (Brandom 2000, 152), d. h. ihr Rollenpotential artikuliert sich in der Richtigkeit von Inferenzen und der Inkompatibilität von Überzeugungen, in denen sie eingebettet sind. Über Begriffe als Konstituentien vollständiger propositionaler Inhalte zu verfügen heißt, ihre inferentielle Gliederung explizit machen zu können, das heißt sie in eine Form zu bringen, in denen sie als Prämisse und Konklusion, Grund und Folge weiterer Gedanken dienen können.

Für Brandom zählt die Gattung des Begrifflichen zur Kategorie des *Ausdrucks* (der Expression) und nicht zur Kategorie der *Repräsentation*. Zu denken heißt für ihn primär nicht, einen Gehalt zu repräsentieren, sondern auszudrücken (Brandom 2001, 16f.). Der Begriff des Ausdrucks wurde in der Romantik prominent und wird in Kapitel 6.2 ausführlicher vorgestellt. Brandom macht darauf aufmerksam, dass neben der romantischen Spielart des Expressivismus, wonach die geistige Tätigkeit weniger ein „passives Wiederspiegeln" als ein „aktives Offenbaren" darstellt, ein rationalistisches Pendant im Sinne des „*Explizitmachen* des *Impliziten*" existiert (Brandom 2001, 18). Der Prozess des Explizitmachens ist für Brandom der Prozess des Anwendens von Begriffen, der Verbegrifflichung von Sachverhalten, mit denen eine Denkerin bekannt ist. Brandom ordnet seinen rationalistischen Expressivismus in das breitere Konzept eines normativen interaktionistischen Pragmatismus ein, demgemäß die Tätigkeiten, die spezifisch begriffliche Gehalte übertragen, diskursiver Natur sind und von den Akteuren neben dem Beherrschen einer Sprache das Eingehen diskursspezifischer Verpflichtungen und deren Einlösung verlangt.

Im Kernbereich der diskursiven Praxis des Gebens und Verlangens von Gründen steht die behauptende *Festlegung*, mit der eine Sprecherin oder ein Sprecher einen propositionalen Inhalt im Modus der

Behauptung äußert sich damit auf zusätzliche Behauptungen festlegt. Wer behauptet, dass A westlich von B liegt, legt sich darauf fest, dass B östlich von A liegt; wer behauptet, dass dieser einfarbige Fleck grün ist, legt sich darauf fest, dass er nicht rot, nicht gelb, nicht blau etc. ist. Deduktive, logisch gültige Inferenzen, aber auch material richtige Inferenzen wie die hier angeführten Beispiele sorgen dafür, dass sich Festlegungen vererben lassen. Jeder, der sich mit einer Behauptung auf die Prämisse einer solchen Inferenz festlegt, ist dadurch auf ihre Konklusion festgelegt. Aber nicht nur Festlegungen, sondern auch *Berechtigungen* lassen sich vererben. Wer berechtigt ist zu behaupten, dass am heutigen Tag die Außentemperaturen unter dem Gefrierpunkt liegen (weil er z. B. die Temperatur gemessen hat), ist berechtigt zu behaupten, dass das Wasser in den Pfützen gefroren ist. Induktive empirische Inferenzen sind ein Beispiel für berechtigungserhaltende inferentielle Beziehungen. Wer sich auf die Prämisse einer solchen Inferenz festlegt, ist zur Festlegung auf ihre Konklusion berechtigt (Brandom 2000, 255). Festlegungen und Berechtigungen binden aber nicht nur denjenigen, der sie eingeht bzw. besitzt, sondern auch die Adressaten der Kommunikation. Wer einen Satz in der Öffentlichkeit als wahr vorbringt, stellt ihn anderen zu weiteren Behauptungen zur Verfügung. Die Adressaten können das „Sprechaktangebot" des Sprechers annehmen oder ablehnen (Habermas 1981, 398). Nehmen sie es an, übernehmen sie die Festlegungen, die mit der als wahr akzeptierten Behauptung verbunden sind. Wer anderen die Berechtigung zuweist, einen Inhalt zu behaupten, legt sich selber auf die Behauptung und deren inferentielle Folgen fest. Wer einen behaupteten Inhalt billigt, geht seinerseits eine spezifische *Leistungsverantwortung* ein, indem er zeigt, dass er zu der in der Behauptung ausgedrückten Festlegung berechtigt ist, „falls das einmal in Frage gestellt wird" (Brandom 2000, 261f.). Der Nachweis der Berechtigung wird in der Regel durch das Vorbringen weiterer Behauptungen erfolgen. Behauptungen sind dasjenige, „wofür Gründe verlangt werden und worin das Geben einer Begründung besteht" (Brandom 2000, 254). Kreaturen, die sich nicht an dem Spiel des Gebens und Verlangen von Gründen beteiligen können, weil sie keine Sprache sprechen, verfügen nicht über Inhalt, der begrifflich strukturiert ist, unbeschadet der Tatsache, dass sie kognitiven Inhalt bildhaft repräsentieren und in Bildern ‚denken'.

Diskursive Praxis „im Kantischen Sinne des Hantierens mit Begriffen" kann nur *„sprachliche* Praxis sein" (Brandom 2000, 260).

Ein letzter Einwand könnte lauten: wir billigen dir zu, dass begriffliche Gehalte eine spezifische inferentielle Gliederung aufweisen und dass sie nur Kreaturen zugänglich sind, die ihren inferentiellen Gebrauch beherrschen und auch in dem Sinn rational sind, dass sie sich der diskursiven Verpflichtungen bewusst sind, die mit dem Besitz von Begriffen einhergeht. Ist es aber zwingend, dass die Rollen des Eingehens und des Zuweisens diskursiver normativer Status (Festlegung und Berechtigung) auf verschiedene Personen verteilt sind? Kann ich nicht beide Rollen in meiner Person vereinen und privat Festlegungen eingehen und mir selber Berechtigungen zuweisen? Zählen nur öffentlich wirksame Sprechakte, d. h. Behauptungen als Festlegungen oder als Gründe zu Festlegungen oder Berechtigungen? Kann ich nicht in der Weise eines inneren Monologs meinen diskursiven ‚Kontostand' ermitteln, indem ich die Inferenzen durchgehe, auf die ich mich festgelegt habe bzw. die mich zu weiteren Festlegungen berechtigen. Wer sagt mir, dass ich nur im Medium einer öffentlichen Sprache denken kann, indem ich öffentlich wirksame Sprechakte vollziehe? Ist die Wende zur Sprache, die Davidson und Brandom in der Philosophie des Geistes als selbstverständlich voraussetzen, wirklich so gut begründet wie sie vorgeben?

Literatur:

Brandom 2000
Brandom 2001

3 Die Wende zur Sprache (I): Analytische Philosophie

3.1 Die Verstoßung der Gedanken aus dem Bewusstsein

Die analytische Philosophie unterschied sich in ihrer Gründungsphase von anderen Richtungen der Philosophie vor allem durch folgende Überzeugungen: (I.) „eine philosophische Erklärung des Denkens [kann] durch eine philosophische Analyse der Sprache erreicht werden", und (II.) „eine umfassende Erklärung [ist] nur in dieser und in keiner anderen Weise zu erreichen" (Dummett 1988, 11). Die Wende zur Sprache wurde nicht zu einem bestimmten Zeitpunkt und in einheitlicher Weise von irgendeiner Schule oder einem einzelnen Philosophen vollzogen. Michael Dummett ist der Auffassung, dass das früheste Beispiel sich in Gottlob Freges *Grundlagen der Arithmetik* (1884) findet. Frege wirft an einer wichtigen Stelle des Buchs eine Frage auf, die auch Kant hätte stellen können: „Wie soll uns denn eine Zahl gegeben sein, wenn wir keine Vorstellung oder Anschauung von ihr haben können?" (Frege 1987, § 62, 94) Um eine Antwort zu geben, formuliert Frege sein berühmtes Kontextprinzip, welches besagt, dass ein *Wort* nur im Zusammenhang eines *Satzes* Bedeutung hat. Die Bedeutung eines Worts bemisst sich vor allem daran, welchen Beitrag diese Bedeutung zur Festlegung des Wahrheitswertes des entsprechenden Satzes leistet. „Das Kontextprinzip", so Dummett, „ist jedoch als bestimmter Grundsatz einer Erkundung der Sprache formuliert, nicht als Richtschnur zur Untersuchung von Denkmodi" (Dummett 1988, 12). Wäre es in dem zweiten Sinne formuliert worden, hätte Freges Antwort auf die Kantische Frage so lauten können, dass die Zahlen uns dadurch gegeben seien, dass wir sie in spezifischer Weise denken bzw. sie in einem reinen (nicht-empirischen) Anschauungsraum konstruieren. Tatsächlich geht es in Freges Untersuchung aber um die Frage, wie wir den *Sinn* von Sätzen, die Ausdrücke für Zahlen enthalten, bestimmen können. „Eine erkenntnistheoretische Frage (der eine ontologische zugrunde liegt) soll durch eine sprachbezogene Untersuchung beantwortet werden" (Dummett 1988, 13). Die Wende zur Sprache wird in den *Grundlagen der Arithmetik* einfach vollzogen, aber nicht begründet. In dem Buch zeigen sich laut Dummett folgende Tendenzen: Frege geht (1.) wie später Wittgenstein davon aus, dass sich die Struktur des Gedankens in der Struktur des ihn ausdrückenden Satzes spiegelt. Ohne Bezugnahme auf den sprachlichen Ausdrucks des Gedankens ist überhaupt nicht zu erklären, was gemeint ist, wenn von der Struktur des Gedankens die Rede ist. Einen Gedanken bringt der Satz dadurch zum Ausdruck, dass er bestimmte logische Eigenschaften besitzt, d. h. aufgrund bestimmter Mittel als wahr oder falsch bestimmt werden kann. Der Gedanke wird erfasst, indem die logischen Eigenschaften des Satzes erfasst werden, insbesondere die Beziehungen zwischen den Teilen des Satzes. (2.) Um zu wissen, dass ein Satz einen Gedanken ausdrückt, müssen wir wissen, was es heißt, dass ein Satz wahr ist. Wir müssen seine Wahrheitsbedingungen kennen.

Frege geht den Weg der Versprachlichung unserer Gedanken nach Dummetts Einschätzung nicht konsequent zu Ende. Es finden sich bei Frege immer wieder Äußerungen der Art, dass nicht Sätze, die Gedanken ausdrücken, sein Thema seien, sondern die Gedanken selbst, und dass die Hauptaufgabe des Logikers sei, sich von der Sprache zu befreien. Frege leistet gewissermaßen nur den ersten Schritt auf dem Weg zur Sprache, indem er den Gedanken konsequent ent-psychologisiert. Dummett spricht von der „Vertreibung der Gedanken aus dem Bewusstsein" (Dummett 1988, 32). Für Frege ist der Gedanke, d. h. der *Inhalt* eines Denkaktes, nicht Bestandteil des Bewusstseinsstroms. Im Unterschied zu Empfindungen, Eindrücken, Vorstellungsbildern, Ideen, d. h. allem, was in der Philosophie der Neuzeit unter dem Begriff *Vorstellung* zusammengefasst wurde, gehört der Gedanke nicht zum Psychischen. Zwar ist das Fassen eines Gedankens ein psychischer Akt, doch bei diesem Akt nimmt das Bewusstsein etwas ihm Äußerliches auf, eben den Gedanken, in dem Sinne, dass der Gedanke unabhängig von dem Erfasstwerden durch dieses oder jenes Subjekt existiert. Der Grund dafür ist, dass Gedanken *objektiv* sind, Vorstellungen dagegen nicht. Vorstellungen sind *privat*. Ich kann anderen einiges über die Beschaffenheit meiner Vorstellungen mitteilen, sie selber bleiben aber wesentlich *meine* Vorstellungen. Die Frage, ob zwei Personen die gleiche Vorstellung haben, ist auf der Basis intersubjektiver Kriterien nicht beantwortbar. Im Unterschied zu meinen Vorstellungen lässt sich der Gedanke, der als Inhalt eines Urteils wahr oder falsch sein kann, restlos mitteilen. Freges Gedanken sind *öffentlich*, nicht privat und subjektiv. Wäre es nicht so, könnten wir nicht unterscheiden, ob es sich im Fall von Meinungsverschiedenheiten um einen ‚Streit um Worte' oder um einen sachlichen Disput handelt.

Frege identifiziert den Gedanken mit dem *Sinn* eines Satzes, ohne behaupten zu wollen, dass der Sinn jedweden Satzes ein Gedanke sei: „Der an sich unsinnliche Gedanke kleidet sich in das sinnliche Gewand des Satzes und wird uns damit fassbar" (Frege 1966, 33). Sätze drücken Gedanken aus. Für Frege ist nicht der Satz Träger eines Wahrheitswerts, sondern der durch ihn ausgedrückte Gedanke: „Ohne damit eine Definition geben zu wollen, nenne ich Gedanken etwas, bei dem überhaupt Wahrheit in Frage kommen kann" (Frege 1966, 33). An Satzarten kennt Frege den Behauptungs- und den Fragesatz, die beide einen Gedanken ausdrücken, d. h. Behauptungs- und Fragesatz haben eine pragmatische Signifikanz, die über ihren Sinn hinausgeht, nämlich die „Behauptung" bzw. eine „Aufforderung" (Frege 1966, 35). Frege spricht von einem Unterschied der „Kraft" im Fall einer Behauptung (Frege 1966, 36). Jeder Behauptungssatz hat mit einer entsprechenden Satzfrage den Inhalt gemeinsam, d. h. ein Sprecher des Deutschen kann mit den Sätzen ‚Platon ist ein Schüler des Sokrates' (a) und ‚Ist Platon ein Schüler des Sokrates?' (b) denselben Gedanken ausdrücken. Der Unterschied von (a) und (b) ist ein pragmatischer Unterschied der Rolle oder Kraft. Wer aufrichtig (a) äußert, stellt eine Behauptung auf, wer aufrichtig (b) äußert, stellt eine Frage. Nicht alles, was der Satz mitteilt, ist Gedanke oder Kraft. Neben seinem ‚Sinn' und der ‚Kraft' oder ‚Rolle' seiner Äußerung besitzt der Satz auch ästhetische oder poetische Valenzen, die „die Stimmung des Hörers wirken oder seine Einbildungskraft anregen". Aber all das, was über die behauptende Kraft des Satzes hinausgeht, berührt nicht seinen kognitiven Gehalt: „Was man Stimmung, Duft, Beleuchtung in einer Dichtung nennen kann, gehört nicht zum Gedanken" (Frege 1966, 36f.).

Um den Gedanken zu ermitteln, müssen bisweilen auch Merkmale des Kontextes der entsprechenden Satzäußerung (Sprecher, Adressat, Ort, Zeitpunkt) berücksichtigt werden, für die sich auf der Ebene des

Satzes nicht immer ein entsprechender Ausdruck findet. Die Bedeutung der Wörter wie ‚ich', ‚du', ‚hier', ‚dort', ‚heute', ‚gestern', ‚morgen' variiert mit dem Kontext ihrer Äußerung. Mit ihrer am Mittwoch vorgebrachten Behauptung ‚Ich bin heute früh aufgestanden' drückt Petra denselben Gedanken aus wie mit ihrer am Donnerstag geäußerten Behauptung ‚Ich bin gestern früh ausgestanden'. Anders verhält es sich mit den Behauptungen (1) ‚Ich erhielt den Leibniz-Preis' und (2) ‚Professor Rainer Forst erhielt den Leibniz-Preis'. Paula ist Professor Forst noch nie persönlich begegnet, sie hat jedoch viele seiner Publikationen gelesen und von der Preisverleihung in den Medien erfahren. Während sie einer Äußerung von Satz (2) zustimmen dürfte, wird sie mit Zweifel und Unverständnis reagieren, wenn Professor Forst, den sie nicht kennt, in ihrer Gegenwart Satz (1) äußert. Die Sätze (1) und zwei (2) drücken unterschiedliche Gedanken aus, auch dann, wenn niemand anderes als Professor Forst Satz (1) im Munde führt.

Der entscheidende Schritt zur Überwindung des Mentalismus wird getan, wenn Frege zwischen den Gedanken, den intentionalen Objekten des Denkens und den Vorkommnissen der psychischen Innenwelt von Denkerinnen und Denkern unterscheidet: „Die Gedanken sind weder Dinge der Außenwelt noch Vorstellungen" (Frege 1966, 43). Vorstellungen sind subjektiv und privat, sie benötigen ein Subjekt, während Gedanken objektiv und überpersönlich sind. Ihre Existenz hängt nicht davon ab, dass sie je von einer Denkerin ‚gefasst' und zum Inhalt eines ihrer Urteile gemacht wurde. Frege kennt neben dem Subjektiven (= Psychischen) und dem Objektiven (= Dinge in Raum und Zeit, Gedanken) jedoch keine Zwischenkategorie der *zeichenvermittelten Intersubjektivität*. Es besteht daher für ihn eine „krasse Dichotomie zwischen dem Objektiven und dem Subjektiven" (Dummett 1988, 33). Das Subjektive ist für Frege wesentlich privat und nicht mitteilbar. Gedanken und ihre Sinnbausteine können in diesem Sinne nicht subjektiv sein. Gedanken sind für Frege abstrakte Entitäten, Platons Ideen und den Zahlen vergleichbar. Sie sind nicht weniger objektiv als die Dinge in Raum oder Zeit, gehören aber einem anderen ontologischen Bereich, einem „dritten Reich" zeitloser Gedanken (Frege 1966, 43) im Unterschied zur subjektiven Innenwelt und der Außenwelt der raum-zeitlichen Dinge, an. Freges Platonismus ist die direkte Konsequenz seiner Ablehnung des Psychologismus, der im ausgehenden 19. Jahrhundert von Logikern und Erkenntnistheoretikern, die unter dem Eindruck erster Erfolge der empirischen Psychologie standen, vertreten wurde. Die Logik und die Erkenntnistheorie sind für Frege scharf von der Psychologie abzugrenzen. Gedanken sind in keiner Weise Bestandteile des Bewusstseinsstroms und als auch nicht als solche analysierbar. Um den Psychologismus abzuwehren, verschiebt Frege die Gedanken in ein ‚drittes Reich' idealer Objekte. Wäre es nicht ratsamer, fragt sich Dummett, etwas ausfindig zu machen, was in der geforderten Weise objektiv und dem Einzelbewusstsein äußerlich ist, ohne sich in eine neue philosophische Mythologie zu verstricken? „Welchen besseren Fundort soll es schon geben als die Institution einer gemeinsamen Sprache?" (Dummett 1988, 36). Ist also der von Frege vollzogene Anfangsschritt, durch den die Gedanken aus der Innenwelt der Bewusstseinserlebnisse verstoßen werden, erst einmal getan, ist der nächste Schritt, „die Auffassung, wonach die Gedanken durch die Sprache nicht nur übertragen, sondern erzeugt werden", praktisch nicht zu vermeiden (Dummett 1988, 37).

Literatur:

Dummet 1988.
Gabriel 2013.
Künne 1996.
Newen 2005.

3.2 Spuren des Mentalismus bei klassischen Denkern

Durch Frege und Wittgenstein ist in die Philosophie etwas wirklich Neues gekommen. Der Mentalismus war bis an die Schwelle des 20. Jahrhunderts die am häufigsten vertretene Auffassung über die Natur und die Funktionsweise des (menschlichen) Geistes. *Ob wir denken*, und *was wir denken*, wird gemäß dieser Auffassung durch das determiniert, was in unserem Geist vorgeht. Gedanken benötigen ein Medium bzw. Vehikel. Wir denken immer *in* und *durch* etwas (innere Bilder, Symbole, Vorstellungen, Ideen). Es macht im mentalistischen

Paradigma keinen Unterschied, ob wir den ‚Geist' mit der rationalen Geistseele, dem Intellekt (Substanz), dem Bewusstsein (Subjekt), dem Gehirn oder einer informationsverarbeitenden Maschine gleichsetzen, und wie wir die Vehikel des Denkens näher charakterisieren. In allen Fällen determinieren innere Vorkommnisse eines bestimmten Typs Art und Inhalt unserer Gedanken vollständig. Bemerkenswert ist, dass der Mentalismus in der zweiten Phase der analytischen Philosophie erneut an Plausibilität gewinnt. Im mentalistischen Paradigma gibt es für die Sprache keine nennenswerte Rolle. Eine Ausnahme bilden nur die Autoren, die als Medium des Denkens eine Sprache ansetzen, in der Regel jedoch nicht die öffentliche Sprache, sondern eine ‚Sprache des Geistes' (lingua mentis), die unter physikalistischen Prämissen auf einen neuronalen Code hinausläuft. Unter den mittelalterlichen Philosophen war Wilhelm von Ockham der prominenteste Vertreter der Lingua-mentis-Hypothese (Panaccio 1999, 53). In der Gegenwart ist es Jerry Fodor (Fodor 1975). In den Augen aller Mentalisten, die Anhänger der Lingua mentis eingeschlossen, dient die öffentliche Sprache der nachträglichen *Bezeichnung* vorgängig erschlossener Denk- oder Bewusstseinsinhalte. Das Denken ist vom Ausdrücken und Mitteilen eigener und fremder Gedanken kategorial verschieden. Eine Kreatur, die zwar denkt, ihre Gedanken aber mit niemandem kommuniziert, liegt im mentalistischen Paradigma im Bereich des begrifflich Möglichen. Damit ist nicht impliziert, dass es so eine Kreatur je gegeben hat.

Das Bezeichnungsmodell der Sprache ist das klassische Modell, weil es am unmissverständlichsten von Platon (in den Dialogen *Kratylos* und *Sophistes*) und Aristoteles (in *De Interpretatione*) ausformuliert wurde und bis an die Schwelle zum 20. Jahrhundert nachwirkte. Platon nennt das Denken „Dialog der Seele mit sich selbst ohne Stimme": ὁ μὲν τῆς ψυχῆς πρὸς αὑτὴν διάλογος ἄνευ φωνῆς (*Sophistes* 263e 3). Die Seele ist autark und einsam und besitzt, zumindest im Prinzip, den Zugang zur Wahrheit, ohne den Umweg über den sprachlichen Ausdruck nehmen zu müssen. Auf der anderen Seite ist das, was die Seele vollzieht, wenn sie denkt, eben doch ein Dialog, wenngleich „ohne Stimme". Der stimmliche Aspekt der Sprache, die stimmliche Verlautbarung, ist Ausfluss des inneren stimmlosen Dialogisierens. Damit ist der wesentlichste Zug dessen, was wir ‚Sprache' nennen, die stimmliche Verlautbarung nämlich, entwertet. Die Sprache, als ‚Stimme', hat keine wahrheitsstiftende Funktion. Wir übergehen den Umstand, dass der platonische Sokrates nichtsdestoweniger öffentlich dialogisiert und als den Königsweg zur Wahrheit die ‚Dialektik' im Sinne der ‚Unterredungskunst' propagiert, – vermutlich ist das kaum mehr als ein Zugeständnis an die leibgebundene Existenzweise der aus der intelligiblen Welt ‚gefallenen' Seelen. Prinzipiell ist es so, dass die Dialektik ans Ziel gekommen ist, wenn die Seele die Ideen mit dem geistigen Auge berührt. Der sachbezogene Geltungsgrund unseres Redens und Behauptens liegt in der Idee. Demungeachtet hat Platon als erster gesehen hat, dass die grundlegende Einheit der Rede der Satz ist, nicht ein Wort oder Name. Der klassische Beleg findet sich im Dialog *Sophistes*: „[Fremder:] Es gibt nämlich für uns eine zweifache Kundmachung des Seienden durch die Stimme [...] Das eine sind die Benennungen (ὀνόματα), das andere die Zeitwörter (ῥήματα) [...] Die Kundmachungen, die auf Handlungen gehen, nennen wir Zeitwörter [...] Die Zeichen aber, die dem, was jene Handlung verrichtet, durch die Stimme beigelegt werden, sind die Hauptwörter durch ihre Verknüpfung wird eine Rede [ein Satz] (λόγος), wohl der erste und kleinste von allen. Wenn jemand sagt: ‚Der Mensch lernt', so nennst du das doch wohl die kürzeste und einfachste Rede [...] Denn hierdurch macht er schon etwas kund über Seiendes oder Werdendes oder Gewordenes oder Zukünftiges, und benennt nicht nur, sondern bestimmt etwas, indem er die Hauptwörter mit Zeitwörtern verbindet" (261e–262d).

Aristoteles bleibt dieser Auffassung im Prinzip treu, auch wenn er die Art und Weise, in der die Seele den Kontakt zu den ‚Sachen' hat, dahingehend modifiziert, dass er der sinnlichen Wahrnehmung ein größeres Gewicht einräumt. Die ‚Eindrücke' oder ‚Leidenszustände' (παθήματα) der Seele in Folge der durch Sinneswahrnehmung oder Erinnerung hervorgerufenen ‚Erscheinungen' (φαντάσματα) sind reale Entsprechungen der ‚Sachen' in der Seele. Von Bedeutung ist, dass die ‚Eindrücke' für alle Wesen, die am Intellekt (νοῦς) Anteil haben, identisch sind und etwas Wesenhaftes von den Sachen enthalten, nämlich deren intelligible Formen. Ein Lautgebilde, Vorkommnis eines physikalischen Typs, dient dazu, die ‚Eindrücke' in der Seele zu benennen, wodurch das Lautgebilde zum ‚Symbol' wird, als Zeichen nämlich bezieht es sich nicht auf die Sache, sondern auf den ‚Eindruck', den die Seele von ihr hat. Erst beide zusammengenommen, Lautgebilde und Eindruck, konstituieren das ‚stimmliche Zeichen' (φωνή). Neben dem Lautgebilde als Zeichen existieren ‚Schriftgebilde' als Zeichen. Das Schriftgebilde ist ‚Zeichen' des Lautgebildes, dieses ist ‚Zeichen' für den Eindruck der Sachen in der Seele. Der klassische Beleg für diese Auffassung findet sich im 1. Kapitel von Aristoteles' *De Interpretatione*: „Es ist das stimmliche Zeichen (φωνή) Symbol (σύμβολον) der ‚Eindrücke' (παθήματα) [von den Sachen] in der Seele, so wie das geschriebene Zeichen (γραφόμενον) Symbol des gesprochenen ist. Und wie nicht alle die gleichen Buchstaben haben, so haben auch nicht alle die gleichen stimmlichen Zeichen [Wörter], wovon sie freilich Zeichen (σημεῖα) sind, die ‚Eindrücke' in der Seele, das ist bei allen Menschen gleich" (16a 3–8). Dadurch, dass es Zeichen gibt, ist der Wahrheitsbezug unseres Denkens noch nicht plausibel gemacht. Erst die Verknüpfung von ‚Name' (ὄνομα) und ‚Zeitwort' (ῥῆμα) ergibt die Aussage (λόγος), mit der wir Anspruch auf Wahrheit erheben. Das bloße Nennen des Namens tut noch keinen Gedanken kund. Aber auch der Name deutet bereits auf ein Seiendes hin. Das semiotische Modell des Aristoteles ist über 2000 Jahre hinweg das maßgeblich Modell für das Verhältnis von Sprache, Denken und Welt geblieben. In diesem Modell bezeichnet (I.) das Schriftzeichen das Lautzeichen, (II.) das Lautzeichen den von der intelligiblen Form des wahrgenommenen Dings ‚informierten' Leidenszustand der Seele. Die Relationen in (I) und (II) sind semantischer Natur: etwas *bedeutet* etwas im Sinne von ‚steht für', wohingegen die Relation des Informiertwerdens des aufnahmebereiten Seelenstoffs durch die intelligiblen Formen der Substanzen nicht mehr semantischer Natur ist. Diese Relation ist psycho*kausaler* Natur.

Der Philosoph und Theologe Augustinus von Hippo modifiziert das semiotische Modell des Aristoteles dahingehend, dass er an die Stelle des ‚informierten' Leidenszustands der Seele, der *passio animae*, das ‚innere Wort' der Seele (*verbum intimum*) setzt. Von Platon inspiriert beschreibt Augustinus das Denken als wortloses ‚inneres Sprechen' (*locutio interior*): „Wenn auch keine Worte ertönen, so spricht doch, wer denkt, in seinem Herzen" (*De trinitate*, XV. Buch, 10.17: *Nam etsi verba non sonent, in corde suo dicit utique qui cogitat*). Das

Aussprechen des inneren Wortes ist zwar vom Erkenntnisvorgang verschieden, doch wird das Wissen von Gegenständen, das in der Erinnerung aufbewahrt ist, durch ebendieses Sprechen freigesetzt und überhaupt erst wirkmächtig: „Es muss nämlich, wenn wir Wahres sagen, das heißt, wenn wir sagen, was wir wissen, aus eben dem Wissen, das wir in der Erinnerung festhalten, das Wort geboren werden, das durchaus von jener Art ist, von der das Wissen ist, von dem es geboren wird. Der von dem Gegenstand, den wir wissen, geformte Gedanke ist nämlich das Wort, das wir im Herzen sprechen, das weder griechisch noch lateinisch, noch einer sonstigen Sprache zugehörig, sondern dann, wenn es nötig ist, dass es denen, mit denen wir sprechen, zur Kenntnis gebracht wird, irgendein Zeichen, mit dem wir es bezeichnen, annimmt" (*De trinitate*, XV. Buch, 10.19). Das ‚innere' Wort ist von jedem Ausdruck in einer der uns bekannten Sprachen, dem ‚äußeren' Wort, verschieden. Auf der anderen Seite stehen ‚inneres' und ‚äußeres' Wort in einer Relation des ‚Zeichenseins für', d. h. in einer semiotischen Beziehung: „Demnach ist das Wort, das draußen erklingt, Zeichen des Wortes, das drinnen leuchtet, dem [ja] mit größerem Recht die Bezeichnung ‚Wort' zukommt. Denn was mit dem Mund des Fleisches vorgebracht wird, ist der Laut des Wortes (*vox verbi*). [...] In der Weise nämlich wird unser Wort gewissermaßen Laut des Körpers, indem es diesen [Körper] annimmt, um so für die Sinne der Menschen wahrnehmbar zu werden, wie das Wort Gottes Fleisch wurde, indem es [das Fleisch] annahm, um sich so auch selbst den Sinnen der Menschen zu offenbaren" (*De trinitate*, XV. Buch, 11.20). Thomas von Aquin bleibt dem Modell des Augustinus treu, wonach der Name (*nomen*) in einer Wortsprache den Begriff (*conceptus*) vertritt, den die Geistseele von der jeweiligen Sache (*res*) gebildet hat und der mit dem inneren Wort (*verbum mentis*) identisch ist (Manthey 1937, 117).

Auch in der Philosophie der Neuzeit bleibt das semiotische Modell des Aristoteles in seinen Grundzügen intakt. Neu ist lediglich die epistemologische Großwetterlage, die dazu geführt hat, dass die Gegenstände, die die Grundlage unseres Erkennens bilden, von der Außenwelt in die Innensphäre unseres Bewusstseins verlegt worden sind. Warum ist das so? Die Antwort bietet in unüberbietbarer Klarheit der erste Satz von Teil I der berühmten *Logik von Port Royal*:

„Wir können keine Kenntnis dessen haben, was *außerhalb* von uns ist, es sei denn durch die Vermittlung von Ideen, die *in* uns sind" (Arnauld 1994, 27). Auch den antiken Philosophen war die Vorstellung einer inneren Repräsentation äußerer Gegebenheiten vertraut. Aristoteles spricht in *De Interpretatione* 1 davon, dass sich nicht die Sachen in der Seele befinden, sondern deren ‚Eindrücke' (παθήματα), die durch die Sinnesorgane hervorgerufen werden. Des Weiteren kennt Aristoteles ein Erinnerungsbild der Dinge: φανθασία. In der neuzeitlichen Philosophie heißen diese παθήματα ‚Empfindungen', ‚Vorstellungen' und ‚Ideen'. Fragt man nach den Gründen, warum ‚Vorstellung', ‚Idee', ‚Empfindung' den Rang eines erkenntnistheoretischen Grundbegriffs erlangten, so muss man darin erinnern, dass das Philosophieren seit Descartes methodisch mit dem Zweifel beginnt. Man kann nicht wie bei Aristoteles die Rekonstruktion des Wissens mit der sinnlichen Wahrnehmung beginnen lassen, sondern muss unter dem Ansturm der Zweifelsargumente ins Bewusstsein ausweichen. Das Ergebnis des cartesischen Zweifels ist die Verlegung der Relation von Seele und Ding in das Bewusstsein. Fragt man dann, wie die Ideen als innere Gegenstände sich zu denen in der Außenwelt verhalten, so erscheint diese Beziehung seit Aristoteles durchweg als eine psycho*kausale*, wobei die Sinnesorgane die Brücke bilden und uns ‚Eindrücke' liefern. Die neuzeitliche Philosophie geht über dieses Modell hinaus, indem sie die ‚Eindrücke' als Repräsentationen der Dinge auffasst. Da es wenig Sinn macht zu sagen, Wirkungen repräsentierten ihre Ursachen, lag es nahe, die kausale Deutung der inneren Repräsentationen durch eine *semiotische* zu erweitern. Aristoteles hatte es im Hinblick auf die Beziehung von Dingen und Eindrücken beim Kausalen belassen und erst die Wörter *Zeichen* (σύμβολα) genannt. Für John Locke sind Ideen das Ergebnis kausaler Einwirkungen der Dinge auf den Geist und zur gleichen Zeit Zeichen und Stellvertreter der Dinge im Geist: „Denn von den Dingen, die der Geist betrachtet, ist – abgesehen von ihm selbst – keines dem Verstande gegenwärtig. Daher ist es notwendig, dass er noch etwas anderes als Zeichen oder Stellvertreter des Dinges, das er betrachtet, zur Verfügung hat, und das sind die *Ideen*" (Locke 1988, 438). Für Locke ist die psychokausale Beziehung zugleich eine semiotische. Dieses Nebeneinander des Psychologischen und Semiotischen ist kennzeichnend für den erkenntnistheoretischen Diskurs der Neuzeit bis zu Kant (und für die neuesten Trends in der Philosophie des Geistes).

Unser Denken ist zwar sprachfrei, jedoch sprachähnlich. Thomas Hobbes, der Autor des *Leviathans*, eines Hauptwerks der politischen Philosophie der Neuzeit, charakterisiert das Denken als ‚mentalen Diskurs'. Aber auch für das, was wir ‚Sprache' nennen, hat der einsame Denker eine Verwendung: „Allgemein wird die Sprache dazu gebraucht, unser sich im Geiste abspielendes Denken [*mental discourse*] in wörtlich geäußertes oder die Folge unserer Gedanken in eine Folge von Wörtern zu übertragen, und dies zu zwei Zwecken. Der eine davon ist das Aufzeichnen der Folgen unserer Gedanken. Diese entgleiten leicht unserem Gedächtnis und machen uns neue Arbeit, können aber mit Hilfe der Wörter, durch die sie gekennzeichnet sind, wieder ins Gedächtnis zurückgerufen werden. So werden also die Namen zuerst als Merk- oder *Kennzeichen* der Erinnerung gebraucht. Sodann können sich viele Menschen, wenn sie die selben Wörter gebrauchen, gegenseitig durch Verbindung und Ordnung der Wörter zu verstehen geben, was sie sich unter jeder Sache vorstellen oder was sie über sie denken, sowie, was sie wünschen, fürchten oder sonst für Gefühle haben. Und hinsichtlich dieses Gebrauchs nennt man sie *Zeichen*" (Hobbes 2002, 25). Die Sprache ist für Hobbes nützlich, (1.) als Mittel der Erinnerung und der Gedankendisziplin, (2.) als Mittel der Kommunikation. Damit sich in der Sprache überhaupt etwas ausdrücken und mitteilen lässt, muss es den mentalen Diskurs geben. Der mentale Diskurs wird nicht mit Worten, sondern Ideen geführt. Ideen sind die kleinsten bedeutungstragenden Einheiten des mentalen Diskurses. Die Bedeutung der Sprachzeichen (Wörter) ist der Bedeutung der Ideen entlehnt. Ideen sind die natürlichen Repräsentationen der Dinge, die außerhalb des Bewusstseins existieren.

Was heißt es, eine natürliche Repräsentation zu sein? Betrachten wir ein triviales Beispiel: Wenn eine Ameise über den Sand läuft und eine Spur hinterlässt, die rein zufällig den Umrissen des Eiffelturms gleicht, sind wir geneigt zu sagen, dass das die von der Ameise hinterlassenen Linien im Sand eine Repräsentation des Eiffelturms sind, ohne der Ameise diesbezügliche Absichten zu unterstellen. Die Linien im Sand sind ein ‚Bild' des Eiffelturms. Auch bei Aristoteles sind ‚Eindrücke' der Sachen in der Seele ‚Bilder' der Sachen. Die ‚Eindrücke' repräsentieren auf der Grundlage ihrer Formgleichheit mit den Sachen. Ein schöner Beleg findet sich im II. Buch von Aristoteles' *De anima*: „Die Wahrnehmung ist das Aufnahmefähige für die wahrnehmbaren Formen (εἶδος) ohne den Stoff (ὕλη), wie das Wachs vom Ring das Zeichen (Siegel) aufnimmt ohne das Eisen oder das Gold" (424a 17–20). Die natürliche Eigenschaft, die den ‚Eindrücken' in der Seele den repräsentationalen Charakter verleiht, ist die Ähnlichkeit mit den Sachen, die sie repräsentieren. Dieses Verständnis von *natürlicher* Repräsentation hat sich bis in die Neuzeit bewahrt. Noch Locke spricht davon, dass Ideen „Abbilder" der Sachen seien (Locke 1981, 482f.). Diese Auffassung blieb intakt, solange das Bild der materiellen Welt nicht die Unterscheidung von ‚primären' und ‚sekundären' Eigenschaften erforderlich machte. Die Beschreibungen der Physik können sich nur über Eigenschaften erstrecken, die unabhängig von Beobachtern existieren, d. h. die ‚primären Eigenschaften': Raum-Zeit-Punkte, Masse, Ladung. Sekundäre Eigenschaften (Farbe, Wärme etc.) sind dem gegenüber relational, d. h. Eigenschaften, die mit der Art der Wahrnehmung und dem Wahrnehmenden verknüpft sind. Sekundäre Eigenschaften sind jemandes *Erscheinungen*, d. h. sie entstehen und verschwinden mit den Wesen, die sie haben, während die primären Eigenschaften davon nicht berührt sind. Heißt das, dass Ideen von sekundären Eigenschaften nicht repräsentieren? Wenn Repräsentation auf Ähnlichkeit beruht, wird es fraglich, ob sich sekundäre Eigenschaften überhaupt im Geist repräsentieren lassen. Körper sind weder farbig noch warm oder kalt noch besitzen sie irgendwelche der übrigen Sinnesqualitäten, sie reflektieren vielmehr Licht einer bestimmten Wellenlänge, weisen eine mittlere Molekularbewegung von soundsoviel Nanometer pro Sekunde auf, etc. Sofern es Ideen der sinnlich wahrnehmbaren Qualitäten in unserem Bewusstsein gibt, haben sie keinerlei Ähnlichkeit mit den Eigenschaften der Welt, die die Wahrnehmung solcher Qualitäten in uns verursachen. Die Wörter unserer Sprache, die für die Qualitäten stehen, bedeuten allem Anschein nach nichts. Philosophen wie Locke kennen einen Ausweg. Locke ist bereit, von Ideen unter zweierlei Hinsicht zu sprechen: auf der einen Seite sind Ideen Wahrnehmungen der Körper „in unserem Geist", auf der anderen Seite „Modifikationen der Materie" derjenigen Körper, „die in uns derartige Wahrnehmungen verursachen" (Locke 1981, 146).

Vorkommnisse eines bestimmten Typs in unserem Geist, nämlich Ideen, und Vorkommnisse in der Raum-Zeit stehen in der Beziehung der *Kovarianz* zueinander. Die Wahrnehmung erzeugt in uns ‚Bilder' der sekundären Eigenschaften, obgleich die Ursache dieser Wahrnehmung eine Modifikation der primären Eigenschaften ist. Was wir im vorwissenschaftlichen Leben als Farben, Töne, Wärme, Schwere an den Dingen selbst erfahren, das zeigt physikalisch an, dass Luftschwingungen, Wärmeschwingungen, Ätherschwingungen oder was auch immer die Ursachen sind. Die Ideen für Qualitäten repräsentieren daher nicht kraft Ähnlichkeit, sondern kraft kausaler Kovarianz. Bei den Ideen der primären Eigenschaften lässt Locke alles beim Alten: Ideen sind auch weiterhin die „Ebenbilder" der Körper derart, „dass ihre Urbilder in den Körpern selbst real existieren" (Locke 1981, 150). Bei Berkeley gerät der Glaube, dass auch nur ein Teil unseres Bewusstseins die Außenwelt kraft Ähnlichkeit repräsentiert, ins Wanken. Indem Kant die Idealität von Raum und Zeit verkündet, gräbt er auch dem letzten Rest einer Ähnlichkeitstheorie mentaler Repräsentation das Wasser ab. Heutige materialistische Theorien des Geistes setzen allein auf die Idee der Repräsentation durch Kovarianz. Die Idee der natürlichen Bedeutung hat also keineswegs an Faszination eingebüßt (vgl. Fodor 1990, 51ff.).

Locke räumt mit zwei Missverständnissen auf, die von den philosophisch Ungebildeten seiner Tage hartnäckig geteilt werden: „I. *Die Menschen setzen voraus, dass ihre Wörter auch Kennzeichen der Ideen im Geiste anderer sind, mit denen sie sich unterhalten* [...] II. Die Menschen wollen nicht, dass man von ihnen denkt, sie sprächen nur von ihren eigenen Einbildungen; man soll von ihnen glauben, sie sprächen von den Dingen, wie sie in Wirklichkeit sind. Deshalb setzen sie oft voraus, dass die *Wörter auch die Realität der Dinge vertreten*" (Locke 1988, 7). Das erste ‚Missverständnis' berührt die Frage, wie die Einzeläußerungen eines Worts eine konstante Bedeutung haben können, wenn das Wort von mehreren Sprechern verwendet wird. Wörter bezeichnen nicht Dinge in der Außenwelt, sondern Ideen. Sofern Locke eine Bedeutungstheorie formuliert hätte, hätte er sagen müssen: ‚Wörter bedeuten Ideen'. Die Bedeutung eines Satzes wäre folgerichtig ein Gedanke, der Ideen kombiniert. Im Fall der gesprochenen Sprache stellt sich nun das Problem, wie die doppelte Übersetzung von Ideen in Wörter und Wörter in Ideen gelingen kann. Verfügen die Teilnehmer an der Kommunikation über ein Kriterium, dass ihnen die Gewissheit gibt, dass z. B. die Idee, die beim Aussprechen des deutschen Worts ‚Veilchen' dem Sprecher vor Augen steht, die Idee ist, die der Hörer beim Hören von ‚Veilchen' assoziiert? Locke liefert kein Kriterium, sondern schiebt das Problem als belanglos beiseite: „Gewöhnlich aber halten sich die Menschen nicht mit der Untersuchung auf, ob die Idee, die sie und die anderen Teilnehmer einer Unterhaltung im Sinne haben, dieselbe sei; vielmehr halten sie es für ausreichend, dass sie das Wort, wie sich einbilden, im Sinne des herrschenden Sprachgebrauchs verwenden" (Locke 1988, 7). Keiner der alten Philosophen gibt sich mit dem Problem der Intersubjektivität des mentalen Diskurses ab. Das ganze Paradigma lässt diese Frage nicht recht aufkommen. Als alleinige Irrtumsquelle kommt die Verwechslung von Ideen im Geist des Denkers in Frage. Im Übrigen akzeptiert Locke die Lehre Descartes', wonach der Prozess der Sinneswahrnehmung einen Fluss von Partikeln beinhaltet, die von den Objekten abprallen und auf Nervenenden treffen, die nach rein physikalischen Prinzipien Signale an das Gehirn übertragen. Wie das Gehirn daraus Ideen erzeugt, bleibt ungeklärt, aber zweifellos geschieht es durch etwas Gesetzesartiges. Da sich die Physiologie der einzelnen Menschen nicht fundamental unterscheidet, ist es sehr wahrscheinlich, dass in allen Menschen dieselben physikalischen und psychologischen Gesetze am Werk sind und ähnliche Wirkungen aus ähnlichen Ursachen herbeiführen (vgl. Hacking 1984, 47).

Das zweite ‚Missverständnis', von dem Locke spricht, bezieht sich darauf, dass unsere Wörter auf etwas außerhalb unseres Geistes Bezug nehmen, die ‚Realität' der Dinge. Mit dieser Formulierung spielt Locke auf die Substanzen bzw. ihr Wesen an. Abstrakte Ideen, die Substanzen als Urbilder haben, sind für Locke Projektionen unseres Verstandes und gehören nicht zur realen Existenz der Dinge. Auch von der Frage der Realität der abstrakten Ideen abgesehen sollten wir von dem Gedanken Abstand nehmen, die Wörter hätten neben ihrer Bedeutung (die Idee) auch noch ‚Bezug' oder ‚Referenz' in dem Sinne, wie dies die Autoren des 20. Jahrhunderts verstehen: „Man gestatte mir jedoch […] die Bemerkung, dass es ein Missbrauch der Wörter ist, der ihre Bedeutung unweigerlich verdunkelt und verwirrt, wenn man sie etwas anderes vertreten lässt als jene Ideen, die wir in unserem eigenen Geist haben" (Locke 1988, 8). Von den realen Dingen haben wir keine Erkenntnis außer durch die Ideen in unserem Geist. Die einzige Verbindung, die wir mit den realen Dingen unterhalten, ist kausaler Natur.

Was Hobbes, Descartes, Locke u. a. über die Sprache schreiben, kommt uns rätselhaft und fremd vor. Ian Hacking vermutet, dass Sprache, so wie wir sie heute verstehen, kein Gegenstand war, über den Menschen früherer Epochen nachdenken konnten. Vielleicht liegt es daran, dass die Beziehungen zwischen Wissen, Denken und Sprache zu unserer Zeit nicht dieselben wie früher sind: „Das Wesen des Wissens selbst hat sich verändert" (Hacking 1984, 145). Hacking zitiert Willard van Orman Quine, der 1954 schrieb: „Das Wissen unserer Väter ist ein Gebäude von Sätzen" (Quine 1976, 132: „*The lore of our fathers is a fabric of sentences*"), und kommentiert dessen Äußerung wie folgt: „Er mag recht haben. Unser Wissen, und auch das Wissen unserer Väter, ist ein Gebäude von Sätzen. Aber das Wissen unserer Vorfahren war es nicht. Wissen hatte nicht immer wesentlich Satzform" (Hacking 1984, 145). Hacking illustriert seine Behauptung mit einer Betrachtung über den Wandel des Theoriebegriffs. Nach moderner Auffassung ist eine Theorie ein System von Aussagen, das dem Zweck dient, einen Ausschnitt der Realität zu erklären und Vorhersagen zu formulieren. Zu sagen, unser Wissen sei theoretisch geworden, heißt in diesem Zusammenhang, Wissen sei satzförmig geworden. Aber die Deutung von Wissen durch Aristoteles, Thomas von Aquin oder Descartes ist grundlegend verschieden von dem, was heute unter ‚Wissen' in den Wissenschaften verstanden wird. Vor der wissenschaftlichen Revolution der Neuzeit waren ἐπιστήμη und *scientia* die einschlägigen Begriffe. Beide hatten mit Wissen zu tun, das aus ersten Prinzipien demonstriert wurde. Prinzipien waren keine Grundsätze oder allgemeine Regeln, sondern Wesenheiten (Substanzen). Prinzipien werden nicht formuliert, sondern aufgefunden. Das Wissen von Prinzipien beinhaltet das Wissen von Ursachen, das sich von Bekanntschaft mit Wesenheiten herleitete. Ein Beweis war damals ein „Zeigen: ein dem Auge zeigen, dem einzigen Auge, dem inneren Auge […] Das, was gezeigt wurde, war das Prinzip, nämlich der Ursprung, die Quelle" (Hacking 1984, 146). Ein Wissen, das Bekanntschaft mit Wesenheiten ist, misst der Anordnung von Sätzen nicht die erste Bedeutung zu.

Literatur:

Bertram 2011.
Brandt/Klemmer 1996.
Graeser 1996.
Hacking 1984.
Kodalle 1996.
Kraus 1996.
Leiss 2009.
Mojsisch 1996.
Morris 2007.

3.3 Frege über ‚Sinn‘ und ‚Bedeutung‘

Besitzen die Autoren des 16. und 17. Jahrhunderts eine Theorie der sprachlichen Bedeutung? Es ist nicht leicht zu sagen, ob jene Autoren eine besaßen oder nicht. Hacking schlägt folgenden Test vor: Wir formulieren eine Reihe von Fragen, und falls einer der genannten Autoren die begrifflichen Mittel hat, um zwischen den Fragen zu unterscheiden, können wir schließen, dass er eine Bedeutungstheorie besaß (Hacking 1984, 49):

I. Bedeutet für Sie ‚Veilchen‘ dasselbe, was es für mich bedeutet?
II. Affizieren Veilchen-Dinge Ihre Sinne genauso wie meine?
III. Sind Ihre Veilchen-Ideen dieselben wie meine?

Hacking vermutet, dass Locke zwischen der Frage (I) und der Frage (III) nicht unterschieden hätte. Wer nach der Bedeutung eines Wortes fragt, kann nach drei unterschiedlichen Dingen fragen, (a) nach der *Bezeichnung*, (b) dem *Bezug* oder (c) dem *herrschenden Sprachgebrauch*:

a) *Bezeichnet* ‚Veilchen‘ bei Ihnen dieselbe Idee wie bei mir?
b) Wenn ich im Frühling sage: ‚das erste Veilchen, das in meinem Garten blüht‘, *beziehe ich mich* dann auf dieselbe Pflanze wie Sie, wenn Sie hier und jetzt die dieselben Worte äußern?
c) Hat in Ihrer Sprachgemeinschaft ‚Veilchen‘ denselben *herrschenden Sprachgebrauch* wie in meiner?

In seiner Antwort auf das Missverständnis, dass die Sprecher für gewöhnlich darauf achten, dass sie bei sich wie bei anderen gleiche Ideen bei gleichem Wortgebrauch vorliegen haben, rekurriert Locke auf den „herrschenden Sprachgebrauch", womit das Problem für ihn gelöst war. Locke hätte die Fragen (a) – (c) nicht außeranderhalten können, weil die in der Frage auftauchenden Unterscheidungen erst im späten 19. Jahrhundert wirksam geworden sind. Wir verdanken sie dem deutschen Logiker Gottlob Frege. Er wählt das Wort ‚*Sinn*' für den *herrschenden Sprachgebrauch* (c). Für den *Bezug* (Frage b) verwendet er den Ausdruck ‚*Bedeutung*'. Die Unterscheidung von ‚Sinn' und ‚Bedeutung' ist für Frege von grundlegender Bedeutung: „Es liegt nun nahe, mit einem Zeichen (Namen, Wortverbindung, Schriftzeichen) außer dem Bezeichneten, was die Bedeutung des Zeichens heißen möge, nach das verbunden zu denken, was ich den Sinn des Zeichens nennen möchte, worin die Art des Gegebenseins enthalten ist" (Frege 1994a, 41). Frege kennt auch ein Analogon zu der Bezeichnungsrelation (a), nämlich die mit dem Wort verknüpfte ‚Vorstellung'. Vorstellungen, die mit Wörtern assoziiert werden, dürfen nicht mit Sinn und Bedeutung der Wörter verwechselt werden: „Von der Bedeutung und dem Sinn eines Zeichens ist die mit ihm verknüpfte Vorstellung zu unterscheiden. Wenn die Bedeutung eines Zeichens ein sinnlich wahrnehmbarer Gegenstand ist, so ist meine Vorstellung davon ein aus Erinnerungen von Sinneseindrücken, die ich gehabt habe, und von Tätigkeiten, inneren sowohl wie äußeren, die ich ausgeübt habe, entstandenes inneres Bild. Dieses ist oft mit Gefühlen getränkt; die Deutlichkeit seiner einzelnen Teile ist verschieden und schwankend. Nicht immer ist, auch bei demselben Menschen, dieselbe Vorstellung mit demselben Sinn verbunden. Die Vorstellung ist subjektiv: die Vorstellung des einen ist nicht die des anderen […]. Ein Maler, ein Reiter, ein Zoologe werden werden wahrscheinlich sehr verschiedene Vorstellungen mit dem Namen ‚Bucephalus' verbinden. Die Vorstellung unterscheidet sich dadurch wesentlich von dem Sinne eines Zeichens, welcher gemeinsames Eigentum von vielen sein kann und also nicht Teil oder Modus der Einzelseele ist" (Frege 1994a, 43f.).

Der Ausdruck Bedeutungstheorie wurde im gesamten 20. Jahrhundert so verwendet, dass das Gemeinte eine Theorie dessen einschließt, was Frege ‚Sinn' nennt und was Locke den ‚herrschenden Sprachgebrauch' genannt hatte. Bedeutungstheorien haben es mit einem wesentlich öffentlichen Charakteristikum der Sprache zu tun, d. h. mit dem, was den Sprecherinnen und Hörerinnen einer Sprache gemeinsam ist. Frege ist überzeugt, dass es *Sinn* geben muss, weil, wie er sich ausdrückt, ein „gemeinsamer Schatz von Gedanken" von einem „Geschlecht zum anderen" übertragen wird (Frege 1994a, 44). Der Sinn der Wörter ist öffentlich und intersubjektiv, während die Vorstellungen, die Menschen mit Wörtern assoziieren, privat und idiosynkratisch sind. Die Idee eines diachron und synchron gemeinsamen Bestandes sprachlichen Sinns ist für ihn so selbstverständlich, dass er erst gar nicht dafür argumentiert.

Wofür Frege explizit argumentiert, ist die Unterscheidung von ‚Sinn' und ‚Bedeutung'. Warum haben z. B. Namen nicht nur ‚Bedeutung', sondern auch einen ‚Sinn'? ging von der Beobachtung aus, dass Identitätsbehauptungen, d. h. Sätze von der Form ‚a = b', nicht immer trivialerweise wahr sind, dann nämlich nicht, wenn wir mit solchen Sätzen weder die Identität zweier Gegenstände noch eine Beziehung zwischen Bezeichnungsweisen zum Ausdruck bringen möchten. Identitätsbehauptungen wie ‚Lac Léman ist der Genfer See', ‚Marcus Tullius ist Cicero', ‚Amadeus ist Mozart' betreffen nicht die Sache oder Person, sondern ihre Benennungen. Sie drücken nicht eigentlich eine Erkenntnis aus, sondern den Unterschied der Bezeichnungsweisen. Nicht alle Identitätsbehaupten sind dieser Art. Es gibt Identitätsbehauptungen, bei denen einem „Unterschied des Zeichens [ein] Unterschied in der Art des Gegebenseins des Bezeichneten entspricht" (Frege 1994a, 41). Frege denkt an folgenden Fall: „Es seien a, b, c die Geraden, welche die Ecken eines Dreiecks mit den Mitten der Gegenseiten verbinden. Der Schnittpunkt von a und b ist dann derselbe wie der Schnittpunkt von b und c. Wir haben also verschiedene Bezeichnungen für den denselben Punkt, und diese Namen (‚Schnittpunkt von a und b', ‚Schnittpunkt von b und c') deuten zugleich auf die Art des Gegebenseins, und daher ist in dem Satze eine wirkliche Erkenntnis enthalten" (Frege 1994a, 41). Die kennzeichnenden Satzphrasen ‚Schnittpunkt von a und b' und ‚Schnittpunkt von b und c' sind nicht nur dem Wortlaut nach verschieden, ihnen entspricht ein Unterschied in der Art und Weise, in der uns der eine geometrische Punkt gegeben ist. Mit der Behauptung

,Der Schnittpunkt von *a* und *b* ist der Schnittpunkt von *b* und *c*'

drücken wir eine Entdeckung der Geometrie aus, nicht bloß eine Beziehung zwischen Bezeichnungsweisen. Gleiches gilt für die Behauptung

,Der Morgenstern ist der Abendstern'.

Auch hier entspricht dem Unterschied des Namens ein Unterschied in der Art des Gegebenseins des Namensträgers. Es gab Zeiten, in denen nicht bekannt war, dass Morgenstern und Abendstern derselbe Planet sind. Die Behauptung ihrer Identität wurde erst in Folge einer astronomischen Entdeckung möglich. Frege verallgemeinert diese Beobachtung und kommt zum Schluss, dass Namen nicht nur ,Bedeutung', sondern auch ,Sinn' haben. Ausdrücke wie ,Morgenstern' und ,Abendstern' haben dieselbe Bedeutung, aber unterschiedlichen Sinn. Sie ,bedeuten' denselben Himmelskörper, die Venus. Dem Unterschied ihres Sinns entspricht ein Unterschied in der Art des Gegebenheitsweise ihrer Bedeutung.

Der Ausdruck ,Bedeutungstheorie' wurde im gesamten 20. Jahrhundert so verwendet, dass er eine Theorie dessen einschließt, was Frege den ,Sinn' eines Namens genannt hat. Eine philosophische Theorie der Bedeutung im Anschluss an Frege besteht aus drei Teilen: einer Theorie der *Referenz* (= ,Bedeutung' im engeren Sinn), einer Theorie des *Sinns* und einer Theorie der *Kraft*, d. h. der pragmatischen Signifikanz einer Äußerung.

Freges Theorie besitzt einige verwirrende Aspekte. Frege ist der Auffassung, dass die ,Sinn'/,Bedeutung'-Unterscheidung kein Spezifikum der bezugnehmenden Termini im Satz, der Namen darstellt. Auch der generelle Terminus, der einen Begriff ausdrückt, und sogar der vollständige Satz haben ,Sinn' und ,Bedeutung'. In dem bereits zitierten Aufsatz „Über Sinn und Bedeutung" argumentiert Frege nicht eigens für die Anwendbarkeit der ,Sinn'/,Bedeutung'-Unterscheidung auf generelle Termini (Verben, Prädikate), sehr wohl aber für die Anwendbarkeit dieser Unterscheidung auf Sätze. Frege stellt sich selber zunächst die Frage, ob Sätze beides, ,Sinn' und ,Bedeutung' haben. Er sieht es als geklärt an, dass wir mit Sätzen Gedanken ausdrücken. Könnte daher der Gedanke die ‚Bedeutung' des Satzes sein? Gegen die Gleichsetzung des Gedankens mit der ‚Bedeutung' des Satzes spricht folgende Erwägung. Wenn der Gedanke die Bedeutung des Satzes wäre, müsste die Ersetzung bedeutungsgleicher Namen innerhalb eines Satzes den Gedanken unverändert lassen. Als bedeutungsgleich hatten sich Namen wie ‚der Morgenstern' und ‚der Abendstern' herausgestellt. Machen wir also die Probe und ersetzen wir den Namen in ‚Der Morgenstern ist ein Planet' durch einen bedeutungsgleichen Ausdruck, z. B. ‚der Abendstern'. Wir erhalten dann den Satz ‚Der Abendstern ist ein Planet'. Durch den Austausch der bezugnehmenden Ausdrücke hat sich der Wahrheitswert von (2) gegenüber (1) nicht verändert. Wir würden aber nicht sagen können, dass (1) und (2) denselben Gedanken ausdrücken. Jemand, der nicht weiß, dass der Morgenstern der Abendstern ist, könnte (1) für wahr und (2) für falsch halten, oder umgekehrt. Mit den Sätzen (1) und (2) drücken die Sprecher des Deutschen unterschiedliche Gedanken aus. Der Gedanke ist daher nicht die Bedeutung des Satzes. Was die Bedeutung des Satzes ist, wissen wir noch immer nicht. Als nächstes wendet sich Frege der Frage zu, ob Sätze überhaupt Bedeutung haben. Ein Satz aus der Mythologie wie ‚Odysseus wurde tief schlafend in Ithaka ans Land gesetzt' kann nur dann wahr oder falsch sein, wenn der singuläre Terminus, ‚Odysseus', Bedeutung hat, d. h. wenn eine Person namens Odysseus existierte. Wären wir nur an dem Sinn dieses Satzes interessiert, würde uns die Frage der Bedeutung des in ihm vorkommenden Namens nicht interessieren. Der Gedanke bleibt unverändert, gleich ob der Name ‚Odysseus' eine Bedeutung hat oder nicht. Sofern wir aber an der Wahrheit des Gedankens interessiert sind, kann uns die Frage der Bedeutung des Namens nicht gleichgültig sein. Frege folgert daraus: „Dass wir uns überhaupt um die Bedeutung eines Satzteils bemühen, ist ein Zeichen dafür, dass wir auch für den Satz selbst eine Bedeutung im allgemeinen anerkennen und fordern. [...] Warum genügt uns der Gedanke nicht? Weil und soweit es uns auf seinen Wahrheitswert ankommt. [...] Das Streben nach Wahrheit also ist es, was uns überall vom Sinn zur Bedeutung vorzudringen treibt. [...] So werden wir dahin gedrängt, den *Wahrheitswert* eines Satzes als seine Bedeutung anzuerkennen. Ich verstehe unter dem Wahrheitswerte eines Satzes den Umstand, dass er wahr oder dass er falsch ist. Weitere Wahrheitswerte gibt es nicht. Ich nenne der Kürze halber den einen das Wahre, den anderen das Falsche" (Frege 1994a, 46–48). Damit ist für Frege der Nachweis erbracht, dass Sätze ähnlich wie Namen nicht nur ‚Sinn', sondern auch ‚Bedeutung' haben. Der Sinn des Satzes ist der Gedanke, seine Bedeutung ein Wahrheitswert: das Wahre oder das Falsche. Frege lässt es zu, dass Sätze, die Sinn haben und einen Gedanken ausdrücken, bedeutungslos im Sinn von ‚ohne Wahrheitswert' sein können. Dieser Aspekt an Freges Theorie hat viele Autoren irritiert.

Wenn der Wahrheitswert des Satzes davon abhängt, dass seine Teile Bedeutung haben, steht zu erwarten, dass auch Prädikate und Verben, d. h. generelle Ausdrücke ‚Sinn' und ‚Bedeutung' haben. Für Frege ist die Bedeutung des Prädikats eine Funktion bzw. ein Begriff. Warum ‚bedeutet' ein Prädikat einen Begriff, anstatt ihn auszudrücken? Und wenn der Begriff die Bedeutung des Prädikats ist, was ist dann dessen Sinn? Die Antwort hat mit Freges abweichendem Verständnis von ‚Begriff' zu tun, wonach der Begriff mit einer Intension identisch ist. Eine Intension ist eine Funktion, die relativ zu einer Welt eine Extension in dieser Welt bestimmt. Wenn wir in Sätzen Prädikate ersetzen, die Begriffe mit gleicher Extension bedeuten, bleibt der Wahrheitswert des Satzes unverändert. ‚Wesen mit Herz' und ‚Wesen mit Nieren' haben dieselbe Extension, wenngleich unterschiedlichen Sinn. Jemand kann glauben, dass ein Schimpanse ein Wesen mit Herz ist, ohne zu glauben, dass ein Schimpanse ein Wesen mit Nieren ist. Dass der Austausch extensionsgleicher Termini den Wahrheitswert der entsprechenden Sätze unverändert lässt, jedoch ihren Sinn verändert, ist ein Hinweis darauf, dass wir Begriffe zu der Bedeutung der Prädikate rechnen müssen. Was der ‚Sinn' eines generellen Terminus ist, bleibt in Freges Werk unklar.

Freges ‚Sinn'/‚Bedeutung'-Unterscheidung im Überblick:

	‚Sinn':	‚Bedeutung':
singulärer Terminus (Name):	Art des Gegebenseins einer Bedeutung	Namensträger, Referent, Bezug
genereller Terminus (Prädikat):	?	Begriff (Intension, Funktion)
elementarer Satz:	Gedanke (Proposition)	Wahrheitswert (das Wahre, das Falsche)

3.4 Wittgensteins Argument gegen die Möglichkeit einer Privatsprache

Ludwig Wittgenstein leitet sein zweites Hauptwerk, die *Philosophischen Untersuchungen*, mit einem Zitat aus den *Bekenntnissen* des Augustinus von Hippo ein, in dem dieser berichtet, wie er als Kind die Sprache lernte (Wittgenstein 1984, 237, § 1). Augustinus' Beschreibung lässt ein bestimmtes Bild der menschlichen Sprache, ihrer Funktionsweise und Zielsetzung hervortreten, das von Wittgenstein einer fundamentalen Kritik unterzogen wird. Bei dem „Augustinischen Bild der Sprache" handelt es sich weniger um eine voll ausgearbeitete Theorie als um ein „Bild" oder ein „proto-theoretisches Paradigma", das deshalb von Bedeutung ist, weil es die stillschweigende Grundlage klassischer philosophischer Theorien ist (Glock 2000, 41). Wittgenstein liest aus dem Augustinzitat einen Komplex folgender Ideen heraus:

a) Die Wörter der Sprache benennen Gegenstände, jedes Wort der Sprache funktioniert daher wie ein Name;
b) Sätze sind die Verbindungen solcher Benennungen;
c) so wie die Bedeutung des Namens der Namensträger ist, ist die Bedeutung eines Worts der Gegenstand, für den das Wort steht;
d) Wörter lassen sich hinweisend definieren;
e) durch das hinweisende Definieren wird eine assoziative Verbindung zwischen Wort und Gegenstand hegestellt;

f) das Kind kann sich die Verbindung einprägen, weil es bereits denken kann;
g) denken heißt, zu sich selber reden;
h) die Fähigkeit zum Spracherwerb setzt den Besitz einer privaten Sprache voraus.

Daraus ergibt sich mit Blick auf den Spracherwerb folgendes Bild: „Augustinus beschreib[t] das Lernen der menschlichen Sprache so, als käme das Kind in ein fremdes Land und verstehe die Sprache des Landes nicht; das heißt: so als habe es bereits eine Sprache, nur nicht diese. Oder auch: als könne das Kind schon *denken*, nur noch nicht sprechen. Und „denken" hieße hier etwas, wie: zu sich selber reden" (Wittgenstein 1984, 256, § 32). Das innere Reden, das auch schon das Kind beherrscht, stellt die geforderte assoziative Verbindung von Wort und Gegenstand her. Die Verbindung ist geglückt, wenn dem Kind bei dem Aussprechen und Hören des Worts „das Bild des Dings vor die Seele tritt". Der primäre Zweck der Wörter ist allem Anschein nach, bei Sprechern und Hörern „Vorstellungen zu erwecken" (Wittgenstein 1984, 240, § 6). Diese Bemerkung erinnert stark an das, was Locke über die Funktion der Wörter geschrieben hat: „dass es ein Missbrauch der Wörter ist, der ihre Bedeutung unweigerlich verdunkelt und verwirrt, wenn man sie etwas anderes vertreten lässt als jene Ideen, die wir in unserem eigenen Geist haben" (Locke 1988, 8). Im Augustinischen Bild der Sprache erschöpft sich die Funktion der Wörter keineswegs darin, bei Sprechern und Hörern Ideenassoziationen zu bewirken. Der Gebrauch der Wörter ist ganz im Gegenteil öffentlich, auch die Bedeutung der Wörter ist öffentlich. Es ist jedoch der gleiche psychologische Mechanismus, der dafür sorgt, dass die Wörter der öffentlichen Sprache und die Wörter einer privaten Sprache eine stabile Bedeutung erhalten. Wörter müssen hinweisend definierbar sein, so lautet die Forderung im Augustinischen Bild der Sprache. Bei Strafe des Zirkels darf die Bedeutung der Wörter nicht als bekannt vorausgesetzt werden, soll ein „hinweisendes Lehren der Wörter" möglich sein (Wittgenstein 1984, 240, § 6). Es wird dabei vorausgesetzt, dass alle Wörter der Sprache wie Namen funktionieren. Das hinweisende Lehren ist im Kern ein Akt des Nachvollzugs einer originären Namensverleihung oder ‚Taufe', bei der das Ding einen

Namen erhält. Das Kind kann noch nicht nach der *Benennung* fragen, es kann jedoch die Benennungen der Erwachsenen verstehen, weil es bereits *denken* kann. Die Fähigkeit zu denken befähigt das Kind, in Windeseile die Sprache der Erwachsenen zu lernen. Es könnte diese Fähigkeit ebenso nutzen, eine Sprache aufzubauen, die nur es versteht, weil die Bedeutungen dieser Sprache privat, nicht öffentlich wären. Es wäre eine Sprache, von der Locke redete und deren erster und einziger Zweck das Benennen der Ideen im Geist des Sprechers war. Obwohl im Augustinischen Bild der Sprache das Erlernen der öffentlichen Sprache im Fokus steht, liegt eine private Sprache im Rahmen der Möglichkeiten dieses Bilds.

Das Augustinische Bild der Sprache steht daher auch im Hintergrund des berühmten ‚Privatsprachenarguments', das im Kern ein Argument gegen die Möglichkeit einer privaten Sprache ist. Wittgenstein fragt sich und seine Leser, ob eine Sprache denkbar wäre, „in der Einer seine inneren Erlebnisse – seine Gefühle, Stimmungen, etc. – für den eigenen Gebrauch aufschreiben, oder aussprechen könnte?" Auch in der öffentlichen Sprache lässt sich über innere Erlebnisse und Erfahrungen sprechen, aber das ist nicht gemeint: „Die Wörter dieser Sprache sollen sich auf das beziehen, wovon nur der Sprechende wissen kann; auf seine unmittelbaren, privaten, Empfindungen. Ein Anderer kann diese Sprache also nicht verstehen" (Wittgenstein 1984, 256, § 243). Das geheime Tagebuch wird in einer Sprache geführt, die eigens für diesen Zweck geschaffen wurde. Die Ausdrücke dieser Sprache werden ausschließlich dazu verwendet, die eigenen inneren Erlebnisse aufzuzeichnen: „Ich will über das Wiederkehren einer gewissen Empfindung ein Tagebuch führen. Dazu assoziiere ich sie mit dem Zeichen ‚E' und schreibe in einem Kalender zu jedem Tag, an dem ich die Empfindung habe, dieses Zeichen" (Wittgenstein 1984, 361, § 258). Wittgenstein merkt an, dass sich eine Definition von ‚E' nicht aussprechen lässt, denn ‚E' hat bislang noch keine Bedeutung. Der Anhänger der Privatsprache sieht jedoch die Möglichkeit, ‚E' hinweisend zu definieren, indem er auf die Empfindung zeigt. Es kann sich dabei nicht um ein Zeigen im gewöhnlichen Sinn handeln, weil die Empfindung nicht vor ihm liegt wie ein Buch oder ein Stuhl. Der Privatsprachler denkt an folgendes Vorgehen: „[I]ch spreche, oder schreibe das Zeichen, und dabei konzentriere ich meine Aufmerksamkeit auf die Empfindung – zeige also gleichsam im Innern auf sie" (Wittgenstein 1984, 362, § 258). Wittgenstein glaubt nicht, dass diese „Zeremonie" ausreichen werde, um dem Zeichen eine Bedeutung zu geben (ebd.). Der Anhänger der Privatsprache gibt sich nicht geschlagen: „Nun, das geschieht eben durch das Konzentrieren der Aufmerksamkeit; denn dadurch präge ich mir die Verbindung des Zeichens mit der Empfindung ein" (ebd.). Durch das Einprägen der Verbindung sei sichergestellt, dass er sich bei allen künftigen Verwendungen von ‚E' an diese Verbindung erinnern werde. Die Erinnerung liefere das Kriterium für alle *richtigen* Verwendungen von ‚E'. Wittgenstein ist jedoch der Auffassung, dass die Erinnerung nicht weiter hilft, nicht weil der Privatsprachler Erinnerungslücken haben könnte, sondern weil ‚E' bislang noch gar keine Bedeutung hat. Es gibt nichts, an das sich der Privatsprachler erinnern könnte, um die richtige von der falschen Verwendung von ‚E' zu unterscheiden. Die Frage der Richtigkeit stellt sich im Zusammenhang der privaten Verwendung von ‚E' gar nicht. Wittgenstein macht darauf aufmerksam, dass für eine Regel – und um so etwas müsste es sich ja im Fall des *richtigen* Gebrauchs von ‚E' handeln – die Umgebung fehlt.

Unmittelbar vor der Stelle in den *Philosophischen Untersuchungen*, an der die Idee einer privaten Sprache eingeführt wird (§ 243), kommt Wittgenstein darauf zu sprechen, dass die Regeln, die einem Sprachgebrauch zugrunde liegen, eine weitgehende Übereinstimmung unter den Sprachverwendern voraussetzen. Diese Übereinstimmung geht über einen Konsens hinsichtlich der Definitionen oder expliziten Angaben der Regeln hinaus und bezieht die Übereinstimmung in den Resultaten der Regelanwendung, d. h. im Fall der Sprachverwendung, die Übereinstimmung in den Aussagen und Urteilen ein: „Zur Verständigung durch die Sprache gehört nicht nur eine Übereinstimmung in den Definitionen, sondern (so seltsam dies klingen mag) eine Übereinstimmung in den Urteilen" (Wittgenstein 1984, 356, § 242). Die Selbstverständlichkeit des Regelfolgens zeigt sich darin, dass Abweichungen die Ausnahme sind. Bei Abweichungen liegen Tätlichkeiten in der Luft: „Es bricht kein Streit darüber aus (etwa zwischen Mathematikern), ob der Regel gemäß vorgegangen wurde oder nicht. Es kommt darüber z. B. nicht zu Tätlichkeiten. Das gehört zu dem Gerüst, von welchem aus unsere Sprache wirkt (z. B. eine Beschreibung gibt)" (Wittgenstein 1984, 355, § 240). Wittgenstein formuliert an dieser Stelle einen Zentralgedanken seiner gesamten Philosophie: die weit reichende Übereinstimmung im Urteilen und Handeln, nicht die Übereinstimmung in den Definitionen, ist die Grundlage des Regelfolgens. Er stellt sich selbst den Einwand, dass es schlecht sein könne, dass die Übereinstimmung der Menschen darüber entscheide, was richtig und falsch sei. Die Übereinstimmung ist also nicht das Kriterium für ‚richtig' und ‚falsch'. Es ist vielmehr so, dass die Menschen in ihren Urteilen für gewöhnlich darin übereinstimmen, was richtig und was falsch ist. Dieses Faktum ist für das Funktionieren der Sprache von außerordentlicher Bedeutung: „Richtig und falsch ist, was Menschen *sagen*; und in der *Sprache* stimmen die Menschen überein. Dies ist keine Übereinstimmung der Meinungen, sondern der Lebensform" (Wittgenstein 1984, 356, § 241). Wittgenstein ist der Auffassung, dass Definitionen – gleich ob öffentlich oder privat – noch keine Regel begründen, weil Definitionen vieles offen lassen. Um ‚gemäß einer Regel' handeln zu können, muss es neben den Definitionen bzw. der expliziten Formulierung einer Regel eine eingespielte Praxis der Regelbefolgung geben. Es genügt nicht, die Regel zu deuten. Was der Regel gemäß ist, oder eben nicht, zeigt sich in den exemplarischen Anwendungen der Regel. Daraus folgt, „dass nicht ein einziges Mal nur ein Mensch einer Regel gefolgt sein kann" (Wittgenstein 1984, 344, § 199). Jemand kann nur einer Regel folgen, wo es die Gepflogenheit, den Brauch, die Institution des Regelfolgens gibt. Außerdem ist der Zusammenhang von Regel und Anwendung *intern*. Die Kriterien von ‚richtig' und ‚falsch', ‚der Regel gemäß' und ‚gegen die Regel' lassen sich nur gemeinsam mit (exemplarischen) Anwendungen, eben einer Praxis der Regelbefolgung, bestimmen. Der interne Zusammenhang der Regel mit der Praxis ihrer Anwendung lässt es von vornherein zweifelhaft erscheinen, ob es dem Privatsprachler wirklich gelungen ist, durch hinweisendes Definieren einen Sprachgebrauch zu begründen. Das Definieren allein begründet noch keine Praxis. Der Privatsprachler *glaubt*, einer Regel zu folgen, weil er sich daran erinnert, wie er das Zeichen hinweisend definiert hat. Das hinweisende Definieren ersetzt aber keine Praxis: „Darum ist ›der Regel folgen‹ eine Praxis. Und der Regel zu folgen *glauben* ist nicht: der Regel folgen. Und darum kann man nicht der Regel ›privatim‹ folgen, weil sonst der Regel zu folgen glauben dasselbe wäre, wie der Regel folgen" (Wittgenstein 1984, 345, § 202).

Eine zentrale Prämisse in Wittgensteins Argument ist, dass die Möglichkeit der Sprache und der Begriffsbildung auf der Möglichkeit der Übereinstimmung in unseren Reaktionen und Urteilen beruht. Die Prämisse ist radikal. Bezugnahme, Referenz, Wahrheit gibt es für menschliche Wesen nur im Zusammenhang eingespielter Praktiken und Gepflogenheiten, auf denen wiederum die Institution ‚Sprache' aufruht. Ist diese Prämisse wahr? Warum glaubten Generationen von Philosophen vor Wittgenstein, dass der Geist die Fähigkeit habe, sprachliche Konventionen zu begründen, ohne eine Sprache zu besitzen? Generationen von Philosophen vor Wittgenstein glaubten an die Existenz „metaphysischer Absolutheiten", die uns in Stand setzen, „die Welt in ihrem Ansichsein aufzuspüren und insofern in den Griff zu bekommen, als jede andere Auffassung von ihr falsch sein müsse" (Candlish 1998, 145). Paradigmatisch für metaphysische Absolutheiten sind Platons Ideen und Aristoteles' intelligible Formen. Ideen bzw. Formen waren Gegenstände, die im Unterschied zu den mit den äußeren Sinnen wahrgenommenen Gegenständen die herausragende Eigenschaft besitzen, sich selbst zu identifizieren, d. h. in ihrem Wesen kundzutun. Die neuzeitliche Philosophie verschiebt die Ideen, die bei Platon transzendent waren, in das Bewusstsein. Wir haben in der Neuzeit das Paradox, dass das schlechthin Allgemeine, die Idee, als Einzelvorkommnis oder Ereignis Teil des Bewusstseinsstroms ist. Ideen und Empfindungen, gleich ob objektiv oder subjektiv, sind „selbstidentifizierende Gegenstände, die uns die Regeln für den Gebrauch ihrer Namen von sich aus aufzwingen" (Candlish 1998, 145), d. h. sie benötigen keinen logischen Raum, keinen kategorialen Rahmen, keine begrifflichen Einteilungen, keine Sprache, keine vorgängige Praxis des Hantierens mit Dingen, keine Kommunikation, um identifizierbar und re-identifizierbar zu sein. Als Objekte mit selbstidentifizierenden Eigenschaften haben sie die Potenz, einen Raum der Sprache zu eröffnen. Sie warten darauf, von uns benannt und ausgesprochen zu werden. Das ist das, was der Privatsprachler im Akt des inneren hinweisenden Definierens vollzieht.

Wittgenstein glaubt nicht, dass Sinnesdaten und Empfindungen mit selbstidentifizierenden Eigenschaften ausgestattet sind. Die Identität einer Empfindung oder eines Sinneseindrucks ist für ihn das Resultat einer Übereinstimmung in unseren Reaktionen auf Empfindungen und Sinneseindrücken. Bei diesen Reaktionen hat man an charakteristische Verhaltensmanifestationen, aber auch an Sprachäußerungen zu denken. Jemand hat Schmerzen, wenn er ein für Schmerzen charakteristisches Benehmen zeigt, aber auch sagt, er habe Schmerzen. Wären Empfindungen etwas metaphysisch Absolutes, das mir von sich her seine Identität aufzwingt, wäre die Möglichkeit einer gemeinsamen Sprachpraxis ohne Belang für den Begriff der jeweiligen Empfindung. Das Wesen der Empfindung würde mir in einem einzigartigen geistigen Akt offenbart, woraufhin ich die Benennung der Empfindung einführte. Alle weiteren Fakten bezüglich der Verwendung des Namens wären irrelevant für die Bedeutung des Namens, und der Name selbst könnte etwas Privates sein. Wittgenstein versucht in seiner Argumentation geltend zu machen: solche (äußeren, späteren) Fakten sind keineswegs belanglos; Namen können nichts Privates sein; und die Vorstellung von der Offenbarung des Wesens einer Empfindung durch einen einzigen Akt unmittelbaren Kennenlernens ist konfus.

Um die Unmöglichkeit der Privatsprache einzusehen, ist es von Bedeutung, sich vor Augen zu halten, dass es kein Mensch ist, der sein geheimes Tagebuch führt, sondern ein Wesen von der Art einer cartesischen Seele. Die einzigen ‚Objekte', die einer cartesischen Seele direkt zugänglich sind, sind Ideen als Teil ihres Bewusstseinsstroms. Bereits an dieser Stelle müsste deutlich werden, dass es sich bei unserem Gedankenexperiment gar nicht um einen möglichen oder verständlichen Fall handelt. Träumt (empfindet) die Seele, dass sie ein Tagebuch führt? Oder führt sie ein ‚wirkliches' Tagebuch? Dann ist sie keine cartesische Seele mehr. Ist das Tagebuch aber nur ein geträumtes (empfundenes), dann stellt die Prozedur des Tagebuchführens kein Kriterium für die korrekte Verwendung des Zeichens bereit. Eine Empfindung steht einer anderen Empfindung gegenüber. Es ist wie mit einer Tabelle, die nur in unserer Vorstellung existiert, etwa ein Wörterbuch. Mittels eines Wörterbuchs kann man beispielsweise die Übersetzung eines Wortes X durch ein Wort Y rechtfertigen: „Sollen wir es aber auch eine Rechtfertigung nennen, wenn diese Tabelle nur in der Vorstellung nachgeschlagen wird?" (Wittgenstein 1984, 363,

§ 265). In so einem Fall wäre richtig, was jemandem als richtig erschiene. Aber gestehen wir dem Anhänger der Privatsprache zu, dass es ihm gelungen sei, seine Empfindungen in einem Tagebuch festzuhalten. Das Ziel muss jetzt sein, nachzuweisen dass selbst dann, wenn man ihm das einräumt, er nicht im Stande ist, einem Empfindungswort Bedeutung zu verleihen und diese Bedeutungszuschreibung in künftigen Verwendung des Worts durchzuhalten. Es geht dem Privatsprachler ja darum, eine Sprache zu *fundieren*. Er darf nicht irgendeine Sprache voraussetzen. Zu diesem Zweck *prägt* er sich die Verbindung des Worts mit der Empfindung fest ein: „,Ich präge sie mir ein' kann doch nur heißen: dieser Vorgang bewirkt, dass ich mich in Zukunft *richtig* an die Verbindung erinnere" (Wittgenstein 1984, 362, § 258). Es wird nicht genügen, dass ich mich an die Verbindung erinnere. Es fehlt mir ein Kriterium für die *Richtigkeit* der Erinnerung: „Man möchte hier sagen: richtig ist, was immer mir als richtig erscheinen wird" (ebd.). Warum genügt es aber nicht, sich einfach an die Verbindung zu erinnern? Es genügt deswegen nicht, weil es nichts gibt, an das man sich erinnern könnte. Die Rede von der Erinnerung an eine Verbindung sieht als gegeben an, dass eine Zuordnung von Empfindung und Namen geglückt sei. Nachdem ich diese Zuordnung vorgenommen habe, könnte der Privatsprachler sagen, kann ich mich auch an sie erinnern. Was berechtigt uns aber zu der Annahme, der Privatsprachler sei auch nur im Stande, zunächst einmal für sich selbst ein privates Zeichen hinweisend zu definieren? Wittgenstein macht zu Recht darauf aufmerksam, dass ein Verfahren der hinweisenden Definition nur dann zum Erfolg führt, wenn bestimmte Zusatzbedingungen erfüllt sind, wenn z. B. verstanden ist, „an welchen Posten" wir das Wort stellen bzw. welchen „Platz" wir ihm zuweisen (Wittgenstein 1984, 253, § 29). Diese Selbstverständlichkeit ruft Wittgenstein dem Anhänger der Privatsprache in Erinnerung: „Wenn man sagt ‚Er hat der Empfindung einen Namen gegeben', so vergisst man, dass schon viel in der Sprache vorbereitet sein muss, damit das bloße Benennen einen Sinn hat" (Wittgenstein 1984, 361, § 257). Die Beschreibung des Tagebuchbeispiels lässt an keiner Stelle erkennen, dass diese Bedingungen erfüllt wären. Wittgensteins Argument besagt also Folgendes: Der Privatsprachler ist nicht im Stande, *ausschließlich* durch private hinweisende Definitionen die Bedeutung der Wörter festzulegen.

Denn dazu müsste eine „Technik" der Wortverwendung eingeführt werden (vgl. Wittgenstein 1984, 344, § 199). Diese Technik kann nicht mit Hilfe wiederholter hinweisender Definitionen funktionieren. Andernfalls würde die Unterscheidung zwischen *Meinen* und *Wahrheit*, zwischen dem, was richtig ist und dem, was mir als richtig erscheint, abgeschafft. Die sogenannte innere hinweisende Definition muss sich auf eine andere Grundlage stützen, um die Beständigkeit sowie die Kritisierbarkeit des Wortgebrauchs zu gewährleisten. Diese Grundlage ist nach Wittgenstein die *Sprache*.

Der Komplex der Sprache umfasst (1.) das Netz der begrifflichen Einteilungen und Zusammenhänge, vermittelt über die Bedeutungen der Ausdrücke, ihre Syntax und ihre Grammatik. Die Sprache ist ‚System' und konstituiert überhaupt erst den logischen Raum, in dem Dinge und Ereignisse identifizierbar und re-identifizierbar sind. Die Sprache ist (2.) von ihrem Charakter her öffentlich, sozial, d. h. auf Mitteilung und Verständigung hin angelegt. Der Raum der Sprache ist für Wittgenstein (3.) der Raum, in dem Menschen leben und handeln. Die Sprache bezieht sich nicht weniger auf das, was durch andere gesehen werden kann (Äußeres, Körperbewegungen, Benehmen, physikalische Objekte), als auf das, was mir allein zugänglich ist (Sinnesqualitäten, Empfindungen). Die ‚Technik' der Wortverwendung oder ihre ‚Grammatik' schließt nicht nur den Fall ein, dass wir uns auf der Grundlage der inneren Selbstbeobachtung (Introspektion) selber einen bestimmten psychischen Zustand φ zuschreiben, sondern ebenso den Fall, dass wir einer anderen Person auf der Grundlage ihres Verhaltens bzw. ihres leiblichen Ausdrucks φ zuschreiben. Die Zuschreibung von φ erfolgt in der 1. Person (‚ich habe φ') kriterienfrei, während die Zuschreibung der 3. Person (‚er/sie hat φ') auf Kriterien beruht, deren Erfüllung durch andere beobachtet werden kann. Das Wort ‚Schmerz' z. B. hat nicht nur einen charakteristischen Gebrauch der 1. Person, sondern ebenso einen charakteristischen Gebrauch der 3. Person. Es ist also nicht so, dass ich ausschließlich aus eigener Erfahrung weiß, was ‚Schmerz' bedeutet. Die Bedeutung von ‚Schmerz' schließt Fälle ein, in denen ich anderen auf der Grundlage ihres Benehmens Schmerzen zuschreiben kann. Nur im Zusammenwirken des kriterienfreien Gebrauchs von ‚Schmerzen' in der 1. (grammatischen) Person und des kriterienabhängigen Gebrauchs des

Worts in der 2. und 3. (grammatischen) Person konstituiert sich unser Begriff der Schmerzen. Die ‚Technik' der Wortverwendung ist also komplizierter als es uns der Anhänger der Privatsprache weismachen möchte. Mit ‚Schmerz' kann ich mich nur deshalb auf meinen Schmerz beziehen, weil eine Technik der Wortverwendung existiert, und diese Technik beinhaltet Verwendungen des Worts in der 2. und 3. Person. Wenn wir wissen möchten, welche ‚Technik' einer Wortverwendung zugrunde liegt, hilft es in vielen Fällen, zu fragen, wie wir ein bestimmtes Wort gelernt haben: „[W]ie wird die Verbindung des Namens mit dem Benannten hergestellt? Die Frage ist die gleich wie die: wie lernt ein Mensch die Bedeutung der Namen von Empfindungen? Z. B. des Wortes „Schmerz"? Das ist eine Möglichkeit: Es werden Worte mit dem ursprünglichen, natürlichen, Ausdruck der Empfindung verbunden und an seine Stelle gesetzt. Ein Kind hat sich verletzt, es schreit; und nun sprechen ihm die Erwachsenen zu und bringen ihm Ausrufe und später Sätze bei. Sie lehren das Kind ein neues Schmerzbenehmen" (Wittgenstein 1984, 357, § 244).

3.5 Die elaborierteste Form des Mentalismus: intentionenbasierte Semantik

Auch nach Jahrzehnten der Rezeption von Frege und Wittgenstein sind nicht alle analytischen Philosophen davon überzeugt, dass die Intentionalität unseres Geistes an den Besitz einer Sprache und die Teilnahme an der Kommunikation geknüpft ist. Die elaborierteste Form des Mentalismus wird von den Anhängern einer auf Intentionen basierten Semantik im Ausgang von Herbert Paul Grice vertreten (Grice 1957). Das erklärte Ziel dieser Gruppe von Philosophen, unter ihnen Stephen Schiffer und John Searle, ist die Reduktion semantischer Eigenschaften (*Sinn* und *Bedeutung* von Sätzen und ihren Teilausdrücken) auf psychologische Eigenschaften, z. B. Absichten rationaler Akteure (Schiffer 1987, 241 ff.). Die Strategie der Reduktion des Semantischen auf das Psychologische setzt voraus, dass folgende verwandte Fragestellungen:

a) die Frage nach der Bedeutung sprachlicher Ausdrücke (= Ausdrucksbedeutung) und

b) die Frage nach dem Inhalt intentionaler Zustände,

in einer bestimmten Reihenfolge beantwortet werden kann. Nach Meinung von Grice und seiner Adepten sollten wir zuerst herausfinden, welche Mechanismen dafür verantwortlich sind, dass intentionale Zustände den Inhalt haben, den sie haben. Diese Untersuchung fällt in die Zuständigkeit der Philosophie des Geistes, nicht der Sprachphilosophie. Wir unterstellen, dass die heutige Philosophie des Geistes eine zufriedenstellende Antwort auf die Frage (b) gefunden hat. Frage (a) fällt in die Zuständigkeit der Sprachphilosophie. Hier schlagen die Verfechter einer auf Sprecherintentionen basierten Semantik folgende bequeme, *zweigliedrige* Strategie vor: In einem *ersten Schritt* werden Ausdrucksbedeutungen in Sprecherbedeutungen fundiert; in einem *zweiten Schritt* werden Sprecherbedeutungen mit dem Inhalt der intentionalen Zustände, in denen die Sprecher sind, gleichgesetzt. Die „abgeleitete Intentionalität" (Searle 1993, 98) konventioneller Zeichen wird in der Fähigkeit der Individuen grundgelegt, mit Laut- oder Schriftzeichen gewisse Ziele zu intendieren, z. B. wohlgeformte Zeichensequenzen (Sätze) in der Absicht zu erzeugen, dass sie in den Adressaten oder Hörern einen Glauben bestimmten Inhalts hervorbringen. Es ist nicht zwingend, die für das Intendieren wichtigen Absichten mit der Absicht gleichzusetzen, in den Hörern gewisse Wirkungen zu erzielen. Es genügt, beim Sprechen die Absicht zu haben, vom Hörer verstanden zu werden, was auf dessen Seite das Verständnis davon einschließt, dass der Sprecher mit seiner Sprachäußerung genau das intendiert hat. Die Absichten eines aufrichtigen Sprechers sind erfüllt, wenn der Hörer zu dem Glauben gelangt, dass der Sprecher die Ausdrücke in der Absicht verwendet, ihm, dem Hörer, zu verstehen zu geben, dass p der Fall sei ('p' vertritt einen beliebigen Aussagesatz, der als Inhaltsklausel einer propositionalen Einstellung verwendet werden kann). *Sprecherbedeutungen* sind für Schiffer *Sprechakte*, die wir in der Absicht vollführen, auf Seiten unserer Hörer zu erreichen, dass diese zu dem Glauben kommen, dass wir ihnen mit unserem Sprechakt zu verstehen geben wollen, dass p, der Fall sei.

Sprecherbedeutungen werden von Schiffer wie folgt analysiert (Schiffer 1987, 243): Indem eine Sprecherin S die Zeichenfolge Σ produziert, *intendiert* S, *dass p*, genau dann, wenn S mit Blick auf eine Hörerin H und Merkmal φ von Σ beabsichtigt, dass

I.   H bemerkt, dass Σ die Eigenschaft φ hat;
II. H denkt, dass S ihr gegenüber Σ in der Absicht geäußert hat, dass sie, H, denkt, dass p, weil sie, H, denkt, dass Σ die Eigenschaft φ hat;
III. H denkt, dass p, weil H denkt, dass S ihr gegenüber Σ in der Absicht geäußert hat, dass sie, H, denkt, dass p.

Von zentraler Bedeutung für den Begriff der Sprecherbedeutung ist, dass die Zeichenfolge Σ das Merkmal φ aufweist. Nur weil Σ die Eigenschaft φ hat, kann S beabsichtigen, mittels der Äußerung von Σ in H den Gedanken aufkommen zu lassen, dass p der Fall ist. Das Vorliegen von φ ist für H der entscheidende Beleg dafür, dass S beabsichtigte, in H den Gedanken, dass p, hervorzurufen. Das Merkmal φ ist für Schiffer nichts anderes als die Bedeutung eines Satzes σ einer natürlichen Sprache L. Man beachte jedoch, dass sich die Bedeutung von σ in psychologischer, nicht in semantischer Begrifflichkeit erklären lassen muss! Dies ist jedoch leicht möglich. Man macht lediglich zur Bedingung, dass φ die Bedeutung von σ in L genau dann konstituiert,

I.   wenn φ mit Blick auf die propositionalen Einstellungen von S spezifizierbar ist;
II. wenn σ aufgrund des Merkmals φ für die Sprecher von L ein effizientes Mittel darstellt, spezifische Akte von Sprecherbedeutungen zu vollziehen;
III. wenn σ aufgrund von Merkmal φ die Bedeutung hat, die σ in L hat.

Um die Bedeutung von σ in L spezifizieren zu können, müssen wir festlegen, was wir unter einer Sprache L verstehen wollen (Schiffer 1987, 252): Eine Sprache L sei eine Funktion, die Folgen von Zeichen oder Lauten (Typen) auf Propositionen abbildet. Wenn L eine Funktion, σ ein wohlgeformter Satz in L und damit ein mögliches Argument von L ist, und p eine Proposition ist, dann gilt: L (σ) = p ist die *Bedeutung* von σ in L.

Die Bedeutung von σ in L ist eine Funktion, die jedem σ eine Proposition p zuordnet. Ausgehend von diesem nicht-semantischen Begriff einer Bedeutung in L lässt sich nun klären, was eine *Sprache* ist: L ist eine Sprache für eine Gemeinschaft G von Sprechern und Hörern, wenn in G die Konvention gilt, dass man (1.) nicht meint, dass p, außer man meint dass p, indem man σ äußert, (2.) σ nicht äußert, außer man meint mit dieser Äußerung, dass p. Eine natürliche Sprache L ist nichts anderes als eine Funktion von Sätzen zu Propositionen. Dieses simple Modell übersieht jedoch die Tatsache, dass wir eine Vielzahl von Sätzen äußern und verstehen, die noch keiner vor uns geäußert hat. Um dem Faktum der Kompositionalität von Satzbedeutungen Rechnung zu tragen, muss die Funktion L rekursiv spezifizierbar sein, d. h. sie muss um eine *Grammatik* erweitert werden, bestehend aus einem endlichen Vokabular für L, propositionalen Subkomponenten (Eigenschaften, Relationen, Einzeldinge etc.) und Verknüpfungsregeln. Die Funktion L ist rekursiv spezifizierbar, wenn es möglich ist, jedem Wort in L die Subkomponente einer Proposition zuzuordnen und auf der Grundlage endlich vieler Verknüpfungsoperationen die Bedeutung eines jeden Satzes in L aus den Zuordnungen der Subkomponenten von Propositionen zu den Wörtern, aus denen der Satz besteht, abzuleiten (vgl. Schiffer 1987, 253). Die Existenz einer Grammatik für L kann erklären, wie die Sprecher von L beliebigen Sätzen in L Bedeutungen zuordnen können, auch Sätzen, die sie nie zuvor geäußert oder gehört haben. Nachdem wir nun auf der Basis von Sprecherbedeutungen und Konventionen, die eine Sprache konstituieren, den Begriff einer Sprache eingeführt haben, ist es eine Leichtigkeit, den Begriff der *Ausdrucksbedeutung* zu definieren. Der Satz σ als Ausdruck in L *bedeutet* p in einer Gemeinschaft G genau dann,

I. wenn alle Mitglieder von G wissen, dass es Praxis (Konvention) in G ist, mittels der Äußerung von σ zu *meinen*, dass p;
II. wenn die Konvention mit Blick auf σ von den Mitgliedern von G ausgenutzt werden kann, um mit der Äußerung σ zu meinen, dass p.

Es ist deutlich geworden, dass die Absichten und Konventionen rationaler Akteure hinreichend sind, um eine Sprache zu begründen als auch die Ausdrucksbedeutungen in dieser Sprache zu konstituieren. Ausdrucksbedeutungen ruhen auf den Absichten von Sprechern auf, mit ihren Äußerungen zu *meinen*, dass etwas Bestimmtes der Fall sei (= Sprecherbedeutungen). Sprecherbedeutungen sind möglich, weil Akteure in nicht-sprachlichen Relationen zu Propositionen stehen (= propositionale Einstellungen). Das Haben propositionaler Einstellungen ist weder an die Existenz einer Sprache noch an Sprecherbedeutungen geknüpft. Es fragt sich jedoch, wie die Anhänger der intentionenbasierten Semantik erklären können, dass die Zustände des Glaubens, Meinens, Beabsichtigens, Wünschens rationaler Akteure den Inhalt haben, den sie haben, ohne dass diese sich an sprachlichen Praktiken beteiligen müssen? Die Philosophen des 17. und 18. Jahrhunderts glaubten, auf diese Frage eine einfache Antwort zu besitzen. In Gestalt der Ideen bzw. Vorstellungen verfügte der Geist über innere Repräsentationen der äußeren Dinge. Der Inhalt der Ideen superveniert entweder über

a) Ähnlichkeitsbeziehungen zu äußeren Objekten oder
c) nomologisch gestützter Kovarianz im Fall der sekundären Eigenschaften.

In der heutigen Philosophie des Geistes dominieren die Anhänger des ‚natürlichen Inhalts' mentaler Zustände (Dretske 1981, Fodor 1990, Milikan 1984). Der Inhalt der Zustände des Glaubens, Meinens, Beabsichtigens, Wünschens superveniert entweder über

c) robuste (d. h. nomologisch gestützte) Kovarianz oder
d) biologische Anzeigefunktion.

Die favorisierten Lösungen laufen daraus hinaus, dass sich im Gehirn buchstäblich die natürlichen Zeichen äußerer Dinge materialisieren. Ein neuronales Erregungsmuster des Typs Ψ im Gehirn von Paula ist beispielsweise ein natürliches Zeichen für Kühe genau dann, wenn Einzelvorkommnisse von Ψ in Paulas Hirn von Kühen in Paulas Umgebung ausgelöst werden und nicht beispielsweise von Pferden, Eseln, Hunden. Anhänger einer teleologischen Semantik fügen eine weitere

Bedingung hinzu. Ψ ist nicht schon dadurch ein natürliches Zeichen für Kühe, dass Einzelvorkommnisse von Ψ in Paulas Hirn in der Regel von Kühen und nicht von Pferden, Eseln, Hunden ausgelöst werden. Ψ ist nur dann in Paulas Hirn ein natürliches Zeichen für Kühe, wenn der Mechanismus, der dafür sorgt, dass Ψ in der Anwesenheit von Kühen (und nur von Kühen) ausgelöst wird, mit Blick auf die biologische Art, der Paula angehört, von der Evolution ‚ausgelesen' wurde, d. h. ein Produkt der natürlichen Evolution darstellt. An dieser Stelle kann die intentionenbasierte Semantik, die wir schon kennengelernt haben, einhaken. In einem ersten Schritte werden die Bedeutungen konventioneller Zeichen (‚Ausdrucksbedeutungen') in Sprecherbedeutungen fundiert; in einem zweiten Schritt werden Sprecherbedeutungen mit dem Inhalt der intentionalen Zustände, in denen die Sprecher sind, korreliert. Die abgeleitete Intentionalität konventioneller Zeichen wird in der Fähigkeit der Individuen grundgelegt, mit ihren Äußerungen etwas zu ‚meinen', d. h. Sätze in der Absicht zu erzeugen, von ihren Adressaten in bestimmter Weise verstanden werden. In der Semantik verläuft die Erklärungsrichtung offensichtlich vom Denken zum Reden, nicht umgekehrt, und die Semantik natürlicher Sprachen ist parasitär zum Inhalt intentionaler Zustände potentieller Sprecher und Hörer dieser Sprache. Wer sich dieser Strategie anschließt, muss zugeben, dass es begrifflich möglich ist, wenngleich empirisch ziemlich unwahrscheinlich, dass eine Denkerin in gehaltvollen intentionalen Zuständen ist, ohne jemals auch nur einen ihrer Gedanken ausgedrückt oder mitgeteilt zu haben. In Kapitel 1 war hingegen argumentiert worden, dass es begrifflich unmöglich ist, dass sich jemand intentionaler Zustände des Meinens, Glaubens, Wünschens etc. erfreuen kann, ohne eine Sprache zu beherrschen und mit der Sprache zu kommunizieren.

Literatur:

Borg 2006.
Newen/Schrenk 2008.

4 Grundzüge einer logischen Grammatik

4.1 Sprachanalyse und das Prinzip der Ausdrückbarkeit

Obwohl weder Denken noch Sprechen eine Vorrangstellung besitzen, weil das eine nicht ohne das andere möglich ist, besteht in der Reihenfolge der Erklärung sehr wohl eine Vorrangstellung der Sprache gegenüber den Gedanken. Es ist ein Grundüberzeugung der analytischen Philosophie, „dass eine philosophische Erklärung des Denkens durch eine philosophische Analyse der Sprache erreicht werden kann, und […] dass eine umfassende Erklärung nur in dieser und in keiner anderen Weise zu erreichen ist" (Dummett 1988, 11). Es handelt sich, wie wir in Kapitel 3 gesehen haben, um einen Grundsatz, der nur für die erste Phase der analytischen Philosophie Gültigkeit besitzt und gegenwärtig unter analytischen Philosophen nicht mehr allgemein akzeptiert ist. Die erste Phase der analytischen Philosophie beginnt mit den frühen Arbeiten Bertrand Russells und Ludwig Wittgensteins um 1910 und endet ca. 1970 mit dem Themenwechsel von der Sprache zum Geist (Leerhoff/Rehkämper/Wachtendorf 2009; Beaney 2013). Die heutige Philosophie des Geistes ist von ihrer Tendenz her mentalistisch und psychologistisch, d. h. sie erklärt Gedanken mit Hilfe mentaler Repräsentationen, die mit Zuständen des Körpers oder Gehirns einer Denkerin identifiziert werden, wobei einige Autoren darauf aufmerksam machen, dass der Inhalt geistiger Zustände nicht über dem superveniert, was im Kopf der Denkerin ist (vgl. weiter unten 5.7). Heute geht man wieder davon aus, dass Gedanken als Einzelvorkommnisse eines Typs im Geist einer Denkerin buchstäblich vorhanden sind, wobei es für die allermeisten Autoren selbstverständlich ist, dass der Geist mit dem Körper der Denkerin oder einem ihrer Organe (dem Gehirn) identisch ist oder zumindest über den Zuständen ihres Körpers (Gehirns) superveniert (Teichert 2006, 108ff.). Wenn in der heutigen Philosophie des Geistes von Gedanken geredet wird, sind in der Regel Typen psychologischer Zustände einer Denkerin gemeint, die mit anderen psychologischen Zuständen der Denkerin, ihrem sensorischen Input (Sinneswahrnehmungen) und ihrem senso-motorischen Output (Verhalten) kausal interagieren. Einen Gedanken bestimmten Inhalts zu haben, heißt dann, in einem bestimmten psychologischen Zustand zu sein, der eine spezifische kausale Rolle besitzt und mit der Umwelt in einer naturgesetzlich geregelten Beziehung steht.

Ich vertrete im Fortgang dieses Buchs das sprachanalytische Prinzip, wonach eine philosophische Erklärung von Gedanken nur durch eine philosophische Analyse unserer Sprache und auf keine andere Weise erreichbar ist. Die Philosophie der Sprache ist also auch heute noch die Grundlage der gesamten übrigen Philosophie, „weil sich Gedanken nur mit Hilfe einer Analyse der Sprache analysieren lassen" (Dummett 1982b, 193). Gedanken unterscheiden sich von allen anderen psychologischen Zuständen einer Person darin, dass sie im Prinzip restlos mitteilbar sind. Es gehört zum Wesen des Gedankens, dass er das „gemeinsame Eigentum" vieler sein kann (Frege 1994, 44), d. h. dass er durch die Sprache mitteilbar und übertragbar ist. Das sprachanalytische Prinzip setzt das Prinzip der Ausdrückbarkeit *mit* der Sprache voraus. Als Medium des Denkens mag die Sprache hintergehbar sein, sofern man nichtsprachlichen Kreaturen die Möglichkeit der bildhaften Repräsentation kognitiver Inhalte einräumt. Als Medium der Reflexion ist die Sprache alternativenlos. Wir haben nicht den blassesten Schimmer, wie wir Gedanken losgelöst von irgendeinem sprachlichen Ausdruck untersuchen sollen. Selbstverständlich ist es uns unbenommen, Kreaturen, die keine Sprache besitzen, Gedanken zuzuschreiben. Wir können dem Hund, der knurrend und bellend unter dem Baum sitzt, auf den sich die Katze geflüchtet hat, den Glauben zuschreiben, dass die Katze auf dem Baum ist. Wir können dem Kleinkind, das weint, den Wunsch zuschreiben, dass die Mutter zurückkommen möge. Wir können darauf insistieren, dass unsere Zuschreibungen buchstäblich wahr sind. Der Grundsatz, dass sich Gedanken mit Hilfe einer Analyse der Sprache – und nur durch sie – analysieren lassen, ist durch diese Beispiele nicht widerlegt. Um die Gedanken sprachloser Kreaturen untersuchen zu können, müssen wir sie ihnen erst einmal zuschreiben. Ohne irgendeinen sprachlichen Ausdruck sind uns auch die Gedanken sprachloser Kreaturen nicht fassbar.

Das Prinzip der Ausdrückbarkeit schließt nicht aus, dass es Unausdrückbares im Sinn des Unaussprechlichen gibt. Es wäre unklug, nicht eine „Grenze der Sprache" anzuerkennen. Die Grenzen der Sprache sind das Hauptthema in Wittgensteins Frühphilosophie, vor allem im *Tractatus logico-philosophicus* von 1921. Wittgenstein ist für die These berühmt geworden, dass sich Einiges mit der Sprache *sagen* lässt, anderes wiederum nur *zeigen* lässt. Sagen und Zeigen verhalten sich komplementär zueinander. Der Satz einer Sprache kann zwar darstellen, wie sich die Wirklichkeit verhält, er kann aber nicht darstellen, was er mit der Wirklichkeit „gemeinsam haben muss, um sie darstellen zu können – die logische Form" (Wittgenstein 1984, 33, 4.12). Der Satz *sagt*, was der Fall oder nicht der Fall ist, er *zeigt* die „logische Form der Wirklichkeit", er „weist auf sie hin" (ebd.). Die Unterscheidung von Sagen und Zeigen ist in Wittgensteins Frühphilosophie mit dem Bekenntnis zu einer negativen Metaphysik verknüpft: „Es gibt allerdings Unaussprechliches. Dies *zeigt* sich, es ist das Mystische" (Wittgenstein 1984, 85, 6.522). Profanere Beispiele für Unaussprechliches sind *Qualia* (wie Himbeereis schmeckt, wie Bienenwachs riecht, wie sich Seide anfühlt, wie Farben aussehen, etc.), die *subjektiven* Aspekte des Erlebens (wie es ist, sich das erste Mal zu verlieben, nach einer langen Wanderung ein kühles Bier zu trinken, das einzige Kind sterben zu sehen, vorzeitig in den Ruhestand geschickt zu werden, den ersehnten Platz an der Sonne zu ergattern, etc.), ‚*Weisen des In-der-Welt-Seins*' (Heidegger 1972, 13), d. h. wie es ist, eine Bäuerin in Tirol, ein Banker am Finanzplatz London oder ein Kind sehr reicher Eltern zu sein. Vertreter der negativen Theologie darauf aufmerksam, dass *Gott*, der *Urgrund*, das *Sein* unaussprechlich seien. Sätze über den Sinn der Welt oder den Ursprung des Daseins könnten daher nicht buchstäblich wahr sein. Für den Fall, dass etwas nicht in der Form assertorischer Sätze ausdrückbar ist, gibt es immer noch die Möglichkeit des indirekten Ausdrucks. Wir finden einen Vergleich, eine Metapher, eine Umschreibung; wir flüchten in die paradoxe Rede, in das Fragment, die Ironie, das Schweigen; wir gehen über zu nicht-sprachlichen Ausdrucksmedien wie Geste, Tanz, Bild, Klang, Spiel, Ritual etc. Die Möglichkeit des indirekten Ausdrucks setzt jedoch die Existenz der direkten, wahrheitsfähigen Rede voraus. Ein Kunstwerk, ein Musikstück, ein Gedicht, eine Geste, ein Tanz, ein Spiel, ein Ritual geben nur in dem Maße etwas zu verstehen, in dem ihre Produzenten und Rezipienten auch im gewöhnlichen Sinn eine gemeinsame Sprache sprechen. Unaussprechliches gibt es nur dort, wo sich sehr vieles aussprechen lässt. Unser Denken könnte gar nicht über die Grenzen der Sprache hinaus ausgreifen, ohne zuvor eine Vielzahl von Gedanken ausgedrückt und mitgeteilt zu haben.

4.2 Grundzüge einer Wahrheitssemantik

Autoren, die in der Tradition Freges stehen, haben mit dem sprachanalytischen Prinzip zwei weitere Prinzipien akzeptiert: (1.) das Prinzip des Vorrangs der Satzbedeutung vor der Wortbedeutung, und (2.) das Prinzip der Wahrheitssemantik. Der Satz ist die kleinste sprachliche Einheit, die man dazu verwenden kann, etwas zu *sagen* (auszudrücken). Gemäß dem Kontextprinzip Freges besteht die Bedeutung des Wortes in dem Beitrag, den es zur Bestimmung dessen leistet, was sich mit dem Satz, der dieses Wort enthält, sagen lässt. Wörter haben Bedeutung, weil wir sie in Sätzen verwenden können, mit denen wir etwas sagen (zum Ausdruck bringen) (Frege 1987, 94, § 62). Freges Einsicht war es, dass der Begriff der *Wahrheit* die entscheidende Rolle bei der Erklärung der Bedeutung eines Satzes und damit zusammenhängend bei der Erklärung der Bedeutung der Ausdrücke, aus denen er sich zusammensetzt, spielt. Um eine assertorische Äußerung (Behauptung) zu verstehen, muss ich sowohl verstehen, was es heißt, etwas zu behaupten, als auch verstehen, welchen Inhalt die Behauptung hat, d. h. welche Bedingungen erfüllt sein müssen, damit das Ausgesagte wahr ist. Der Begriff der *Wahrheitsbedingungen* ist in der Semantik, d. h. der Lehre von der Bedeutung sprachlicher Zeichen, von zentraler Bedeutung. Um die Wahrheitsbedingungen einer Behauptung formulieren zu können, müssen wir etwas über die Zusammensetzung der Sätze wissen, sofern diese wahrheitsrelevant ist. Diese Einsicht ist die Geburtsstunde der Wahrheitssemantik. Der Grundgedanke ist von Frege selbst noch nicht in aller Schärfe formuliert worden. Erst Wittgenstein hat ihn formuliert: „Einen Satz verstehen, heißt, wissen was der Fall ist, wenn er wahr ist. (Man kann ihn also verstehen, ohne zu wissen, ob er wahr ist)" (Wittgenstein 1984, 28, 4.024). Mit der Bemerkung in der Klammer hebt Wittgenstein auf den Umstand ab, dass der Sinn des Satzes nur die Bedingung seiner Wahrheit bestimmt, nicht seinen Wahrheitswert. Der Wahrheitswert wird davon abhängen, wie die Welt beschaffen ist, d. h. von der außersprachlichen Realität. Ob die Realität jedoch unseren Satz wahr oder falsch macht, hat auch eine *bedeutungstheoretische* Voraussetzung: Es ist der Sinn unserer Sätze, der die Wirklichkeit auf ‚wahr' oder ‚falsch' festlegt. Der Sinn macht sie auf spezifische Weise wahr oder falsch. Ob sie wahr oder falsch sind, entscheidet nicht ihr Sinn, sondern die außersprachliche Realität. Der Begriff der Wahrheitsbedingungen ist auch von Nutzen, wenn es darum geht, den Inhalt von Äußerungen zu bestimmen, die keine Behauptungen sind. Wenn wir z. B. die Äußerung einer Frage verstehen wollen, müssen wir sowohl wissen, was es heißt, eine Frage zu stellen, als auch wissen, welches der Inhalt der betreffenden Frage ist. Bei einer Frage, die als Antwort ‚Ja' oder ‚Nein' verlangt, hängt der Inhalt mit den Bedingungen zusammen, unter denen die Frage die Antwort ‚Ja' erhalten sollte. Wir erweitern unseren Wahrheitsbegriff so, dass er auch auf Fragesätze zutrifft, die mit ‚Ja' zu beantworten sind. Um auch anderen Klassen von Äußerungen einen Inhalt zuweisen zu können, ist es hilfreich, den Begriff der Wahrheitsbedingungen um den Begriff der *Erfüllungsbedingungen* zu erweitern und Wahrheitsbedingungen als einen besonders zentralen Fall von Erfüllungsbedingungen anzusehen. Absichten, Wünsche, Befehle, Befürchtungen, Versprechen etc. haben keine Wahrheitsbedingungen, jedoch Erfüllungsbedingungen. Jemand versteht den Inhalt einer Absicht, eines Wunsches, eines Befehls etc., wenn er verstanden hat, unter welchen Bedingungen die Absicht, der Wunsch, der Befehl etc. als erfüllt anzusehen sind, d. h. was der Fall sein muss, damit sie als erfüllt gelten können.

Nehmen wir diese Erweiterung vor, dann gilt in allen Fällen, dass der Sprecher genau dann mit der Äußerung eines Satzes einen *Sinn* (= Gedanken) ausdrückt, wenn er weiß, unter welcher Bedingung der Gedanke als wahr bzw. erfüllt anzusehen ist. Für Frege ist nicht der geäußerte (oder geschriebene) Satz, sondern der *Sinn*, der sich in dem Satz ausdrückt, Träger eines Wahrheitswerts. Wir haben in Kap. 3.1 gesehen, dass Frege den Sinn des Satzes mit dem *Gedanken* identifiziert. Träger von ‚wahr' und ‚falsch' sind streng genommen nicht Sätze, sondern Gedanken. „Der an sich unsinnliche Gedanke kleidet sich in das sinnliche Gewand eines Satzes und wird uns damit fassbar. Wir sagen, der Satz drücke einen Gedanken aus" (Frege 1966, 33). Der Gedanke ist der beurteilbare Inhalt, der im Fall assertorischen Sprachverwendungen die Wirklichkeit auf ‚wahr' oder ‚falsch' festlegt, und, so müsste man ergänzen, der uns, die Sprecher und Adressaten, im Fall nicht-assertorischer Sprachverwendung auf ‚Erfüllung' und ‚Nicht-Erfüllung' festlegt. Nicht alles, was sich mit Sätzen ausdrücken lässt, gehört zum Gedanken: „Was man Stimmung, Duft, Beleuchtung in einer Dichtung nennen kann, was durch Tonfall und Rhythmus gemalt werden kann, gehört nicht zum Gedanken" (Frege 1966, 37). Mit Behauptungen, Fragen, Absichten, Wünsche und Befehle lässt sich ein- und derselbe Gedanke ausdrücken. Der Unterschied besteht gänzlich in dem, was der Sprecher darüber hinaus *tut*. Im Fall einer Behauptung legt sich der Sprecher darauf fest, dass die Bedingung erfüllt ist, d. h. dass der Gedanke ist wahr ist. Bei einer Frage fragt er, ob die Bedingung erfüllt ist, d. h. ob der Gedanke wahr ist. Im Fall einer Absicht legt er sich darauf fest, durch sein zukünftiges Handeln Bedingungen zu schaffen, die den Gedanken wahr machen, d. h. erfüllen würden. Im Fall eines Befehls legt er andere darauf fest, durch ihr zukünftiges Handeln Bedingungen herbeizuführen, die den Gedanken wahr machen, d. h. erfüllen würden. Im Fall eines Wunsches lässt er es offen, wer dafür aufkommt, dass die Bedingungen erfüllt sind. Frege bezeichnet diesen Unterschied als einen Unterschied der *Kraft*, die dem Satz in unterschiedlichen Verwendungssituationen zukommt. Ein Satz kann mit behauptender (assertorischer) Kraft, befehlender (direktiver) Kraft, wünschender Kraft, fragender Kraft geäußert werden. Frege hat nicht den Unterschied zwischen Behaupten und den übrigen ‚illokutionären' Modi wie Beabsichtigen, Wünschen, Versprechen, Befehlen etc. vor Augen, sondern ausschließlich den Unterschied von Behaupten und Fragen, als er erstmalig zwischen ‚Sinn' und ‚Kraft' unterscheidet (Frege 1966, 34f.) Was Frege unter dem Titel der ‚Kraft' thematisiert, entspricht in etwa dem, was in der Sprechakttheorie von Austin und Searle „illokutionäre Rolle" oder „illokutionärer Modus" genannt wird (siehe weiter unten 4.6). Ein Satz drückt nicht nur einen Sinn aus, seine Äußerung hat immer auch eine bestimmte pragmatische Signifikanz. Jemand versteht die Äußerung nur unvollkommen, wenn er zwar weiß, welchen Sinn sie ausdrückt, er aber nicht weiß, als was er sie aufzufassen hat, als Behauptung, Frage, Wunsch, Befehl, Versprechen etc. Oft, aber nicht immer, wird die Kraft durch ein sprachliches Merkmal angezeigt: ‚*ich behaupte, dass ...*‘, ‚*hiermit verspreche ich, dass ...*‘, ‚*ich wünsche, ...*‘. Welche Signifikanz die Äußerung hat, erschließt sich häufig aus dem Kontext und den Erwartungen der Sprecher/Hörer. Die ‚Kraft‘ ist ein wesentlicher Aspekt der Bedeutung eines Satzes und muss von dem Aspekt der Wortbedeutung unterschieden werden, der dazu beiträgt, die Bedingungen festzulegen, unter denen der Satz wahr ist bzw. als erfüllt anzusehen ist. Diesen letzten Bestandteil nennt Frege ‚Sinn‘. Den Sinn eines Satzes zu kennen, heißt, seine Wahrheitsbedingungen zu kennen. Die Analyse des Satzes kann uns dabei helfen zu verstehen, wie der Satz aufgrund der Zusammensetzung der ihn bildenden Wörter den Sinn haben kann, den er hat.

4.3 Der Zweck der Analyse

Frege, Russell und Wittgenstein kamen in der Auffassung überein, dass die Sätze der Alltagssprache nur bedingt geeignet seien, unseren Gedanken Ausdruck zu verleihen: „Die Sprache verkleidet den Gedanken. Und zwar so, dass man nach der äußeren Form des Kleides, nicht auf die Form des bekleideten Gedankens schließen kann; weil die äußere Form des Kleides nach ganz anderen Zwecken gebildet ist als danach, die Form des Körpers erkennen zu lassen" (Wittgenstein 1984, 26, 4.002). Was die genannten Autoren verstehen wollten und auch wir verstehen wollen, ist, wie der Satz entsprechend der Art und Weise der Zusammensetzung der ihn bildenden Wörter als wahr oder falsch bestimmt werden kann. Wenn wir das verstanden haben, wissen wir auch, welchen Gedanken der Satz ausdrückt: wir haben seine *Semantik* geklärt. Auch die grammatischen Kategorien der Alltagssprache wie ‚Subjekt‘, ‚Prädikat‘, ‚Objekt‘, ‚Pronomen‘, ‚Verb‘ helfen uns zu verstehen, wie ein Satz zusammengesetzt ist. Doch ist nicht jeder Aspekt seiner Zusammensetzung für sein Wahrseinkönnen in gleicher Weise relevant. Eine Semantik, wie wir sie benötigen, interessiert sich hauptsächlich für solche Aspekte der Zusammensetzung von Sätzen, die für die Festlegung ihrer Wahrheitsbedingungen relevant sind. Die genannten Autoren verlegten sich daher auf das Mittel, dass sie die Formen der Umgangssprache durch Formen ersetzten, die dem Ziel der Analyse, d. h. der Angabe der Wahrheitsbedingungen, mehr entsprachen. Die Analyse war nur durch Sprachreform, d. h. durch Ersetzung alltagssprachlicher Sätze durch Sätze in einer idealen Notation zu erzielen: „Die Sätze einer derartigen ideal konstruierten Sprache würden Gedanken ausdrücken vermöge der Prinzipien, die den Gebrauch der sie bildenden Wörter bestimmen, Prinzipien also, die sich systematisch formulieren lassen" (Dummett 1982a, 48). Bei der Konstruktion einer idealen Sprache für die Zwecke einer Semantik standen Frege Verfahren Pate, die von Logikern seit Aristoteles angewandt wurden. Der Begriff der Wahrheit steht nämlich auch im Zentrum der herkömmlichen Logik als der Wissenschaft vom gültigen Schließen. Die Logik begann mit der Entdeckung des Aristoteles, dass sich die Gültigkeit eines Schlusses (‚Syllogismus'), d. h. eines Übergangs von der Wahrheit zweier Prämissen auf die Wahrheit einer Konklusion, daran erkennen lässt, dass es sich um den Spezialfall eines gültigen Argumentschemas handelt. Bei einem Schema ersetzen wir Ausdrücke, die an der Subjekt- und Prädikatstelle stehen, durch schematische Buchstaben (Aristoteles: *Erste Analytik* (*Analytica priora*), Buch I, Kap. 2, 25a 14ff.). Ein bekanntes Schema geht so: ‚Wenn A von allen B und B von allen C ausgesagt wird, so wird A von allen C ausgesagt'. Die Buchstaben stehen für Prädikate der natürlichen Sprache. Setzen wir z. B. für ‚A' ‚sterblich', für ‚B' ‚Menschen', für ‚C' ‚Athener', erhalten wir das in der Literatur immer wieder diskutierte Standardbeispiel eines Syllogismus von der Form ‚Barbara':

[1. Prämisse:] *Alle* Menschen [B] sind sterblich [A].
[2. Prämisse:] *Alle* Athener [C] sind Menschen [B].
[Konklusion:] *Alle* Athener [C] sind sterblich [A].

Aristoteles verwendet variable Buchstaben, um zu zeigen, dass es nicht auf den Inhalt der Prädikate, sondern einzig auf ihre Extension, d. h. die Anzahl der Individuen, auf die das Prädikat zutrifft, ankommt. Die Extension wird durch den vorangestellten Quantor, in unsrem Beispiel dem Wort ‚alle', festgelegt. Urteile, in denen nur der Quantor ‚alle' vorkommt, heißen ‚universal'. Aristoteles kennt auch partikuläre

Urteile, die den Quantor ‚einige' in der Bedeutung von ‚mindestens einer' enthalten, wie das folgende Beispiel zeigt:

[1. Prämisse:] *Alle* Mönche [B] leben zölibatär [A].
[2. Prämisse:] *Einige* Tibeter [C] sind Mönche [B].
[Konklusion:] *Einige* Tibeter [C] leben zölibatär [A].

Selbstverständlich lassen sich universale und partikulare Urteile auch verneinen. Wenn wir ‚alle B sind A' negieren, erhalten wir: ‚nicht alle B sind A', was äquivalent ist mit ‚einige B sind A'. ‚Einige B sind A' negiert ergibt: ‚kein B ist A', was wiederum äquivalent ist mit ‚alle B sind nicht A'. Die Urteile, die Aristoteles in seinen Syllogismen berücksichtigt, haben also stets die Form: „Alles/Einiges/Kein S ist /ist nicht P" (Tugendhat/Wolf 1983, 68).

Dies vorausgeschickt, sind wir jetzt in der Lage, zu verstehen, was es mit der logischen Form einer Aussage auf sich hat. Die logische Form bezieht sich auf die Art und Weise der Zusammensetzung einer Aussage, sofern diese *wahrheitsrelevant* ist. Die Art der Zusammensetzung entscheidet darüber, welche Implikationen eine Aussage nach sich zieht, d. h. welche Aussagen aus dieser Aussage mit logischer Notwendigkeit folgen. Wenn wir sagen, die logische Form sei ‚wahrheitsrelevant', so spielen wir damit auf die Art der Notwendigkeit an, die zwischen der Wahrheit der Prämissen und der Wahrheit der Konklusion besteht: Wenn die Prämissen wahr sind, ist es nicht möglich, dass die Konklusion nicht wahr ist, vorausgesetzt das Argument erfüllt ein gültiges Argumentschema. Ist dies der Fall, folgt aus wahren Prämissen mit Notwendigkeit die Wahrheit der Konklusion. Vor Frege war dieser „vorsemantische Begriff der Interpretation eines Schemas durch *Ersetzung*" der einzige, über den die Logik verfügte (Dummett 1982a, 50). Frege erweitert die Logik um eine *Semantik*. Er ist nicht nur daran interessiert, welche Formeigenschaften Sätze aufweisen müssen, damit sich die Wahrheit der Prämissen auf die Wahrheit der Konklusion überträgt. Er glaubt darüber hinaus, dass die Formeigenschaft eines Satzes auch dafür verantwortlich ist, dass der Satz als ganzer Bedeutung haben kann. Wir sahen bereits, dass der Satz, der einen Gedanken ausdrückt, immer einen Wahrheitswert (das ‚Wahre' oder das ‚Falsche') bedeutet. Die Semantik gibt nun an, wie es der Satz macht, dass er das ‚Wahre' oder ‚Falsche' bedeutet: „Frege gab uns zum ersten Mal eine Semantik an die Hand, d. h. eine Analyse der Art und Weise, wie ein Satz entsprechend seiner Zusammensetzung aus den ihn bildenden Wörtern als wahr oder nicht wahr bestimmt wird" (Dummett 1982a, 50). Um zu einer Semantik zu gelangen, ist ein vorbereitender Schritt notwendig. Wir benötigen ein Modell der syntaktischen Struktur unserer Sätze, d. h. eine Darstellung ihrer Zusammensetzung. Es dürfte klar sein, dass Frege nicht an einer syntaktischen Analyse der natürlichen Sprache interessiert war. Er erfand vielmehr eine formalisierte Sprache, deren Sätze eine präzise syntaktische Struktur haben. Diese Sprache verwendet ausschließlich Symbole, die an ihrer äußeren Form erkennen lassen, welcher syntaktischen Kategorie sie angehören. Im Anschluss daran erarbeitete er eine Semantik dieser Sprache aus.

Die Tragweite von Freges Schachzug wird überhaupt erst vor dem Hintergrund der klassischen Auffassung des Urteils sichtbar. Nach klassischer Auffassung vollziehen wir mit jedem Urteil eine „Synthesis", indem wir den Gegenstand, für den im Satz der Subjektausdruck steht, mit demjenigen Gegenstand verknüpfen, für den der Prädikatsausdruck steht (Tugenhat/Wolf 1983, 80). Das Urteil vollzieht eine Synthesis, und es *bedeutet* eine Synthesis. Diese Auffassung ist nicht ohne Tücken. Dass der Subjektausdruck in der Regel für etwas steht, dürfte außer Frage stehen. Der Name ‚Sokrates' steht für Sokrates, so wie die Kennzeichnung ‚der Philosoph' in den Schriften des Thomas von Aquin in der Regel für Aristoteles steht. Aber wofür stehen die Prädikate ‚... ist weise', ‚... ist ein Philosoph', ‚... sitzt', ‚... lehrt' etc. Die traditionelle Auffassung legt uns darauf fest, Attribute, Eigenschaften und Klassifizierungen bzw. deren Begriffe zu verdinglichen. Prädikate ‚bedeuten' Universalien, die für nicht weniger real gehalten werden als die Einzeldinge, auf die sich der Subjektausdruck im Satz bezieht. Nach der neuen Auffassung, die sich seit Frege durchgesetzt hat, heißt einen Satz verstehen, *nicht*: verstehen, für welche Verknüpfung (Einzelding + Eigenschaft) er steht, *sondern*: verstehen, unter welchen Bedingungen er wahr ist. Auskunft darüber gibt eine semantische Analyse, die auf der syntaktischen Analyse aufruht.

Freges logische Semantik beruht auf dem Grundgedanken, dass die Konstruktion eines Satzes in *zwei Stufen* vor sich geht: zunächst werden die einfachsten Formen von Sätzen konstruiert, dann werden aus ihnen mit wiederholt anwendbaren Mitteln der Satzbildung zusammengesetzte Sätze gebildet. Die einfachen Sätze (Elementarsätze) bestehen aus Namen und Prädikaten, die als Funktionen gedeutet werden. Die Funktionen haben Argumentstellen entsprechend der Anzahl der im Satz vorkommenden Namen. Namen und Prädikate lassen sich durch Variablen ersetzen, die mit Hilfe der ‚Quantoren‘ (‚alle‘, ‚einige‘, ‚kein‘) ‚gebunden‘ werden. Komplexe Sätze lassen sich dadurch erzeugen, dass man einfache Sätze mittels der ‚Junktoren‘ (‚… und …‘, ‚… oder …‘, ‚wenn …, dann …‘) zusammenfügt. Die technischen Details solcher Analyse- und Verknüpfungsweisen werden im folgenden Abschnitt dargestellt.

4.4 Frege-/Wittgenstein I-Semantik

4.4.1 Semantik elementarer Sätze

Wir kennen den Sinn des Satzes, wenn wir wissen, was der Fall sein muss, wenn der Satz wahr ist, d. h. wenn wir seine Wahrheitsbedingung kennen. Die Wahrheitsbedingung leiten wir aus der Zusammensetzung der in ihm vorkommenden Ausdrücke ab. Wir setzen dabei voraus, dass Wörter etwas ‚bedeuten‘, wenn sie im Satz vorkommen. Die Bedeutung der Wörter kann natürlich kein Wahrheitswert (das ‚Wahre‘, das ‚Falsche‘) sein. Der Wahrheitswert ist dem Satz vorbehalten. Die Bedeutung der Wörter wird vielmehr darin bestehen, dass sie einen spezifischen Beitrag zum Zustandekommen der ‚Bedeutung‘ des Satzes leisten. Diesen hatten wir mit Frege als seinen Wahrheitswert bestimmt. Gehen wir vom einfachsten Fall aus, bei dem der Satz aus einem singulären Terminus (Namen) und einem generellen Terminus (Prädikat) zusammengesetzt ist. Für den Namen verwenden wir den Kleinbuchstaben ‚a‘ und für das Prädikat den Großbuchstaben ‚F‘. Unser Beispielsatz hat die Struktur ‚Fa‘, z. B. ‚Sokrates ist weise‘. Der Name ‚Sokrates‘ referiert auf Sokrates, das Prädikat ‚… ist weise‘ konnotiert die Eigenschaft, weise zu sein. Die Bedeutung von ‚a‘ ist relativ problemlos anzugeben: ‚a‘ bedeutet a. Die Wahrheit von ‚Fa‘ wird also ganz wesentlich davon abhängen, dass ‚a‘ Bedeutung hat, d. h. sich auf etwas oder jemanden bezieht bzw. referiert, nämlich das Individuum a. Wie sollen wir aber den Beitrag des generellen Terminus ‚F' für das Zustandekommen des Wahrheitswerts von ‚Fa' charakterisieren. Wir haben mehrere Möglichkeiten (vgl. Tugendhat/Wolf 1983, 128). Wir können sagen: Ein Satz, der die semantische Struktur ‚Fa' aufweist, ist wahr, wenn

I. der generelle Terminus ‚F' *auf* das Individuum a *zutrifft* oder
II. das Individuum a *unter* den Begriff *fällt*, den ‚F' ausdrückt oder
III. das Individuum a ein *Element der Klasse* ist, die durch ‚F' bestimmt ist.

Für die Wahrheitsbedingungen von „Rab" ergeben sich analoge Möglichkeiten: Dieser Satz ist wahr, wenn

I. der zweistellige Relationsausdruck ‚R' auf das geordnete Paar a, b zutrifft oder
II. das geordnete Paar a, b unter den Begriff fällt, den der zweistellige Relationsausdruck ‚R' ausdrückt
III. a und b Elemente distinkter Klassen sind, die durch den zweistelligen Relationsausdruck ‚R' in Beziehung zueinander gesetzt werden.

Die Formulierungen (I) – (III) sind äquivalent und unterscheiden sich nur darin, dass in (I) von dem sprachlichen Terminus ‚F' und von der semantischen Relation des *Zutreffens* von ‚F' *auf* a die Rede ist, während (II) und (III) auch noch Dinge erwähnt, die in einer Beziehung zu ‚F' stehen. In (II) drückt ‚F' einen Begriff aus, in (III) bestimmt ‚F' eine Klasse. Wenn wir uns für (II) oder (III) entscheiden, gehen wir anspruchsvolle ontologische Verpflichtungen ein, d. h. wir legen uns darauf fest, dass neben konkreten Individuen auch Begriffe, Eigenschaften, Relationen und Klassen existieren, d. h. abstrakte Individuen und Universalien. Quer zur Unterscheidung von Einzelding und Universale liegt die Unterscheidung ‚konkret'/‚abstrakt'. Konkrete Einzeldinge und Universalien sind normalerweise solche, die sich in Raum und Zeit identifizieren lassen, beispielsweise Tiere, Pflanzen, Menschen, Artefakte und deren Eigenschaften. Abstrakte Einzeldinge oder Universalien existieren nicht in Raum und Zeit. Nach Auffassung vieler Metaphysiker muss es sie aber dennoch geben. Die Existenz konkreter Einzeldinge (Individuen) wird von beinahe niemandem bestritten. Ob es jedoch neben konkreten Einzeldingen überhaupt etwas gibt, gehört seit dem Spätmittelalter zu den kontrovers diskutierten Fragen der Philosophie. *Nominalisten* sind der Meinung, dass konkrete Einzeldinge den Bereich dessen ausschöpfen, was es gibt. *Universalienrealisten* halten dagegen, dass Eigenschaften und Relationen nicht weniger wirklich sind als Einzeldinge (Individuen). Ein Mensch ist beispielsweise jung, schön, gesund, schnell, gerecht, weise. Obgleich solche Eigenschaften nicht losgelöst von irgendeinem Träger (Einzelding, Substanz, Individuum) vorliegen können, sind sie nicht weniger real als ihre Träger. Einige Metaphysiker rechnen auch die natürlichen Arten unter die Universalien. Für sie sind die Pflanzennatur, die Hundenatur, die Menschennatur nicht weniger real als Pflanzen, Hunde, Menschen. Arten benötigen wie Eigenschaften und Relationen einen Träger, d. h. sie müssen in einem Einzelding (Individuum) realisiert sein. Für die Relation des Vorliegens oder Realisierens hat sich in der analytischen Ontologie der Terminus ‚Instantiierung' durchgesetzt. Ein Individuum, z. B. dieser Tiger, dieser Mensch, dieses Fahrrad, *instantiiert* die betreffende Art und *exemplifiziert* darüber hinaus eine Vielzahl von Eigenschaften oder Relationen. Der Streit ging im Mittelalter darüber, ob das Universale (Art, Eigenschaft) immer nur in dem Einzelding, niemals jedoch getrennt von ihm existiert, oder ob Universalien existieren, gleich ob es Einzeldinge gibt oder nicht. Zahlen, Begriffe und Propositionen sind dem gegenüber Individuen, keine Universalien, sie existieren jedoch nicht in Raum und Zeit, und auf sie ist die Unterscheidung ‚Einzelvorkommnis'/‚Typ' nicht anwendbar. Sie gelten vielen Metaphysikern als Musterbeispiele abstrakter Entitäten.

Um die semantische Analyse von metaphysischen Kontroversen reinzuhalten, war es im klassischen Zeitalter der Sprachanalyse (1920–1970) üblich, von ‚Termini' zu reden und die Erwähnung von ‚Begriffen' und ‚Klassen' tunlichst zu vermeiden. Man glaubte, dass die semantische Relation des ‚Zutreffens' des generellen Terminus auf den Gegenstand, der durch den singulären Terminus herausgegriffen wird, hinreichend ist, um die Wahrheitsbedingungen des Satzes zu charakterisieren. Es hat sich aber herausgestellt, dass Wahrheitsbedingungen nicht kostenneutral zu haben sind. Wir müssen also noch einmal die Möglichkeiten durchgehen. Ein Satz der logischen Form „Fa" ist wahr, wenn

I. der generelle Terminus „F" *auf* das Individuum a *zutrifft* oder
II. das Individuum a *unter* den Begriff *fällt*, den „F" ausdrückt oder
III. das Individuum a ein *Element der Klasse* ist, die durch „F" bestimmt ist.

Wer glaubt, allein mit Hilfe von Termini und der Relation des ‚Zutreffens auf' Wahrheitsbedingungen hinreichend bestimmen zu können, macht aus seinem Nominalismus keinen Hehl. Der Nominalist akzeptiert weder, dass Termini Begriffe ausdrücken noch dass Begriffe Eigenschaften bestimmen noch dass Einzeldinge Eigenschaften exemplifizieren. Die Dinge sind einander in vielfacher Weise ähnlich oder unähnlich. Der Rest wird durch uns festgelegt. Wenn wir eine Ähnlichkeit unter Dingen bemerkt haben, können wir für sie ein gemeinsames Prädikat verwenden. Die Allgemeinheit, die wir feststellen, reicht nicht über die Verwendung des gemeinsamen Prädikats hinaus. Der Nominalist kann nicht wirklich erklären, wie ein Terminus als *allgemeiner* funktioniert, es sei denn, wir lassen den Rekurs auf den faktischen Gebrauch als Erklärung durchgehen. Wenn ‚F' ein *genereller* Terminus sein soll, muss ‚F' einen Begriff ausdrücken, der eine Eigenschaft – ein Universale – bestimmt. Wer die Rede von ‚Wahrheitsbedingungen' realistisch interpretiert, kommt nicht daran vorbei, die Existenz von Begriffen und Universalien anzuerkennen. Die Version (II) der Wahrheitsbedingungen von „Fa" sollte daher als der grundlegende Fall angesehen werden. Wenn wir dennoch (I) den Vorzug geben, dann nur aus dem Grund, dass wir in Treue zum sprachanalytischen Prinzip Gedanken und ihre Bestandteile, die Begriffe, nicht anders ‚fassen' können als auf dem Umweg über ihren sprachlichen Ausdruck. (I) hat vor (II) einen explanatorischen, keinen metaphysischen Vorrang. Die Relation des Fallens unter einen Begriff erklären wir mit Hilfe der Relation des Zutreffens eines Prädikats auf einen Gegenstand, nicht umgekehrt. Version (III) muss ohnehin auf eine der beiden anderen Versionen zurückgeführt werden. Wir können Klassen (Mengen) nur mit Hilfe von Begriffen bzw. generellen Termini einführen. Eine Menge ist eine Klasse von Gegenständen, derart, dass von jedem Gegenstand bestimmt ist, ob er Element dieser Klasse ist oder nicht. Nun bestimmt jeder generelle Terminus eine solche Menge, z. B. der Terminus ‚Rose' die Klasse aller Rosen. Der enge Zusammenhang von Termini und Begriffen wird noch deutlicher, wenn wir uns im nächsten Schritt mit der Semantik genereller Termini vertraut machen.

4.4.1.1 Semantik genereller Termini

Die alte Auffassung, wonach der Satz eine Verknüpfung bedeutet, überwindet Frege in seinem Aufsatz *Funktion und Begriff* aus dem Jahr 1891 (Frege 1994b), indem er Vorschlag macht, generelle Termini als Funktionsausdrücke aufzufassen. Er nimmt sich dabei die mathematische Funktion zum Vorbild, z. B.

$$y = x^2$$

Für x setzen wir eine ganze Zahl ein und erhalten als Wert für y wieder eine ganze Zahl. Die Funktion hat die Struktur

$$(\ )^2.$$

Für jeden Zahlenausdruck, den wir in die Leerstelle einsetzen, weist die Funktion uns einen Zahlenwert zu. Um den Begriff der Funktion für die Beschreibung elementare Sätze nutzbar zu machen, muss Frege eine Teilklasse von Funktionen herausgreifen, deren Werte sich mehr oder weniger zwanglos als Wahrheitswerte interpretieren lassen. Was gemeint ist, erläutert Frege an einem Beispiel. Nehmen wir die Funktion

$$x^2 = 1$$

und setzen wir der Reihe nach für ‚x' -1, 0, 1, 2 ein, so erhalten wir die Werte:

i. $(-1)^2 = 1$
ii. $0^2 = 1$
iii. $1^2 = 1$
iv. $2^2 = 1$

Von diesen Gleichungen sind (i) und (iii) ‚wahr', (ii) und (iv) ‚falsch'. Daraus folgt Frege: „Ich sage nun: ‚der Wert unserer Funktion ist ein Wahrheitswert' und unterscheide den Wahrheitswert des Wahren von dem des Falschen [...] Hiernach bedeutet z. B. ‚$2^2 = 4$' das Wahre ebenso, wie etwa ‚2^2' 4 bedeutet. Und es bedeutet ‚$2^2 = 1$' das Falsche" (Frege 1994b, 26). Freges Innovation besteht darin, die Werte, die wir für unterschiedliche Einsetzungen für ‚x' erhalten, nach dem alleinigen Gesichtspunkt zu sortieren, ob der Wert ‚wahr' oder ‚falsch' ist. Frege setzt voraus, dass die mathematische Gleichung ein Satz ist, der einen mathematischen Gedanken ausdrückt. Wie jeder Gedanke ist auch ein mathematischer Gedanke wahr oder falsch. Wenn der mathematische Gedanke als Funktion darstellbar ist, warum nicht auch der Gedanke, den wir mit Hilfe eines assertorischen Satzes in unserer Umgangssprache ausdrücken. Jeder Satz enthält ein Element, das dem Ausdruck der mathematischen Funktion in einer entscheidenden Hinsicht sehr ähnelt. Angeregt von dieser Analogie unterscheidet Frege in jedem Satz mindestens zwei Elemente: „Behauptungssätze im allgemeinen kann man ebenso wie Gleichungen oder analytische Ausdrücke zerlegt denken in zwei Teile, von denen der eine in sich abgeschlossen, der andere ergänzungsbedürftig, ungesättigt ist. So kann man z. B. den Satz ‚Cäsar eroberte Gallien' zerlegen in ‚Caesar' und ‚eroberte Gallien'. Der zweite Teil ist ungesättigt, führt eine leere Stelle mit sich, und erst dadurch, dass diese Stelle von einem Eigennamen ausgefüllt wird oder von einem Ausdruck, der einen Eigennamen vertritt, kommt ein abgeschlossener Sinn zum Vorschein. Ich nenne auch hier die Bedeutung dieses ungesättigten Teiles Funktion. In diesem Falle ist das Argument Caesar" (Frege 1994b, 29).

Jeder unanalysierte Satz der Umgangssprache besteht mindestens aus Funktion und Argument. Der singuläre Terminus (Name) vertritt das Argument, der generelle Terminus (Prädikat) die Funktion. Die von Frege anvisierte Erweiterung des Funktionsbegriffs ist nachvollziehbar, wenn wir als Argumente nicht nur ‚Gesättigtes' wie Zahlen, sondern Individuen jedweder Kategorie, also auch Pflanzen, Tiere, Artefakte zulassen. Der Funktionsausdruck vertritt im Satz das ‚ungesättigte' Element, das zu seiner Vervollständigung ‚gesättigter' Entitäten bedarf. Diese werden im Satz durch einen oder mehrere singuläre Termini (Namen) vertreten. Durch die Einsetzung von Namen vervollständigt sich der Satz, der nun einen Gedanken ausdrückt. Je nach Einsetzung bedeutet der Satz das ‚Wahre' oder das ‚Falsche'. Angenommen, unser Funktionsausdruck ist das einstellige Prädikat

‚... ist ein Komponist'.

Wenn wir nacheinander ‚Wittgenstein', ‚Adorno', ‚Mozart', ‚Alban Berg' einsetzen, erhalten wir Sätze mit unterschiedlichem Wahrheitswert. Gleiches gilt für mehrstellige Funktionsausdrücke. Der Satz

‚Papageno liebt Papagena'

lässt sich so analysieren, dass er aus dem zweistelligen Prädikat ‚... liebt ...' und den singulären Termini ‚Papageno' und ‚Papagena' zusammengesetzt ist. In der fiktiven Welt von Mozarts Zauberflöte ist dieser Satz wahr. Beispiele für dreistellige Funktionsausdrücke sind

(1) ‚... liegt zwischen ... und ...',
(2) ‚... ist die Tochter von ... und ...'.

Wenn wir in (1) ‚Göttingen', ‚Kassel', ‚Hannover' in der angegebenen Reihenfolge einsetzen, erhalten wir den Wahrheitswert ‚wahr'. Wenn die Namen in anderer Reihenfolge eingesetzt werden, kommt Falsches heraus.

Die funktionale Betrachtungsweise des assertorischen Satzes ist eine echte Alternative zur traditionellen Auffassung, wonach wir mit jeder Aussage eine Synthesis vollziehen, die eine Synthesis bedeutet. Gemäß der neuen Betrachtungsweise ist die Bedeutung der Aussage keine Verknüpfung, sondern ein Wahrheitswert. Indem Frege Sätze als Einsetzungen von Namen in Funktionsausdrücken analysiert, verliert das ‚ist' in der Bedeutung der Kopula seine Funktion. In der alten Auffassung vom Urteil leistete das ‚ist' die Hauptarbeit. Mit dem

‚ist'-Sagen wurde die Synthesis vollzogen, durch die der Satz Wahres oder Falsches kundtat. Frege zerlegt den Satz in Funktion und Argument und zeigte damit, dass der Satz keine Synthesis bedeutet, sehr wohl aber das Wahre oder Falsche, nun verstanden als sein ‚Wahrheitswert'.

4.4.1.2 Semantik singulärer Termini

Die Rolle des singulären Terminus im Satz ist es, auf einen Gegenstand Bezug zu nehmen und ihn herauszugreifen, damit der generelle Terminus im Satz auf etwas zutreffen oder im Fall der Falschheit nicht zutreffen kann. Statt von ‚Bezug' und ‚Bezug nehmen' sprechen Logiker auch gern von ‚Referenz' und ‚referieren'. Die Rolle des Bezugnehmens oder Referierens war nach traditioneller Auffassung den Namen zugedacht. Namen wurden als Eigennamen verstanden. Die Bedeutung der Namen ist ihr Träger. Die moderne Satzanalyse kennt neben den Eigennamen noch zwei weitere Klassen bezugnehmender Ausdrücke: (1.) indexikalische oder deiktische Ausdrücke wie ‚dieser', ‚jenes', ‚heute', ‚jetzt', ‚ich', ‚er', ‚sie' etc.; (2.) Kennzeichnungen (‚definite descriptions') wie ‚der Lehrer Platons', ‚der gegenwärtige König von Frankreich', ‚das erste im Jahr 2014 in Frankfurt am Main geborene Kind', ‚der römische Papst'. Traditionell erblickte man in den Eigennamen das Paradigma bezugnehmender Ausdrücke. Seit Frege ist man der Meinung, dass der Gebrauch der Eigennamen gerade nicht den grundlegenden Fall der Bezugnahme darstellt, sondern von anderen Weisen der Bezugnahme abhängt. Wie erklärt die Tradition, dass ein Name für einen Gegenstand steht? Die Verbindung des Namens mit seinem Träger geschieht durch den Akt des Benennens, woraufhin der Name wie durch Magie an seinem Träger haften bleibt. Welche Schwierigkeiten das Benennen als bedeutungsverleihender Akt aufwirft, haben wir schon im Kontext von Wittgensteins Privatsprachenarguments gesehen. Frege ist der Auffassung, dass wir die Beziehung zwischen Eigennamen und Gegenständen mit Hilfe von Kennzeichnungen herstellen. Namen sind für ihn abgekürzte Kennzeichnungen. Für Frege haben Namen nicht nur ‚Bedeutung', sondern auch ‚Sinn'. Der Sinn des Namens setzt sich aus der Menge der Kennzeichnungen zusammen, die uns befähigen, den Namensträger zu identifizieren. Die Bedeutung des Namens ist buchstäblich der Gegenstand (oder die Person), auf den solche Kennzeichnungen zutreffen. So ist z. B. die Bedeutung des Namens ‚Ludwig Wittgenstein' die Person, auf die folgende Beschreibungen passen: ‚wurde in Wien geboren', ‚emigrierte nach England', ‚doktorierte bei Russell und Moore', ‚schrieb den *Tractatus*', ‚riet seinen Schülern davon ab, Philosophen zu werden'.

Wenn Eigennamen nicht das sind, was sie auf der Oberfläche des Satzes zu sein scheinen, nämlich originär bezugnehmende Ausdrücke, muss man sie durch Analyse zum Verschwinden bringen. Genau dies hat Bertrand Russell, ein Zeitgenosse Freges, mit seiner *Theorie der Kennzeichnungen* (‚definite descriptions') getan (Russell 1968, 41–56). Für Russell ist jeder Name eine verkleidete Kennzeichnung. Der Satz

‚Wittgenstein ist ein Philosoph'

muss so analysiert werden, dass der Name an der Subjektstelle verschwindet. Die Rolle des Bezugnehmens übernimmt ein variabler Buchstabe, ‚x', während der deskriptive Gehalt des Namens an den hinteren Teil des Satzes, an die Stelle des Prädikats, verschoben wird. Statt ‚Wittgenstein ist ein Philosoph' schreiben wir also:

‚Es gibt genau ein x, für das gilt: x ist der Autor des *Tractatus* & x ist ein Philosoph'.

Russell versteht seine Analyse als Antwort auf das Problem des fehlenden Bezugs von Namen und Kennzeichnungen. Der singuläre Terminus in dem Satz

‚Der gegenwärtige König von Frankreich ist kahlköpfig'

bedeutet buchstäblich nichts, d. h. er greift kein Bezugsobjekt heraus, weil es zum Zeitpunkt der Äußerung des Satzes, sagen wir 1918, in Frankreich keinen König gab. Es existiert niemand, auf den der generelle Terminus ‚… ist kahlköpfig' zutreffen oder nicht zutreffen könnte. Der Satz legt im Jahr 1918 keine Wahrheitsbedingungen fest. Er drückt also auch keinen Gedanken aus. Das Problem der leeren

Namen und Kennzeichnungen motivierte Russell zu einem sehr radikalen Schritt. Er schlug vor, Eigennamen und Kennzeichnungen grundsätzlich nicht als singuläre Termini aufzufassen, sondern als verkleidete generelle Termini (Prädikate). Die Rolle des singulären, d. h. bezugnehmenden Terminus kommt seiner Meinung nach allein dem variablen Buchstaben ‚x' in Verbindung mit dem so genannten Existenzquantor

> *Es gibt genau ein* x, für das gilt ...

zu. Unser Beispielsatz ‚Der gegenwärtige König von Frankreich ist kahlköpfig' muss jetzt so analysiert werden:

> '*Es gibt genau ein* x, für das gilt: x ist der gegenwärtige König von Frankreich & x ist kahlköpfig'.

Der Vorzug der hier vorgeschlagenen Analyse ist, dass wir dem Satz einen Wahrheitswert zuweisen können. Da der analysierte Satz aus zwei mit ‚... und ...' verknüpften Teilsätzen besteht, von denen der erste falsch ist, ist der ganze Satz falsch. (Die vollständige Analyse des Beispielsatzes lautet: ‚*Es gibt genau ein* x, für das gilt: x ist der gegenwärtige König von Frankreich & für *alle* y gilt: wenn y der gegenwärtige König von Frankreich ist, dann ist y identisch mit x & ist kahlköpfig'.) Russell ist offensichtlich der Meinung, dass wir mit Termini niemals direkt Bezug nehmen, sondern dass die Bezugnahme auf Objekte immer nur indirekt erfolgt über den Umweg der Beschreibung des Objekts, wobei das Benennen auch nur eine verkappte Form des Beschreibens darstellt. In seiner analysierten Form enthält der Satz keine singulären Termini mehr, es sei denn, wir wollten die durch den Existenzquantor gebundene Gegenstandsvariable ‚x' als singulären Terminus ansehen. Quantoren und Variablen gehören aber nicht zur Klasse der Termini, weil sie buchstäblich nichts bedeuten. Sie vertreten nichts im Satz. An dieser Stelle wird deutlich, dass Russell bei seinem Versuch, das Problem der leeren Namen zu lösen, das Kind mit dem Bad ausgeschüttet hat.

Als hilfreich haben sich die Arbeiten des berühmten englischen Philosophen Peter Strawson erwiesen, der vor allem in seinem Buch

Einzelding und logisches Subjekt auf die spezifische Rolle des singulären Terminus aufmerksam machte (Strawson 1972). Als singuläre Termini nimmt er unterschiedslos Eigennamen, deiktische Ausdrücke und Kennzeichnungen in den Blick. Durch das Äußern des Satzes greift der Sprecher mit Hilfe des singulären Terminus ein Objekt heraus, auf den der generelle Terminus zutrifft oder nicht zutrifft, je nach Wahrheit oder Falschheit des im Satz geäußerten Inhalts (Gedankens). Durch die Verwendung des singulären Terminus setzt der Sprecher den Hörer in die Lage, denjenigen Gegenstand zu identifizieren, über den geredet wird. Wenn wir einmal von Termini für abstrakte Individuen absehen, ist der Bereich, um den es sich handelt, der Bereich der materiellen Objekte in Raum und Zeit. Die identifizierende Rolle des singulären Terminus wurde von den klassischen Autoren meist übersehen. Frege und Russell bilden hier keine Ausnahme. Für die Mehrzahl der klassischen Autoren ist die grundlegende semantische Relation die Relation des ‚Zutreffens' von Prädikaten auf das Objekt bzw. des ‚Fallens' des Objekts ‚unter' einen Begriff. Dass wir ein Objekt identifiziert haben müssen, bevor wir das Zutreffen des Prädikats bzw. das Fallen unter den Begriff konstatieren, war selten oder nie im Blick. Erst die analytische Philosophie des 20. Jahrhunderts hat gesehen, dass dem Prädizieren etwas vorausgehen muss, nämlich der Akt der Bezugnahme (vgl. Runggaldier 1990, 64–47).

Überlegen wir jetzt, welche Bedingungen erfüllt sein müssen, damit es uns im Einzelfall gelingt, den Gegenstand aus einem bestimmten Bereich herauszugreifen und ihn mit Hilfe des singulären Terminus zu designieren. Beginnen wir mit den Kennzeichnungen. In diesem Fall werden die Gegenstände durch ihre Eigenschaften identifiziert. Solche Kennzeichnungen sind oft nicht eindeutig, wie die folgenden Beispiele zeigen: ‚die Katze mit dem weißen Fleck am Hals, die seit zwei Tagen weg ist', ‚der Verfasser der Illias und der Odyssee', ‚der Jünger, den Jesus liebte', ‚der Mann, der Israel aus Ägypten herausführte'. Probleme bereiten uns auch Kennzeichnungen wie ‚das erste Kind, das im neuen Jahr in der Stadt Frankfurt geboren wurde', ‚das Element mit der höchsten Ordnungszahl'. Wir sind auf der sicheren Seite, wenn wir die Kennzeichnung mit einem deiktischen Ausdruck verknüpfen und auf das Objekt zeigen. Wir können z. B. in Gegenwart des betreffenden Babys sagen: ‚*Dieses* (Baby) ist das erste Kind, das im neuen

Jahr geboren in Frankfurt wurde'; wir können unseren Gesprächspartner einen Blick durchs Teleskop tun lassen und dabei sagen: ‚*Der da* ist der Fixstern mit der größten Masse im Universum'. Demonstrativpronomina wie ‚dieser', ‚jener', ‚hier', ‚dort' legen nur im Kontext einer Zeigehandlung (‚Deixis'), die in eine Wahrnehmungssituation eingebettet ist, einen Bezug fest. Weil ihr Bezug sich von Äußerungskontext zu Äußerungskontext ändert, müssen wir die Sätze, die diese Wörter enthalten, mit einem räumlichen und zeitlichen *Index* versehen, wenn wir an einem anderen Ort oder zu einem späteren Zeitpunkt herausfinden wollen, wovon die Rede war. Demonstrativpronomina werden aus diesem Grund ‚indexikalisch' genannt. Auch Personalpronomina (‚ich', ‚du', ‚er', ‚wir', ...) zählen zu den indexikalischen Ausdrücken.

Die Bezugnahme mit Hilfe indexikalischer Termini führt nicht in jedem Fall zu eindeutigen Ergebnissen. Das zeigen die beiden folgenden Beispiele. Angenommen, wir führen jemanden mit verbundenen Augen vor einen Berg, nehmen ihm die Augenbinde ab und weisen mit folgenden Worten auf den Berg: ‚*Dieser* (Berg) ist der Watzmann'. Danach verbinden wir ihm die Augen und setzen unsere Wanderung fort. Falls ihm verborgen blieb, durch welche Gegend man ihn führte, wird er in einem bestimmten Sinn immer noch nicht wissen, welchen Berg man ihm gezeigt hat. Erst in Verbindung mit einem System „objektiv lokalisierender Kennzeichnungen" (Karten, Raum-Zeit-Koordinaten, Navigationssystem) ist es ihm möglich, den Berg zu identifizieren (Tugendhat/Wolf 1983, 157). Nun unser zweites Beispiel: Der Reiseführer weist mit dem Finger auf die Landschaft und sagt: ‚*Da* befand sich ein Römerkastell'. Es bleibt den Umstehenden unklar, ob das Römerkastell im Tal, auf dem Bergrücken, am Hang oder an der Stelle des nahegelegenen Hofs lag. Hätte er *sortale* Ausdrücke wie ‚Tal', ‚Bergrücken', ‚Hang', ‚Hof' verwendet, wäre eine eindeutige Lokalisierung möglich gewesen. Sortale Prädikate, auch ‚Sortale' genannt, spezifizieren das Was-Sein eines Einzeldings. Der Gebrauch von Sortalen trägt wesentlich dazu bei, dass unsere demonstrativen Gesten und Zeigehandlungen einen Bezug erhalten und in diesem Sinn verstanden werden können (Tugendhat/Wolf 1983, 158). Es dürfte deutlich geworden sein, dass das Bezugnehmen mit Hilfe singulärer Termini eine komplizierte Angelegenheit ist. Es lässt sich nicht behaupten, dass ein bestimmter Typus singulärer Termini fundamental wäre und dass der Gebrauch der übrigen Typen auf ihn rückführbar wäre. Dass wir aus einer Vielzahl von Dingen ein Einzelnes herausgreifen und identifizieren können, setzt die Verwendung aller drei Typen bezugnehmender Ausdrücke (Namen, Kennzeichnungen, deiktischer Ausdrücke) voraus. Nur durch ihr Zusammenwirken ist gewährleistet, dass Akte der Bezugnahme im Zusammenhang sprachlicher Äußerungen gelingen und Sprecher und Hörer befähigen, den Bezugsgegenstand zu re-identifizieren (Tugendhat/Wolf 1983, 160).

Gegen alle Spielarten der Kennzeichnungstheorien der Eigennamen hat Saul A. Kripke eine berühmte Gegenthese formuliert, wonach Eigennamen keinen Sinn, nur Bezug haben. Der Bezug lässt sich in einer Art Taufhandlung grundlegen, bei der wir in Anwesenheit des künftigen Namensträgers den Namen verleihen, z. B. mittels der Äußerung ‚Dieser (Knabe) ist Aristoteles', verbunden mit einer hinweisenden Geste. Der auf diese Weise grundgelegte Bezug lässt sich an andere vererben, die nicht bei der Taufzeremonie anwesend waren, einfach dadurch, dass sie sich in die Kette der Verwendungen des Namens einreihen, in der Absicht, den Namen so zu verwenden wie die Sprecher vor ihnen. Falls die Kette der Namensverwendungen bis in die Taufsituation zurückreicht, referiert der Name, andernfalls nicht. Ein Eigenname ist für Kripke ein „starre[r] Bezeichnungsausdruck„ (‚rigid designator'), der seinen Bezug nicht mehr ändert, nachdem er in der Taufsituation grundgelegt wurde (Kripke 1981, 59). ‚Aristoteles' bezieht sich in allen möglichen Welten auf das Individuum, das wir in der Grundlegungssituation ‚Aristoteles' genannt haben. Aristoteles wäre auch dann Aristoteles, wenn er nicht Philosoph geworden wäre, sondern auf dem Markt in Athen Bücher oder Fische verkauft hätte. Es wäre dann allerdings unwahrscheinlich, dass wir heute noch über Aristoteles redeten. Die Charakterisierung der Eigennamen als starre Bezeichnungsausdrücke soll darauf aufmerksam machen, dass Kennzeichnungen eine nachgeordnete Rolle bei der Festlegung des Bezugs spielen. Die Kennzeichnungen, die wir für gewöhnlich mit einem Namen assoziieren – im Fall von Aristoteles: ‚der Mann aus Stagira', ‚der Gründer des Peripatos', ‚der Lehrer des Alexander', ‚der Verfasser der *Nikomachischen Ethik*' etc. – sind nicht dafür verantwortlich, dass wir mit dem Namen ‚Aristoteles' niemanden anderen als Aristoteles herausgreifen. Diese Kennzeichnungen sind daher auch nicht Bestandteile des Sinns von ‚Aristoteles', sofern wir mit Frege daran festhalten wollen, dass Namen Sinn und Bedeutung haben. Eigennamen sind daher auch nicht die einfachsten identifizierenden Ausdrücke, sondern ihre Bedeutung lässt sich erst verständlich machen, wenn man bereits die Verwendungsweise der anderen Typen von singulären Termini kennt. Eigennamen identifizieren Gegenstände so, dass dabei bereits die Verwendung von deiktischen Ausdrücken, objektiv lokalisierenden Kennzeichnungen und sortalen Prädikaten vorausgesetzt ist (Tugendhat/Wolf 1983, 165).

Die Analyse elementarer Sätze ist damit abgeschlossen. Ein elementarer Satz besteht, so haben wir gesehen, aus einem n-stelligen generellen Terminus, der im Satz die Funktion vertritt und deren Werte immer Wahrheitswerte sind, und n singulären Termini, die die Argumentstelle des Funktionsausdrucks besetzen. Für jedes Argument liefert uns die Satzfunktion im elementaren Satz einen Wert, der ein Wahrheitswert ist. Die nächsthöhere Ebene einer logischen Semantik ist die Ebene der Verknüpfung elementarer Sätze mit Hilfe der so genannten Junktoren, die als Satzfunktionen zweiter Stufe gedeutet werden.

4.4.2 Semantik komplexer Sätze

4.4.2.1 *Semantik wahrheitsfunktional verknüpfter Sätze*

Eine bequeme Methode, komplexe Sätze zu erzeugen ist, besteht darin, elementare Sätze mittels Junktoren ‚... und ...', ‚... oder ...', ‚wenn ..., dann ...', ‚nicht ...' zu verknüpfen. Wir erhalten auf diesem Weg zusammengesetzte Sätze, deren Wahrheitswert eine Funktion der Wahrheitswerte ihrer Teilsätze ist. Die Junktoren werden als Satzfunktionen zweiter Stufe gedeutet, deren Argumente Wahrheitswerte, nicht Individuen wie im Fall der Satzfunktionen erster Stufe sind. Der Zweig der Logik, der sich die Folgerungsbeziehungen aus wahrheitsfunktional verknüpften Sätzen zu Nutze macht, heißt Aussagen- oder Junktorenlogik. Es ist offensichtlich, dass nicht jede Art der Satzverknüpfung wahrheitsfunktional ist. Ein prominentes Beispiel für Sätze, deren Wahrheitswerte keine Funktion der Wahrheitswerte der sie bildenden Teilsätze sind, sind Sätze, mit denen wir uns und anderen propositionale Einstellungen zuschreiben. Der Satz ‚Ludwig glaubt, dass der Vatikan in Kinshasa liegt' setzt sich aus den Teilsätzen ‚Ludwig glaubt ...' und ‚der Vatikan liegt in Kinshasa , zusammen. Der Wahrheitswert des Satzes ist davon unabhängig, was Ludwig glaubt. In Kontexten des Meinens und Glaubens, d. h. in so genannten ‚intensionalen' Kontexten hängt der Wahrheitswert des komplexen Satzes nicht vom Wahrheitswert eines Teilsatzes oder Satzteils ab. Die Logik interessiert sich ausschließlich für ‚extensionale' Kontexte, d. h. Kontexte, in denen nur die Extension zählt, d. h. in unserem Fall der Wahrheitswert der Teilsätze.

Die *Negation* ist die einfachste Form aussagenlogischer Operationen. Wir bilden einen zusammengesetzten Satz, indem wir den elementaren Satz negieren. Der Wahrheitswert des negierten Satzes ist eine Funktion des Wahrheitswerts des elementaren Satzes p. Wenn p wahr ist, dann ist nicht-p falsch; wenn p falsch ist, dann ist nicht-p wahr. Die Negation ist das wichtigste Beispiel einer *einstelligen* Aussagenfunktion. Wesentlich interessanter sind die aussagenlogischen Verknüpfungen, die aus mehr als einem Teilsatz bestehen. Eine mögliche und auch häufig verwendete Verknüpfung ist die aussagenlogische *Konjunktion*, bei der zwei Teilsätze p und q mit dem aussagenlogischen ‚... und ...' (symbolisiert durch ‚&' oder ‚∧') verknüpft werden. Der so entstandene Satz ist nur dann wahr, wenn die ihn bildenden Teilsätze wahr sind. Sind beide oder auch nur einer der Teilsätze falsch, ist ihre Konjunktion falsch. Von großer Bedeutung ist die *materiale Implikation*, d. h. die Verknüpfung mit dem aussagenlogischen ‚wenn ..., dann ...' (symbolisiert durch ‚⊃' oder ‚→'). Der Satz ‚p → q' ist wahr, wenn (1.) p wahr und q wahr, (2.) p falsch und q wahr, (3.) p falsch und q falsch ist, und falsch, wenn p wahr und q falsch ist. Ein weiteres wichtiges Beispiel die Verknüpfung mit dem Junktor ‚... oder ...' (symbolisiert durch ‚∨'). Der Satz ‚p ∨ q' ist wahr, wenn (1.) p wahr und q falsch, (2.) p falsch und q wahr, (3.) p wahr und q wahr ist, und falsch, wenn p falsch und q falsch ist. Die aussagenlogischen Satzoperationen einschließlich der Negation sind selbstverständlich iterierbar, d. h. auf Sätze, die durch die Anwendung der

Junktoren generiert wurden, lassen sich die Junktoren wiederholt anwenden.

4.4.2.2 Semantik genereller Sätze

Ein genereller Satz ist ein elementarer Satz, der unter Anwendung der so genannten *Quantoren* ‚alle' und ‚einige' und deren Negation gebildet wurden. Viele generelle Sätze lassen sich nur so analysieren, dass sie in ihrer Binnenstruktur wahrheitsfunktional verknüpfte Sätze enthalten. Fragen wir uns, was die Ausdrücke ‚alle', ‚einige' (in der Bedeutung von ‚mindestens einer') und ‚keiner' bedeuten könnten. Nehmen wir das Prädikat ‚Philosoph' hinzu. Wir können z. B. sagen, die Extension des Ausdrucks ‚alle Philosophen' sei die *Menge* oder *Klasse* der Philosophen (Tugendhat/Wolf 1983, 88). Diese Interpretation wirft Probleme auf. Wenn wir sagen:

(1) Alle Philosophen haben Platon und Hegel gelesen,

meinen wir nicht, dass die Klasse der Philosophen Platon und Hegel gelesen hat, sondern dass Philosophen Platon und Hegel gelesen haben. Ähnliche Schwierigkeiten bereitet das ‚einige'. Wenn wir sagen,

(2) Einige Philosophen sitzen gern unter Palmen,

meinen wir nicht, dass es eine *Teilklasse* der Philosophen gibt, die es liebt, unter Palmen zu sitzen. Die Redeweise von einer ‚Teilklasse' erweckt außerdem den Eindruck, dass die betreffende Teilklasse der Philosophen eine existierende Größe sei, auf die wir das Prädikat ‚sitzt gern unter Palmen' anwenden. Tatsächlich erzeugen wir die betreffende Teilkasse erst durch die Anwendung des Prädikats. Dies wird besonders deutlich, wenn wir den Satz (2) negieren:

(3) Es ist falsch, dass einige Philosophen gern unter Palmen sitzen.

Mit (3) wollen wir nicht sagen, dass es eine Teilmenge der Philosophen gibt, die nicht gern unter Palmen zu sitzt, sondern dass es unter den Philosophen niemanden gibt, der gern unter Palmen sitzt. Satz (3) ist universal negativ. Freges Innovation bestand darin, Ausdrücke wie ‚alle F', ‚einige F', ‚kein F' nicht mehr als semantische Einheit zu verstehen (Tugendhat/Wolf 1983, 90). Die betreffenden Ausdrücke haben wir aus elementaren Sätzen gewonnen, indem wir im ersten Schritt den singulären Terminus durch einen variablen Buchstaben, sagen wir ‚x', ersetzt haben, und im zweiten Schritt ‚x' mittels des Existenzquantors *gebunden* haben. Ein Satz wie (2) ist wie folgt zu analysieren:

(2') Es gibt mindestens ein x, für das gilt: x ist Philosoph & x sitzt gern unter Palmen.

In (2') ist der Ausdruck ‚einige Philosophen' als Subjektterminus verschwunden. Stattdessen haben wir einen variablen Buchstaben ‚x', die so genannte Gegenstandsvariable, der wir einen Quantor – in (2') den *Existenz*quantor (abgekürzt: ‚∃') – vorangestellt haben. Der Quantor hat die Aufgabe, die Gegenstandsvariable zu binden. Die gebundene Variable legt uns darauf fest, die Existenz von mindestens einem Gegenstand zu behaupten, auf den der generelle Terminus, in unserem Fall ‚... sitzt gern unter Palmen', zutrifft. Der Existenzquantor übernimmt die Funktion, die in der Syllogistik des Aristoteles das ‚Einige' hatte. Wenn wir die Prädikate in (2') auch noch durch Variablen ersetzten und statt des ‚und' die Schreibweise der Junktorenlogik verwenden und ‚&' schreiben, erhalten wir die Form:

∃ (x) (Fx & Gx)

Ganz entsprechend können wir nun auch mit Satz (1) verfahren:

(1') Für alle/jedes x gilt: wenn x ein Philosoph ist, dann hat x Platon und Hegel gelesen.

An die Stelle des ‚alle' ist der *All*quantor (abgekürzt: ‚∀') getreten, der die zugeordnete Variable bindet und uns darauf festlegt, Aussagen über eine Gesamtheit von Dingen (Personen) zu machen, auf die die entsprechenden Prädikate zutreffen. Wenn wir die Prädikate in (1') ebenfalls durch Variablen ersetzen und statt des ‚wenn ..., dann ...' das junktorenlogische ‚→' schreiben, erhalten wir die Form:

∀ (x) (Fx → Gx)

Warum steht in der zweiten Klammer die ‚wenn ... dann ...'-Verknüpfung (materiale Implikation) und nicht die ‚... und ...'-Verknüpfung (logische Konjunktion)? Haben wir mit dieser Analyse nicht den Sinn von (1) verändert? Keineswegs. Wer meint, die richtige Analyse von (1) sei

(1") Für alle/jedes x gilt: x ist ein Philosoph & x hat Platon und Hegel gelesen

kann rasch eines Besseren belehrt werden. (1") ist nicht die Analyse von ‚Alle Philosophen haben Platon und Hegel gelesen', sondern von ‚Alle sind Philosophen und haben Platon und Hegel gelesen'. Das haben wir nicht gemeint. Durch die richtige Analyse von (1) wird klar, dass ‚alle' kein Ausdruck ist, der für eine Klasse oder Gesamtheit steht, sondern eine Vorschrift zum Handeln enthält (Tugendhat/Wolf 1983, 91). Der Allquantor ist kein bezugnehmender Ausdruck, sondern ein Operator. Ihn zu verstehen, heißt, einer Handlungsanweisung zu folgen: ‚Man nehme der Reihe nach einen jeden/eine jede' und an diese Handlungsanweisung schließt sich die Behauptung an: ‚wenn er/sie ein(e) Philosoph(in) ist, dann hat er/sie Platon und Hegel gelesen'. Der generelle Satz (1) ist das Produkt einer logischen Operation. Diese Operation verweist auf singuläre Sätze, die auf einzelne Personen Bezug nehmen, z. B. ‚Frau Nida-Rümelin ist ein Philosophin', ‚Herr Forst ist ein Philosoph', ‚Herr Bieri ist ein Philosoph' etc. Von jedem von ihnen wird gesagt: ‚wenn sie/er ein Philosoph/in ist, dann hat sie/er Platon und Hegel gelesen.' Völlig analog verfahren wir bei den partikulären Sätzen. Wer behauptet: ‚Einige Philosophen sitzen gern unter Palmen', gibt folgende Handlungsanweisung: „Man nehme der Reihe nach jeden Philosophen/jede Philosophin: man wird dann feststellen, ob er/sie gern unter Palmen sitzt.' Die Aussage verweist wiederum auf singuläre Sätze, jetzt aber so, dass die Aussage wahr ist, wenn zwei singuläre Sätze, die von derselben Person handeln, wahr sind, z. B. ‚Frau Nida-Rümelin ist eine Philosophin', und ‚Frau Nida-Rümelin sitzt gern unter Palmen'.

Was ist die Bedeutung der Quantorenzeichen? Quantorenzeichen haben keine Bedeutung, wenn mit ‚Bedeutung' der Bezug gemeint ist. Mit Quantorenzeichen nehmen wir nicht auf etwas oder jemanden Bezug, sondern wir operieren auf der Grundlage schon vorliegender Sätze. Mit den Quantoren quantifizieren wir über den Wertebereich der Satzfunktionen (F, G, …), d. h. wir legen fest, für welche Menge, die durch die Gegenstandsvariable ‚x' vertreten wird, der Satz wahr ist: für die Gesamtheit der F's, einige F's, mindestens ein F, möglicherweise auch kein F. Die Form der quantifizierten Sätze lässt unschwer erkennen, dass als Basis der Quantifikation nur Sätze der Form singulärer Sätze in Frage kommen. Über die Semantik singulärer Sätze haben wir uns bereits Klarheit verschafft.

Literaur:

Tugendhat/Wolf 1983.
Kambartel/Stekeler-Weithofer 2005.

4.5 Semantik des „ist"-Sagens

Seit Parmenides haben Philosophen immer wieder die Auffassung vertreten, dass die Frage nach dem Sein des Seienden eine der Hauptfragen der Philosophie sei. Platon spricht von der „Riesenschlacht … um das Seiende" seit den Anfängen der Philosophie (*Sophistes* 246a: γιγαντομαχία … περὶ τῆς οὐσίας). Aristoteles definiert die „Erste Philosophie", d. h. das, was später ‚Metaphysik' heißen wird, als die „Wissenschaft, welche das Seiende als Seiendes … und die diesem an sich zukommenden Bestimmungen" untersucht (*Metaphysik* IV, 1, 1003a 21–22) und geht davon aus, dass das Seiende „am meisten vor allem anderen allgemein" ist (*Metaphysik* III, 4, 1001a 22). Er scheint damit sagen zu wollen, dass ‚ist' oder ‚seiend' das Prädikat mit der größtmöglichen Extension ist, sagen wir doch von allem und jedem, dass es ist, was immer sonst wir über es sagen. Nun war es schon Aristoteles und vor ihm Platon bewusst, dass ‚ist'/‚seiend' in mehrfacher Bedeutung ausgesagt wird, entsprechend der unterschiedlichen Bedeutungen des ‚ist' in Aussagesätzen, wie die folgenden Beispiele zeigen:

(1) Gott ist. [∃x (Fx)]
(2) Der Abendstern ist der Morgenstern. [a = b]
(3) Der Abendstern ist ein Planet. [Fa]

In (1) ist das ‚ist' grammatisch das Prädikat. Statt ‚ist' könnte man auch ‚existiert' sagen. Es ist in der gesamten Philosophiegeschichte kontrovers diskutiert worden, ob das ‚ist' im Sinn der *Existenz* semantisch gesehen ein Prädikat darstellt. Das ‚ist' in (2) ist das Zeichen der *Identität*. Dies lässt sich daran erkennen, dass links und rechts des ‚ist' nur singuläre Termini stehen. In (2) wird behauptet, dass die beiden Namen *dasselbe* ‚bedeuten' im Sinne von Freges Bedeutung. Das ‚ist' in (3) ist das Zeichen der *Kopula*, d. h. der Verknüpfung von Subjekt und Prädikat in der Aussage. Nach traditioneller Auffassung vollziehen wir mit jeder Aussage eine Synthesis, so wie jede Aussage eine Synthesis bedeutet. Die für die Metaphysik interessante Frage ist, ob eine der Bedeutungen des ‚ist' die grundlegende ist oder ob alle aufgeführten Verwendungsweisen gleichberechtigt nebeneinanderstehen. Aristoteles kennt noch eine weitere Bedeutung des ‚ist': das *veritative Sein*. Das Wort ‚ist' bedeutet in diesem Fall ‚... ist wahr'. Wir können z. B. den Satz

(4) Sokrates ist weise

umformulieren in:

(4a) Es ist wahr, dass Sokrates weise ist.

Mit (4a) wird nichts gesagt, was nicht schon in (4) behauptet worden ist. Die metaphysische Untersuchung braucht laut Aristoteles diese Bedeutung des ‚ist' nicht zu berücksichtigen (*Metaphysik* V, 14, 1027b 25). Für Aristoteles ist das ‚ist' im Sinn der Kopula und nicht das ‚ist' im Sinn der Existenz von grundlegender Bedeutung. Obwohl ‚ist' bzw. ‚seiend' in vielfacher Bedeutung ausgesagt wird, gibt es seiner Ansicht nach eine ausgezeichnete Bedeutung, auf die alle anderen Bedeutungen bezogen sind, nämlich dann, wenn ‚ist' oder ‚seiend' von einem „Ersten (einer *Ousia*)" ausgesagt wird (*Metaphysik* IV, 2, 1003a 32 – 1003b 18).

Wie kam es dazu, dass in der Philosophie späterer Epochen Existenzbehauptungen eine Schlüsselrolle spielten? In der Tradition wurde unterschieden zwischen dem Sein als Kopula (= *relatives Sein*: eine Bestimmung wird relativ auf etwas anderes gesetzt) und *Sein im absoluten Sinne* (= Dasein, Existenz). Bei einem Ding wurde unterschieden zwischen *essentia* (‚was es ist') und *existentia* (‚dass es ist'). Diese Unterscheidung reicht ins Mittelalter zurück. Aristoteles hatte noch keinen Existenzbegriff. Es gab keine Notwendigkeit, von dem Seienden die Existenz auszusagen, weil er die Wesenheiten bzw. Substanzen (*ousiai*) als ungeworden und unveränderlich ansah. Tatsächlich ergab sich die Notwendigkeit, von irgendetwas die Existenz zu prädizieren, erst mit der Einsicht in den geschaffenen Charakter des Seienden. Es ist Gott, der den Geschöpfen Sein, also ihre Existenz, verleiht. Thomas von Aquin spricht von einer ‚Realdistinktion' von Sein und Wesen in den Geschöpfen. Nur für Gott dürfen wir sagen, dass es seinem Wesen entspricht, zu sein. In Bezug auf Gott legt sich außerdem die Frage nahe: ‚Existiert er?' Wir haben zwar einen Begriff von Gott (eine Vorstellung von seiner *essentia*), aber keine unmittelbare Evidenz für seine Existenz. Die Fragen ‚Was ist Gott?' und ‚Existiert Gott?' müssen auf unterschiedlichem Weg beantwortet werden. Beide Fragestellungen legen eine Unterscheidung von Ebenen des Seins nahe: die des bloß möglichen und die des wirklichen Seins. Gott ist in meinem Denken etwas Mögliches. Aber existiert er? Die geschaffenen Dinge sind wirklich, aber sie verdanken ihr Sein dem Schöpfungshandeln Gottes. Gott ist derjenige, der mögliches in wirkliches Sein überführt. Es ist also keine triviale Feststellung, von einem Seienden das Sein im Sinn der Existenz auszusagen. Es gibt gute Gründe, das ‚ist' bzw. ‚existiert' als Prädikat aufzufassen. Aussagen wie ‚Einhörner existieren nicht' und ‚Gott existiert' drücken einen sinnvollen Gedanke aus. Die moderne logische Analyse, die das ‚existiert' als Existenzquantor deutet, greift daher zu kurz. Nicht erst bei den modernen Logikern, schon bei Kant finden wir die Auffassung, dass das „Sein [...] kein reales Prädikat" ist (*Kritik der reinen Vernunft* B 626). Diese Behauptung steht in Zusammenhang seiner Widerlegung des so genannten ontologischen Arguments für die Existenz Gottes, das als erster Anselm von Canterbury vorgelegt hatte. Kants Einwand besagt, dass die Existenz keine begriffliche Bestimmung neben anderen ist, die einem Ding, das wir als möglich voraussetzen, auch noch hinzu kommt. Die Existenz ist überhaupt kein Prädikat, sondern eine Setzung (Bejahung), die mit dem Urteil verknüpft ist.

Äußere ich wirklich Sinnloses, wenn ich behaupte ‚ich existiere', oder wenn ich frage ‚Hat Homer existiert?', ‚Existiert Gott?'? Wenn es sinnvoll ist p zu behaupten, dann muss es auch sinnvoll sein, die Negation von p zu behaupten. Was sollte ein Satz wie ‚es ist nicht der Fall, dass ich existiere' für einen Sinn haben, oder ‚es ist nicht der Fall, dass Herr N. N. existiert'? Sagen wir hier noch etwas über Herrn N. N. aus? Wenn wir das tun, setzen wir doch voraus, dass er existiert, also können wir ihm nicht im gleichen Atemzug die Existenz absprechen. Es scheint also so zu sein, dass nicht erst der logische Symbolismus Schwierigkeiten bereitet. Das natürliche Verständnis von Existenz ist undurchsichtig. Gibt es eine Möglichkeit, herauszufinden, dass die Behauptung ‚Einhörner existieren' wahr oder falsch ist? Wir werden mit Sicherheit nicht mögliche Einhörner daraufhin untersuchen, ob auf sie das Prädikat ‚ist' im Sinn von ‚existiert' zutrifft, sondern wir untersuchen Tiere in der realen Welt und stellen fest, dass unter ihnen, so weit bekannt ist, keine Einhörner vorkommen. Zugunsten der Auffassung, dass ‚existiert' kein Prädikat ist, spricht auch folgender Vergleich: Wir können sagen (1) ‚Schafe existieren' und (2) ‚Schafe blöken'. Um die Wahrheit von (2) festzustellen, müssen wir Schafe beobachten. Um die Wahrheit von (1) festzustellen, ist es sinnlos, Schafe zu beobachten. Wenn wir sie beobachten und über sie reden und ihnen Prädikate ab- oder zusprechen, haben wir ihre Existenz schon vorausgesetzt.

Am entschiedensten bekämpfte Bertrand Russell die Tendenz, das Wort ‚existiert' logisch als Prädikat aufzufassen (Russell 1968). Sowohl in generellen Existenzsätzen (z. B. ‚Einhörner existieren') als auch in individuellen Existenzsätzen mit Kennzeichnungen (‚der Verfasser der *Ilias* existiert') als auch in Existenzsätzen mit Eigennamen (‚Homer existiert') ist das ‚existiert' als Existenzoperator aufzufassen. Der Grund: man ist andernfalls genötigt, von nicht-existierenden Gegenständen zu sprechen, den wir die Existenz zu- oder absprechen. Statt ‚Einhörner existieren' sollten wir sagen:

'unter allen Gegenständen gibt es *einige*, die Einhörner sind';

statt ‚der Verfasser der *Ilias* existiert':

'unter allen Gegenständen gibt es *genau einen*, der die *Ilias* verfasst hat';

statt ‚Homer existiert':

‚unter allen Gegenständen gibt es *genau einen*, der die *Ilias* und die *Odyssee* verfasst hat und den wir ‚Homer' nennen'.

Russells Theorie löst nicht alle Schwierigkeiten (Tugendhat/Wolf 1983, 194). So setzt die Verwendung von Quantoren einen jeweils umfassenderen Gegenstandsbereich voraus, der in dem ‚x' impliziert ist. Wenn behauptet wird

‚für jedes x gilt: wenn x eine Ameise ist, ist x giftig',

kann man zurückfragen, auf welchen Bereich sich ‚jedes' erstreckt? Auf Tiere, konkrete raum-zeitliche Objekte, Universalien, abstrakte Individuen? Jede Existenzfrage ist immer nur relativ zu einem bestimmten ‚Wertebereich' der Gegenstandsvariablen im Satz verständlich. Wenn wir den ‚Bereich' nicht angeben, ist die Frage schwer oder gar nicht beantwortbar. Ist es sinnvoll, von dem ‚Bereich dessen, was es gibt' zu sprechen? Wir müssen immer in der Lage sein, die Frage beantworten zu können, ob der im Satz enthaltene generelle Terminus auf ‚alle' oder ‚einige' oder ‚keine' Gegenstände eines Bereich zutrifft. Wir können den Untersuchungs- oder Verifikationsbereich aber nicht beliebig ausdehnen, etwa auf den Bereich der seienden Dinge. Dann wüssten wir nämlich nicht mehr, wo wir suchen sollten. Es ist sinnvoll, immer nur bestimmte Gegenstandsbereiche als Untersuchungsbereich zuzulassen. Dieser Einsicht folgend hat Rudolf Carnap in seinem berühmten Aufsatz *Empiricism, Semantics and Ontology* zwischen „internen" und „externen" Existenzfragen unterschieden (Carnap 1970, 206). Mit *internen Existenzfragen* sind Fragen über die Existenz innerhalb eines Bereichs gemeint, z. B. ‚Gibt es Einhörner?' im Hinblick auf den Bereich der Lebewesen den Bereich raum-zeitlicher Gegenstände; ‚Gibt es eine Primzahl zwischen m und n?' hinsichtlich des Bereichs der natürlichen Zahlen. *Externe Existenzfragen* betreffen die Existenz eines ganzen Bereichs, z. B. ‚existieren physikalische Gegenstände?', ‚existieren Zahlen?', ‚existieren Begriffe?'. Interne Existenzfragen benötigen zu ihrer Beantwortung einen sprachlichen Rahmen: „Wenn jemand über eine neue Art von Gegenständen Aussagen machen möchte, muss er in seine Sprache ein neues System von Sprechweisen entsprechend neuer Regeln einführen; wir werden diese Maßnahme einfach Konstruktion eines sprachlichen *Rahmens* für die entsprechenden Gegenstände nennen" (Carnap 1970, 206). Carnap trägt der Tatsache Rechnung, dass wir Fragen nach der Existenz bestimmter Klassen von Objekten nicht außerhalb einer Theorie oder eines begrifflichen Rahmens stellen können. Dies gilt vor allem für Klassen von Objekten, die nicht direkt beobachtbar sind bzw. für Aussagen, die nicht direkt verifizierbar sind. Aussagen, die nicht direkt verifizierbar sind, können dennoch behauptbar und auch wahr sein, sofern sie in eine Theorie eingebettet sind, in der sie dazu beitragen, beobachtbare Phänomene zu erklären. Um ein Phänomen adäquat erklären zu können, kann es sinnvoll sein, neue Arten von Entitäten zu postulieren. Hinsichtlich der ontologischen Festlegungen unseres ‚Rahmens' haben wir einen gewissen Freiheitsspielraum. Erlaubt ist, was nützt. Wenn das Postulieren einer neuen Art von Entität dazu beiträgt, dass unsere Theorie einfacher wird, eine größere Anzahl von Phänomenen erklärt, bessere Vorhersagen macht, dann ist unsere ontologische Innovation gerechtfertigt.

Fragen wie ‚Haben Dinosaurier wirklich gelebt?', ‚Sind Einhörner und Centauren wirkliche Wesen oder Fabelwesen?' lassen sich innerhalb des Rahmens der heutigen Naturwissenschaften mehr oder weniger definitiv beantworten. Es handelt sich um empirische Fragen, für die es empirische Entscheidungsverfahren gibt. Von solchen internen Fragen müssen ‚externe Fragen' wie beispielsweise die Frage nach der

Realität der Ding- und Ereigniswelt im Fall der Physik oder nach der Realität der Zahlen, Klassen, Mengen für die Mathematik unterschieden werden. Die Bezeichnung ‚extern' macht darauf aufmerksam, dass uns zur Beantwortung dieser Fragen ein Rahmen fehlt. Solange wir uns innerhalb des Rahmens einer Theorie bewegen, schlucken wir die Existenzannahmen gemeinsam mit der Theorie einfach hinunter. Es gibt keine Sprache und keine Theorie, die ontologisch harmlos oder neutral wären. Auf der anderen Seite wissen wir in vielen Fällen nicht, wie ein Rahmen zweiter Stufe aussehen könnte, innerhalb dessen wir die ontologischen Verpflichtungen, die wir uns mit der Inanspruchnahme eines Rahmens einhandeln, diskutieren, geschweige denn einlösen könnten. Aus Carnaps Sicht bleibt uns nichts anderes übrig als bei Fragen, die die Ontologie unseres Rahmens betreffen, nach pragmatischen Gesichtspunkten vorzugehen. Anhänger einer ontologischen bzw. metaphysischen Theorie glauben dem gegenüber, dass es auch für externe Fragen einen Rahmen gibt.

Bei Aristoteles ist die Frage nach dem Seienden als Seienden nicht die Frage nach der Existenz des Seienden. Der Leitfaden für die Beantwortung der Grundfrage der Metaphysik ist für Aristoteles der Gebrauch des ‚ist' als Kopula, d. h. ausgerechnet derjenige Gebrauch des ‚ist', der in der seit Frege üblichen Analyse des Aussagesatzes als Funktion gar nicht mehr aufscheint. Für Aristoteles war freilich nicht jeder Gebrauch des ‚ist' (im Sinn der Kopula) grundlegend, sondern nur der Gebrauch der 1. Kategorie. *Kategorien* sind für Aristoteles die obersten Gattungen des ‚Ist'-Sagens. Das Prädizieren erfolgt für ihn innerhalb von zehn Kategorien: (1) *Substanz*, z. B. ‚Mensch', (2) *Qualität*, z. B. ‚weise', ‚schriftkundig', (3) *Quantität*, z. B. ‚1,90 m groß', (4) *Relation*, z. B. ‚Lehrer von …', (5) *Ort*, z. B. ‚in Athen', (6) *Zeit*, z. B. ‚399 v. Chr.', (7) *Lage*, z. B. ‚liegt da', ‚sitzt', (8) *Haben*: ‚hat Schuhe an', ‚hat Waffen angelegt', (9) *Tun*: ‚lehrt', ‚isst', (10) *Erleiden*: ‚wird belehrt', ‚wird verbrannt' (*Kategorien* 4, 1b 25–27). Die Kategorien (2) – (10) unterscheiden sich von der ersten Kategorie darin, dass das Sein in den übrigen Kategorien von einem ‚Zugrundeliegenden' (ὑποκείμενον) auf akzidentelle Weise, in der 1. Kategorie aber ‚wesenhaft' und ‚substantiell' ausgesagt wird. Wir sagen: ‚Dieser da ist ein *Mensch*', aber auch: ‚Dieser [Mensch] ist weise', ‚… groß', ‚… Vater von zehn Söhnen', ‚… lebte in Athen', ‚… lehrte Philosophie', usw.

Aristoteles stellt nun die Frage, ob die Kategorien unter einer höheren Gattung zusammengefasst werden, und gelangt zu keiner eindeutigen Antwort. Auf der einen Seite gibt es nichts Inhaltliches, was den Kategorien gemeinsam wäre. Auf der anderen Seite wird mit jedem Prädikat und der Kopula von einem Zugrundeliegenden immerhin etwas, nämlich ein so und so bestimmtes Sein ausgesagt. Jede Kategorie drückt eine Seinsbestimmung aus. Jedesmal sagen wir von einem Gegenstand aus, dass er dies oder jenes *ist*. Das ‚Sein' der Kopula ist offensichtlich von grundlegender Bedeutung. Im Mittelalter, so Tugendhat/Wolf, sei dieser Zusammenhang des ‚ist' oder ‚seiend' mit der Kopula und der Aussage nicht mehr gesehen worden (Tugenhat/Wolf 205). Man dachte sich jetzt das Seiende als einen Denkinhalt oder überallgemeinen Begriff. Als *ens* wurde dasjenige bezeichnet, was in allen begrifflichen Bestimmungen mitgesetzt und mitgedacht war. So schreibt Thomas in seiner *Theologischen Summe*: „Ilud quod primo cadit sub apprehensione est ens, cuius intellectus includitur in omnibus, quaecumque quis apprehendit" (*Summa theologiae* II[1] qu 94 a 2) und zu Beginn von *De Veritate*: „Ilud autem quod primo intellectus concipit quasi notissimum, et in quo omnes conceptiones resolvit, est ens" (*De Veritate* q.1, a.1. Übers.: „Dasjenige, was der Geist als das gleichsam Bekannteste begreift und das er in alle Begriffe auflöst, ist das Seiende.")

4.6 Illokutionäre Rollen (Sprechakttheorie)

Frege kennt neben Sinn und Bedeutung des Satzes die pragmatische Signifikanz seiner Äußerung, wenn er beispielsweise von der „behauptenden Kraft" des Satzes spricht (Frege 1966, 36). Die ‚Sinn'/‚Kraft'-Unterscheidung wurde von John Langshaw Austin und John Searle in ihren verschiedenen Entwürfen einer Sprechakttheorie wieder aufgegriffen und ausgebaut. In seinem Buch *How to do things with words* führt Austin die provisorische Unterscheidung von *performativen* und *konstativen* Äußerungen ein (Austin 1972, 24f.). Konstative Äußerungen sind Behauptungen, die einen Sachverhalt darstellen und wahr oder falsch sein können. Äußerungen in der 1. Person Singular des Indikativ Präsens Aktiv sind performative Äußerungen, wenn sie weder etwas beschreiben noch wahr oder falsch sind und wenn das Äußern des Satzes das Vollziehen einer Handlung ist, die man gewöhnlich nicht als ‚etwas sagen' bezeichnen würde, z. B.:

(1) Ja, ich nehme die hier anwesende Hildemunde Sonnenstern als meine Frau an,
(2) Ich taufe dieses Schiff auf den Namen ‚Maingold',
(3) Ich erkläre meinen Bruder Konrad zu meinem Universalerben.
(4) Ich wette, dass es morgen regnen wird.

Das Besondere der hier angedeuteten Handlungen ist, dass der Sprecher sie vollzieht, indem er eine rein sprachliche Handlung vollzieht, unter der Voraussetzung freilich, dass die sprachliche Handlung unter geeigneten Umständen vollzogen wurde und dass der Sprecher oder andere Personen weitere nicht-sprachliche Handlungen vollziehen. Heiraten kann in der Mehrzahl westlicher Länder nur der, der nicht bereits mit einer lebenden Person verheiratet ist. Eine Schiffstaufe wird kaum ein anderer als der Besitzer einer Reederei oder ein hoher politischer Repräsentant vollziehen können. Die Erbschaft wird nur dann rechtskräftig, wenn mein Bruder Konrad die Erbschaft nicht ausschlägt. Gleiches gilt für die Wette. Geglückte performative Äußerungen schaffen neue soziale Tatsachen bzw. verkörpern Tatsachen. Deshalb können wir sie nicht ‚wahr' oder ‚falsch' nennen. Wir können allenfalls von geglückten oder missglückten performativen Äußerungen sprechen (Austin 1972, 34f.)

Unter welchen Bedingungen glücken bzw. gelingen performative Handlungen? Austin unterscheidet drei Gruppen von Bedingungen (Austin 1972, 35): (1.) Es muss ein übliches konventionelles Verfahren (eine Institution) mit einem bestimmten konventionellen Ergebnis geben; die Regeln des Verfahrens legen außerdem den Personenkreis fest, der befugt ist, das Verfahren zu vollziehen bzw. in den Genuss des Verfahrens zu kommen. (2.) Die Beteiligten müssen das Verfahren korrekt und vollständig ausführen. (3.) Die Beteiligten müssen bestimmte Meinungen oder Gefühle hegen, die in Verbindung mit dem Verfahren stehen bzw. sie müssen das Verfahren in der entsprechenden Absicht oder Intention anwenden und sich aufrichtig verhalten.

Verstöße gegen die einzelnen Bedingungen können unterschiedliche Folgen haben. Wird das Verfahren nicht korrekt angewandt oder von Personen angewandt, die nicht befugt waren, kommt die entsprechende Handlung in der Regel nicht zustande. Sie gilt als null und nichtig. Das bedeutet nicht, dass man gar nichts getan hat. Ungültige Eheschließungsversuche können sogar unangenehme Folgen nach sich ziehen. Performative Handlungen sind auf der einen Seite rein sprachliche Handlungen. Sie werden allein mit Hilfe eines lokutionären Aktes vollzogen. Auf der anderen Seite sind sie ein Musterbeispiel sozialer Handlungen. Mit ihnen werden soziale Tatsachen geschaffen. Ihre Wirksamkeit entfalten sie nur, wenn es eine entsprechende Institution gibt, die von den Akteuren anerkannt wird. Austin hat mit seinen performativen Äußerungen also in erster Linie konventionelle oder rechtliche Tatbestände vor Augen.

Die provisorisch eingeführte Unterscheidung *performativ/konstativ* erfüllt eigentlich bloß einen didaktischen Zweck. Sie sollte uns darauf aufmerksam machen, dass wir die Sprache nicht nur dazu verwenden, um Sachverhalte zu beschreiben oder wahre Gedanken mitzuteilen. In einem zweiten Schritt wird die Unterscheidung von Austin wieder relativiert bzw. durch ein anderes Begriffspaar ersetzt: *„lokutionär"/ „illokutionär"* (Austin 1972, 110). Nicht nur performative, auch konstative Äußerungen können misslingen oder fehlgehen. Sie sind nicht nur im Hinblick auf ‚wahr' und ‚falsch' kritisierbar, sondern auch im Hinblick auf ihre Rolle im Handlungszusammenhang von Sprecher und Hörer. Umgekehrt sind einige Klassen performativer Äußerungen, z. B. Behauptungen, auf ‚wahr' und ‚falsch' hin kritisierbar, d. h. es ist für ihren gültigen Vollzug nicht gleichgültig, ob etwas der Fall ist oder nicht. Austin führt an dieser Stelle den Begriff des *Sprechaktes* ein, unter den sowohl *konstative* als *performative* Äußerungen fallen (Austin 1972, 116f.). Wer überhaupt spricht, vollzieht damit eo ipso einen Sprachakt. Ein Sprechakt ist ein komplexes Handlungsgefüge, das aus drei Teilhandlungen besteht:

(1.) dem *„lokutionären Akt"*, d. h. dem Äußeren eines Satzes (wir setzen voraus, dass der Sprecher Phonetik, Syntax und Semantik beachtet und sinnvolle Lautgebilde hervorbringt). Man kann aber keinen Satz äußern, ohne irgendetwas zu tun. Wer einen lokutionären Akt vollziehe, vollziehe ich eo ipso

(2.) einen *„illokutionären Akt"*, d. h. der Sprecher kann den Satz nicht äußern, ohne etwas Bestimmtes zu tun, d. h. ohne seiner Äußerung eine bestimmte „illokutionäre Rolle" zu geben. Der Hörer wird ihn nur verstehen können, wenn ihm die illokutionäre Rolle der Äußerung einsichtig geworden ist. Er muss die Äußerung des Sprechers nicht nur im Hinblick auf *Sinn* und *Bedeutung* verstehen können; er muss auch wissen, *wie er sie zu nehmen, als was er sie aufzufassen hat*: als Mitteilung, Aufforderung, Wunschäußerung, Warnung, Versprechung etc. Wer einen lokutionären und dadurch einen illokutionären Akt vollzieht, kann unter bestimmten Umständen zusätzlich noch

(3.) einen *„perlokutionären Akt"* vollziehen. Sprachliche Äußerungen nehmen generell auf die Gefühle, Gedanken und Handlungspläne des Hörers Einfluss. Dies geschieht sehr oft unwissentlich, ungewollt und unkontrolliert. Wenn ein Sprecher jedoch einen illokutionären Akt vorsätzlich und planvoll einsetzt, um beim Hörer bestimmte Wirkungen zu erzielen, vollzieht er einen perlokutionären Akt. Die Illokution dient dann der Erreichung eines zusätzlichen, perlokutionären Ziels, das über das illokutionäre Ziel der Äußerung hinausgeht (Austin 1972, 116). Man kann beispielsweise jemanden durch Argumentieren *überreden*, mit Informationen *unterhalten*, durch Warnen *erschrecken*, mit einem Versprechen *in Verlegenheit bringen*, mit der Äußerung eines Wunsches *provozieren*.

John Searle hat Austins Unterscheidungen („lokutionär", „illokutionär", „perlokutionär") wieder aufgegriffen und geringfügig modifiziert. So geht Searle davon aus, dass ein Sprecher bei der Äußerung von Sätzen mindestens drei Teilhandlungen vollzieht: (a) einen „Äußerungsakt", indem er Wörter (Morpheme und Sätze) äußert, (b) einen „propositionalen Akt", bestehend aus Referenz (Bezugnahme) und Prädikation, und (c) einen „illokutionären Akt", z. B. Behaupten, Befehlen, Versprechen, Fragen (Searle 1983, 40). Searle glaubt, dass die wörtliche Bedeutung vieler Sätze die Bandbreite möglicher illokutionärer Verwendungen von Ausdrucksmitteln in signifikantem Maß einschränkt, damit jedoch auch die Zuweisung bestimmter illokutionäre Rollen erleichtert. Für Searle ist die illokutionäre Rolle Teil der Satzbedeutung, was sich darin zeigt, dass sich jeder Sprechakt in eine explizit performative Äußerung umformen und auf rein semantischer Ebene analysieren lässt. Von ihrem Wesen her gehören Sprechakte zwar in den Bereich der linguistischen *Pragmatik*, d. h. der systematischen Untersuchung der Handlungsaspekte der Sprache. Dank des universellen Prinzips der Ausdrückbarkeit, wonach „man alles, was man meinen, auch sagen kann" (Searle 1983, 34), lässt sich jede implizite Verwendung eines Ausdrucks in eine explizite sprachliche Form überführen, d. h. auf rein *semantischer* Ebene untersuchen. So wie sich zwischen dem illokutionären Akt einer Äußerung und dem propositionalen Gehalt des illokutionären Akts unterscheiden lässt, lassen sich in der *syntaktischen* Struktur des Satzes zwei Elemente unterscheiden: ein „Indikator der illokutionären Rolle" und ein „propositionale[r] Indikator" (Searle 1983, 49). Es ist nicht zu erwarten, dass umgangssprachliche Sätze diese Struktur widerspiegeln. Vielfach wird sich nur aus dem Kontext der Äußerung und den impliziten Erwartungen von Sprechern und Hörern erschließen lassen, welchen illokutionären Akt der Sprecher vollzieht, indem er diesen Satz äußert. Searle unterscheidet daher zwischen einer Oberflächen- und einer Tiefenstruktur von Sätzen. In der Tiefenstruktur sind die Elemente, die als Indikator der illokutionären Rolle und als Indikator des propositionalen Inhalts, deutlich unterschieden. Die allgemeine Form sehr vieler Arten illokutionärer Akte ist daher

F (p),

wobei für den Buchstaben ‚F' sprachliche Mittel einzusetzen sind, die als Indikator der illokutionären Rolle dienen, und für ‚p' Ausdrücke für Propositionen (Searle 1983, 51). Auf diese Weise lassen sich beliebige Sprechakte in explizit performative Äußerung umformen (*performatives Verb* plus *Nebensatz mit ‚dass …'*, der die Proposition ausdrückt bzw. *Infinitivkonstruktion* mit direktem Objekt), z. B. ‚Öffne die Tür' → ‚Ich befehle dir hiermit, die Tür zu öffnen', ‚Plutonium ist eine radioaktives Schwermetall', → ‚Ich behaupte hiermit, dass Plutonium ein radioaktives Schwermetall ist', ‚Hilfe!' → ‚Ich bitte dich hiermit, mir zu helfen'.

Ein brauchbarer Gesichtspunkt bei der Klassifizierung von Sprechakten stellt die unterschiedliche Anpassungsrichtung von Welt und propositionalem Inhalt dar. Einige Arten illokutionärer Akte, z. B.

Versprechen, Bitten, Befehle, haben eine ‚Welt-auf-Wort-Ausrichtung'. Die Proposition beschreibt einen Weltzustand, der Realität werden kann, sofern dem Versprechen, der Bitte, dem Befehl etc. Taten folgen. Berichte, Beschreibungen, Behauptungen etc. weisen eine ‚Wort-auf-Welt-Ausrichtung' auf, d. h. sie geben an, was Tatsache ist. Auf diese Weise gelangt man zu einigen grundlegenden Kategorien illokutionärer Akte (Searle 1982, 17ff.) : Behauptungen beispielsweise gehören zur Klasse der *assertiven* Sprechakte; Wünsche, Befehle, Aufforderungen zu den *direktive* Sprechakten; Versprechen bilden das wichtigste Beispiel für die *kommissive* Sprechakte. Mit *expressiven* Sprechakten bringt der Sprecher eine Einstellung (Freude, Dankbarkeit, Bedauern, Trauer, Furcht etc.) zum Ausdruck. Zusätzliche Klassen sind denkbar. Austin hatte den Schwerpunkt seiner Analysen auf die Beschreibung solcher Sprechakte gelegt, die nur vor dem Hintergrund kontingenter gesellschaftlicher Institutionen funktionieren können. Searle vollzieht den Schritt in den Universalismus. Er glaubt, dass zumindest einige Sprechaktklassen bzw. die in ihnen implementierten konstitutiven Regeln universale Bedeutung haben. Wer eine Behauptung aufstellt, eine Frage formuliert, ein Versprechen gibt, einen Befehl erteilt etc., der stützt sich nicht auf willkürliche gesellschaftliche Konventionen, er aktualisiert vielmehr ein Potenzial sprachlicher Ausdrucksmöglichkeiten, das auf der Ebene von Sprache überhaupt liegt. Dass man im Französischen ein Versprechen geben kann, indem man ‚je te promets ...' sagt, im Englischen durch ‚I promise ...', ist rein konventionell. Dass aber die Äußerung eines zum Vollzug des illokutionären Aktes des Versprechens geeigneten Mittels als Übernahme einer Verpflichtung gilt, hängt von universalen Regeln ab und nicht mehr von Konventionen des Französischen, Englischen etc. (Searle 1983, 64). Gleiches gilt für die Praxis des Behauptens, wie wir am Ende von Kap. 2 gesehen haben.

Jürgen Habermas hat in seiner *Theorie des kommunikativen Handelns* eine von Searle abweichende Klassifikation von Sprechakten vorgeschlagen (Habermas 1981, 414f.). Das für ihn maßgebliche Klassifikationskriterium sind die spezifischen Geltungsansprüche, die jeder Sprecher mit einem Sprechakt verbindet. Habermas unterscheidet zwischen dem Geltungsanspruch der (propositionalen) Wahrheit, der (normativen) Richtigkeit und der (expressiven) Aufrichtigkeit.

Aus der Trias der Geltungsansprüche ergeben sich drei Hauptklassen von Sprechhandlungen: *konstative* Sprechhandlungen, mit denen der Sprecher den Geltungsanspruch der Wahrheit erhebt; *regulative* Sprechhandlungen (Befehle, Versprechen), mit denen der Sprecher den Geltungsanspruch der Richtigkeit erhebt; *expressive* Sprechhandlungen, mit den der Sprecher Wahrhaftigkeit beansprucht. Die Geltungsansprüche der Wahrheit und Richtigkeit sind intern mit Gründen verknüpft, d. h. wer etwas behauptet oder befiehlt (oder von anderen verlangt), legt sich darauf fest, Gründe für seine Behauptung oder seinen Befehl zu geben. Er kann damit andere motivieren, sein Sprechaktangebot anzunehmen oder Gegengründe für die Ablehnung bereitzustellen.

5 Bezugnahme und Indexikalität

5.1 Eigenname und Bezug

Freges Unterscheidung von ‚Sinn' und ‚Bedeutung' der Namen blieb bis zum Erscheinen von Saul A. Kripkes *Naming and Necessity* im Jahr 1972 (deutsch: Kripke 1981) die unangefochtene Grundlage aller Theorien der Semantik bezugnehmender Ausdrücke. Kripke versucht in diesem Buch die provozierende These zu untermauen, dass Eigennamen keinen ‚Sinn', nur ‚Bedeutung' haben. Er greift dabei auf eine Unterscheidung des britischen Philosophen John Stuart Mill zurück, der in seinem Buch *A System of Logic* von 1843 die These aufstellt, dass Eigennamen ‚Denotation', aber keine ‚Konnotation' haben, während so genannte allgemeine Namen, d. h. Termini für natürliche Arten wie Tiger, Wasser, Gold beides, ‚Denotation' und ‚Konnotation' haben. Mills ‚Denotation' entspricht Freges ‚Bedeutung', während die ‚Konnotation' die Kennzeichnungen bilden, die durchschnittlich gebildete Sprecher einer Sprache mit dem betreffenden Terminus assoziieren. Kenner der jüdischen und christlichen Bibel assoziieren z. B. mit ‚Moses': ‚der Mann, zu dem Gott am brennenden Dornbusch sprach', ‚Bruder des Aron', ‚Mann, der Israel aus Ägypten herausführte', ‚Empfänger der Gesetzestafeln' etc. Wissenschaftlich Gebildete unserer Tage assoziieren mit ‚Wasser': ‚Flüssigkeit, die größtenteils aus H_2O besteht', ‚einzige chemische Verbindung auf der Erde, die in der Natur als Flüssigkeit, als Festkörper und als Gas vorkommt', ‚Urstoff allen Seins laut Thales von Milet', ‚ist zu 70% im menschlichen Körper enthalten'. Während nach Mills Auffassung die *Konnotation* eines generellen Terminus Teil der Bedeutung des Terminus ist (Freges *Sinn*), ist die Konnotation der Eigennamen keineswegs Teil ihrer Bedeutung. Wenn sich z. B. herausstellen sollte, dass so gut wie nichts von dem wahr ist, was die Bibel über Moses erzählt, bliebe es immer noch wahr, dass der Name die gleichnamige Person benennt, sofern sie existiert hat. Anders verhält es sich mit der Bezugsfestlegung genereller Termini. Hier ist die Konnotation dafür verantwortlich, dass ein Terminus eine Extension besitzt. Sämtliche Objekte, von denen die

Beschreibungen, die mit dem Terminus konnotiert werden, wahr sind, und nur diese, bilden die Extension des Terminus. In diesem Sinn ist die Konnotation Teil der Bedeutung genereller Termini.

Kripke radikalisiert Mills These, indem er behauptet, dass nicht nur sämtliche Eigennamen, sondern darüber hinaus einige Klassen genereller Termini keine Konnotation, nur Denotation besitzen. Das heißt in der Sprache Freges: beide haben nur ‚Bedeutung', keinen ‚Sinn'. Kripke gelingt es, Mills These zu radikalisieren, indem er eine bestimmte Lesart von Freges Theorie des ‚Sinns' voraussetzt. Er glaubt, Frege so verstehen zu sollen, dass dieser den Sinn des Namens mit einer Menge von Kennzeichnungen gleichsetzt, die gemeinsam dazu hinreichen, einen Namensträger zu identifizieren. Ein y ist der Bezug von ‚X' genau dann, wenn auf y solche und keine anderen Beschreibungen zutreffen, die in ihrer Gesamtheit den Sinn von ‚X' bilden. Der Sinn von ‚X' ist nichts anderes als eine implizite oder abgekürzte Beschreibung von y. Bertrand Russell scheint dieser Auffassung ziemlich nahe zu kommen, wenn er fordert, dass eine Person, von der wir sagen, sie kenne den Sinn von ‚X', in der Lage sein sollte, y mit Hilfe einer oder mehrerer Kennzeichnungen (‚definite descriptions') zu identifizieren. In dieser Forderung drückt sich eine bestimmte Auffassung des Sinns von Eigennamen aus, die Kripke mit dem Etikett „Frege-Russell-Auffassung" versieht (Kripke 1981, 37). Mit gleichem Recht könnte man von der ‚Beschreibungstheorie' des Sinns der Eigennamen sprechen. Gemäß der ‚Beschreibungstheorie' drückt sich der Sinn eines Namens in einer feststehenden Menge von Beschreibungen aus, die kompetente Sprecher mit dem Namen verbinden. Die Beschreibungstheorie erfuhr in den zurückliegenden Jahrzehnten in Folge der Rezeption von Wittgensteins *Philosophischen Untersuchungen* eine Modifikation. Damit wurde dem Faktum Rechnung getragen, dass es nur wenige Dinge zu geben scheint gibt, die sich mittels einer feststehenden Menge von Beschreibungen zweifelsfrei identifizieren lassen. Auch lässt sich trefflich darüber streiten, welche der auf den Namensträger zutreffenden Beschreibungen wesentlich oder unwesentlich sind. Fragen wir uns, welche biographischen Details aus dem Leben Aristoteles für den Sinn von ‚Aristoteles' konstitutiv sind: ist es die Kennzeichnung ‚der Stagirite', ‚der berühmteste Schüler Platons', ‚der Lehrer des Alexander', ‚der Autor der *Nikomachischen Ethik*'?

Wäre der Sinn von ‚Aristoteles' ein anderer, wenn sich herausstellte, dass Aristoteles niemals Alexander unterrichtete oder die *Nikomachische Ethik* einen anderen Verfasser hatte? Würden wir mit ‚Aristoteles' auf eine andere Person Bezug nehmen?

Wittgenstein diskutiert folgenden Fall: „Nach Russell können wir sagen: der Name ‚Moses' kann durch verschiedene Beschreibungen definiert werden. Z. B. als ‚der Mann, welcher die Israeliten durch die Wüste geführt hat', ‚der Mann, welcher zu dieser Zeit und an diesem Ort gelebt hat und damals ‚Moses' genannt wurde', ‚der Mann, welcher als Kind von der Tochter Pharaos aus dem Nil gezogen wurde' etc. Und je nachdem wir die eine oder die andere Definition annehmen, bekommt der Satz ‚Moses hat existiert' einen anderen Sinn, und ebenso jeder andere Satz, der von Moses handelt [...] Aber wenn ich nun eine Aussage über Moses mache, – bin ich immer bereit, irgend *eine* dieser Beschreibungen für ‚Moses' zu setzen? Ich werde etwa sagen: Unter ‚Moses' verstehe ich den Mann, der getan hat, was die Bibel von Moses berichtet, oder doch vieles davon. Aber wievieles? Habe ich mich entschieden, wieviel sich als falsch erweisen muss, damit ich meinen Satz als falsch aufgebe? Hat also der Name ‚Moses' für mich einen festen und eindeutig bestimmten Gebrauch in allen möglichen Fällen? – Ist es nicht so, dass ich sozusagen eine ganze Reihe von Stützen in Bereitschaft habe und bereit bin, mich auf eine zu stützen, wenn mir die andere entzogen werden sollte, und umgekehrt?" (Wittgenstein 1984, 284, § 79)

Wenn wir nach dem Bezug des Namens fragen, greifen wir in der Regel auf eine Familie bzw. ein Bündel von Beschreibungen zurück. Man könnte von der „Bündeltheorie" der Namen sprechen (Kripke 1981, 76). Die Bündeltheorie scheint gegenüber der Beschreibungstheorie die überlegenere Theorie zu sein (vgl. Searle 1958). Ist die Bündeltheorie eine Theorie des *Sinns* der Eigennamen? Kripke vertritt die Auffassung, dass die Bündeltheorie unmöglich eine Theorie des *Sinns* der Eigennamen (B) sein kann, sondern allenfalls eine Theorie über die *Festlegung ihres Bezugs* (A). Diese Unterscheidung wurde von allen Autoren bisher übersehen. Es ist Kripkes Verdienst, den Unterschied herausgearbeitet zu haben. Wer die Bündeltheorie (A) als *Theorie der Bezugsfestlegung* versteht, legt sich auf folgendes fest (Kripke 1981, 77):

I. Jedem Namen oder Bezeichnungsausdruck ‚X' korrespondiert ein Bündel von Eigenschaften, nämlich die Familie von Eigenschaften φ, für die gilt, dass einige Sprecher meinen: X hat φ.

II. Einige Sprecher meinen, dass eine der Eigenschaften oder einige Eigenschaften zusammen hinreichend sind, einen einzigen Gegenstand als X herauszugreifen.

III. Wenn die Mehrzahl der φ-e oder die Menge der als besonders relevant angesehenen φ-e auf ein einziges Objekt y zutreffen, dann ist y der Referent von ‚X'.

IV. Wenn φ-e auf mehrere Objekte oder auf kein Objekt zutreffen, dann hat ‚X' keinen Bezug (dann referiert ‚X' nicht).

Wer die Bündeltheorie (B) als *Theorie des Sinns* von Eigennamen versteht, legt sich zusätzlich auf Folgendes fest (Kripke 1981, 78):

V. Die Aussage ‚wenn X existiert, dann besitzt X die Mehrzahl der φ-e' wird von einigen Sprechern *a priori* gewusst.

VI. Die Aussage ‚wenn X existiert, dann besitzt X die Mehrzahl der φ-e' drückt eine *notwendige* Wahrheit aus.

VII. Die Aussage ‚wenn X existiert, dann besitzt X die Mehrzahl der φ-e' ist *analytisch* wahr (d. h. *wahr aufgrund der Bedeutung* von ‚X').

Die Unterscheidungen *a priori/a posteriori* und *analytisch/synthetisch* gehen auf Immanuel Kant zurück. Ein Urteil p ist *a priori* wahr, wenn die Wahrheit von p unabhängig von Erfahrung allein mit der Vernunft erkannt werden kann. Ein Urteil q ist *a posteriori* wahr, wenn die Wahrheit von q nur aufgrund der Erfahrung erkannt werden kann. Ein Urteil p ist *analytisch*, wenn der Prädikatsbegriff im Subjektbegriff „(in versteckter Weise)" enthalten" ist. Ein Urteil q ist synthetisch, wenn der Prädikatsbegriff „ganz außerhalb" des Subjektbegriffs liegt (*Kritik der reinen Vernunft* B 10f.). Analytische Urteile heißen bei Kant auch „Erläuterungsurteile", die anderen „Erweiterungsurteile" (ebd.). So ist z. B. das Urteil ‚Alle Körper sind ausgedehnt' für Kant analytisch, während das Urteil ‚Alle Körper haben Masse' synthetisch ist. Analytische Urteile sind immer *a priori* wahr, synthetische Urteile in vielen Fällen *a posteriori* wahr. Kant kennt aber auch eine Klasse synthetischer Urteile *a priori*, z. B. die Urteile einer wissenschaftlichen Metaphysik. Für ihn wie für die gesamte Tradition ist es unvorstellbar, dass ein *a posteriori* wahrer Satz eine notwendige Wahrheit ausdrücken kann.

Vermutlich hätte Frege der von Kripke vorgenommenen Unterscheidung zwischen einer ‚Theorie der Bezugsfestlegung' (A) und einer ‚Theorie des Sinns' (B) keine Pointe abgewinnen können, inkorporiert doch für Frege der Sinn des Namens eine „Art des Gegebenseins" seiner Bedeutung (Frege 1994a, 41), d. h. es gehört zur Natur des Sinns, einen Bezug festzulegen. Für Frege sind (I) – (VII) nur als Paket zu akzeptieren, natürlich immer unter der Voraussetzung, dass der Sinn des Namens eine implizite oder abgekürzte Beschreibung seines Bezugs ist und dass Kripke mit seiner Interpretation Recht hat, dass auch Frege die „Frege-Russell-Auffassung" vertrat (Kripke 1981, 37).

Warum ist die Bündeltheorie vermutlich dennoch keine Theorie des *Sinns* von Eigennamen? Die Gründe sind vielfältig: die Liste der φ-e ist unabschließbar; die Grenze zwischen wesentlichen (zentralen) und unwesentlichen (peripheren) Merkmalen ist nicht immer leicht zu ziehen; die Gesamtheit der φ-e kann schwerlich von jedem Sprecher *a priori* gewusst werden; unsere Bereitschaft, die eine oder andere Eigenschaft aus der Familie der φ-e als definierendes Merkmal von X preiszugeben, widerspricht (VI) und (VII). Es kommt noch schlimmer: die Merkmalsbündeltheorie hält nicht einmal als Theorie der *Bezugsfestlegung* das, was sie verspricht. Sie ist schlicht falsch. Nehmen wir ein Beispiel, das von Kripke stammt: Einige Sprecher des Deutschen wissen, dass Professor Kurt Gödel der Entdecker der Unvollständigkeit formaler Systeme war. Wer die Bündeltheorie der Eigennamen als Theorie ihres *Sinns* auffasst, müsste sagen: ‚Kurt Gödel' und ‚der Entdecker der Unvollständigkeit formaler Systeme' ist für diese Gruppe von Sprechern *synonym*. Die Behauptung

> ‚Kurt Gödel ist der Entdecker der Unvollständigkeit formaler Systeme'

ist demzufolge *analytisch*, *notwendig wahr* und *a priori* wissbar. Man könnte sagen: dieser Satz bringt den Sinn des Namens ‚Gödel' zum Ausdruck. Laut Frege ist der *Sinn* des Zeichens eine Gegebenheitsweise *seines Bezugs*. Wenn das stimmt, muss sich die Bündeltheorie der Namen auch als Theorie der *Festlegung ihres Bezugs* bewähren. Wir fragen also, ob es notwendig ist, dass der Entdecker der Unvollständigkeit formaler Systeme der Referent von ‚Gödel' ist. Angenommen, es war nicht Gödel, sondern Schmidt, der den Beweis der Unvollständigkeit formaler Systeme erbrachte. Schmidt kam vor Jahrzehnten in Wien unter mysteriösen Umständen ums Leben. Es gelang Gödel, sich in den Besitz von Schmidts Papieren zu bringen und diese unter seinem, Gödels Namen zu veröffentlichen. Seitdem wird das Unvollständigkeitstheorem Gödel zugeschrieben. Wenn die Bündeltheorie der Namen wahr wäre, würde so gut wie jeder auf Schmidt Bezug nehmen, wenn er den Namen ‚Gödel' verwendet, denn Schmidt, nicht Gödel, ist die Person, auf die die Beschreibung ‚der Mann, der die Unvollständigkeit der Arithmetik entdeckte' zutrifft. Sogar dann, wenn die fiktive Geschichte von Gödels Diebstahl wahr wäre, würden wir mit ‚Gödel' auf Gödel, nicht auf Schmidt Bezug nehmen. Wir können uns in den Eigenschaften, die wir dem Namensträger zuschreiben, völlig täuschen. Es sind nicht die mit dem Namensträger assoziierten Eigenschaften, die über den Bezug der Namen entscheiden. Es gibt Menschen, die glauben, dass Einsteins hervorstechendste Leistung die Erfindung der Atombombe gewesen sei. Man sollte meinen, dass diese Leute auf den Erfinder der Atombombe Bezug nehmen, wenn sie ‚Einstein' sagen, also z. B. auf Leó Szilárd, Edward Teller, Eugene Wigner oder Robert Oppenheimer. Das ist aber nicht der Fall. Sie nehmen auf Einstein Bezug, der nicht der alleinige Erfinder der Atombombe war. Manche Leute glauben, dass Christoph Kolumbus der erste war, der von der Kugelgestalt der Erde ausging. Trotzdem ist es nicht wahr, dass sie auf einen vorsokratischen Philosophen, vielleicht Anaximander, Bezug nehmen, wenn sie den Namen ‚Kolumbus' gebrauchen. Es ist schlicht nicht wahr, dass y der Referent von ‚X' ist, wenn y das Objekt ist, das ein φ oder die meisten φ-e besitzt, die eine Sprecherin mit ‚X' assoziiert und von denen sie glaubt, das y sie besitzt. ‚Jona' bezieht sich sehr wahrscheinlich auf einen Propheten der vorexilischen Zeit, der weder von einem großen Fisch verschlungen wurde noch im historischen Ninive eine Predigt hielt. Nichts von dem, was das Jonabuch über Jona erzählt, muss wahr sein, damit der Name ‚Jona' einen Bezug hat.

Der Bündeltheorie droht noch von anderer Seite her Gefahr. Wenn die Theorie Recht hat, können wir auf Gödel Bezug nehmen, weil wir die Person, die wir ‚Gödel' nennen, als diejenige Person identifiziert haben, die die Unvollständigkeit formaler Systeme nachgewiesen hat. Die Aussage ‚Gödel ist der, der die Unvollständigkeit formaler Systeme nachgewiesen hat' kann aber nur wahr sein, wenn der Name ‚Gödel' bereits einen Bezug hat. Die Bündeltheorie kann bei Strafe des Zirkels keine Theorie der *Festlegung des Bezugs* von Eigennamen sein. Natürlich gibt es Fälle, in denen wir einen Namen einführen, ohne den Bezug zu kennen. Die Verwendung von ‚Jack the Ripper' ist so ein Fall. Angesichts einer Serie spektakulärer Mordfälle, die London 1889 erschütterte, erhärtete sich der Verdacht, dass es sich um ein- und denselben Täter handelte. Der mutmaßliche Täter erhielt von den ermittelnden Kriminalbeamten den Namen ‚Jack the Ripper'. Jack the Ripper war die Person, die alle oder wenigstens die Mehrzahl der entsetzlichen Morde verübt haben könnte. Ein verwandter Fall ist der Fall des Planeten Neptun. Um gewisse Abweichungen der Umlaufbahnen der Planeten zu erklären, postulierten Astronomen, unter ihnen Urbain Leverrier, Ende des 19. Jahrhunderts die Existenz eines weiteren Planeten und nannten ihn ‚Neptun', noch bevor dieser gesichtet wurde. Mit ‚Neptun' nahmen diese Physiker Bezug auf den Planeten, der messbare Abweichungen in der Umlaufbahn bestimmter anderer Planeten verursachte. Die Fälle der Bezugsfestlegung mittels von Beschreibungen sind aber Ausnahmen, nicht der Regelfall. Kripke ist dafür berühmt geworden, dass er in der Theorie der Referenz singulärer Termini völlig neue Wege gegangen ist. Um Kripkes Innovation besser verstehen zu können, empfiehlt es sich, den Zusammenhang von Notwendigkeit, Apriorizität und Analytizität noch ein wenig genauer unter die Lupe zu nehmen.

5.2 Starre Bezugnahme und Quer-Weltein-Identität

Die Mehrheit der Philosophen ging bis zum Erscheinen von Kripkes *Name und Notwendigkeit* davon aus, dass eine Wahrheit, die *a priori* einsehbar ist, auch eine *Notwendigkeit* zum Ausdruck bringt. Wenn alle *a priori* wahren Sätze notwendig wahr sind, sind auch die analytischen Sätze notwendig wahr, weil die analytischen Sätze eine Teilklasse der *a priori* wahren Sätze bilden. Sätze, die sich *a posteriori* als wahr herausgestellt haben, können nach traditioneller Auffassung niemals eine Notwendigkeit zum Ausdruck bringen. Sie sind immer nur kontingenterweise wahr. Das Band zwischen Apriorizität und Notwendigkeit ist aber weniger eng als viele dachten. Kripke macht darauf aufmerksam, dass es auf der einen Seite analytische Wahrheiten gibt, die *nicht* a priori wahr sind, wie z. B. der Satz

,die Länge des Pariser Urmeters ist 1 m'.

Dieser Satz drückt keine Notwendigkeit aus, weil seine Wahrheit auf einer Konvention beruht. Ein Stab beliebiger Länge hätte die Rolle des Urmeters spielen können. Auf der anderen Seite drücken Sätze, die sich *a posteriori* als wahr herausgestellt haben, z. B.

,Wasser ist H_2O',
,Gold ist das Element mit der Ordnungsnummer 79',
,ich bin Heinrich Watzka',

eine metaphysische Notwendigkeit aus. Was ist mit ,Notwendigkeit' gemeint? In der modernen Modallogik hat es sich eingebürgert, Notwendigkeit in der Begrifflichkeit möglicher Welten zu definieren. Ein Satz p ist notwendig wahr genau dann, wenn p in allen möglichen Welten wahr ist. In keiner möglichen Welt ist p falsch. So ist Kripke davon überzeugt, dass Wasser in allen möglichen Welten der Stoff mit der chemischen Zusammensetzung H_2O ist. Es ist keine Welt möglich, in der Wasser existiert, jedoch eine andere chemische Zusammensetzung hat. Gleiches gilt für Gold. Wenn Kripke Recht hat, bin ich, der Autor dieser Zeilen, in allen möglichen Welten Heinrich Watzka. Es ist keine Welt möglich, in der ich existiere und nicht Heinrich Watzka wäre. Damit ist nicht ausgeschlossen, dass ich mir eines Tages einen anderen Namen zulege oder dass andere Personen meinen bisherigen Namen tragen.

Wer legt fest, was eine mögliche Welt ist? Um kein Missverständnis aufkommen zu lassen: mögliche Welten werden nicht entdeckt, sie existieren nicht in irgendeinem Winkel des Universums. „Eine mögliche Welt ist *gegeben durch die deskriptiven Bedingungen, die wir mit ihr verbinden*" (Kripke 1981, 54). Wir gehen von der Existenz eines X aus und fragen uns, wieviel Abweichung von der aktuellen Welt möglich ist, ohne dass X seine Identität verliert. Wir möchten herausfinden, unter welchen Bedingungen ein X seine Identität bewahrt bzw. unter welchen Bedingungen ein Ding aufhört, X zu sein. Um diese Frage beantworten zu können, müssen wir eine klare Vorstellung davon haben, welche Eigenschaften für die Identität von X konstitutiv und in diesem Sinn notwendig sind und welche nicht. Nachdem wir das ermittelt haben, legen wir einfach fest, dass keine Welt möglich ist, in der X existiert, ohne seine notwendigen Eigenschaften zu exemplifizieren. Kripkes Modell möglicher Welten ist also mit starken metaphysischen Intuitionen verknüpft. Kripke ist wie Aristoteles und Thomas von Aquin Essentialist, d. h. er glaubt an eine Notwendigkeit *de re*. Philosophen mit nominalistischen Neigungen werden höchstens eine Notwendigkeit *de dicto* anerkennen. Der Unterschied lässt sich am besten an einem Beispiel verdeutlichen. Anhänger der Notwendigkeit *de re* werden daran festhalten wollen, dass die Zahl 9 in allen möglichen Welten ungerade ist. Anhänger einer Notwendigkeit *de dicto* werden zu bedenken geben, dass die Frage, ob die Zahl 9 in allen möglichen Welten ungerade oder gerade ist, so lange nicht beantwortet werden kann, solange wir uns nicht auf einen begrifflichen Rahmen bzw. eine Beschreibung festgelegt haben. Angenommen, wir entscheiden uns dafür, die Zahl 9 als die Nachfolgezahl von 8 zu beschreiben. Unter dieser Beschreibung ist die Zahl 9 in allen möglichen Welten ungerade. Die Notwendigkeit, die wir mit dieser Feststellung zum Ausdruck bringen, ist aber gerade nicht ‚de re', sondern ‚de dicto'. Warum ist das so? Die Anhänger einer Notwendigkeit *de dicto* machen darauf aufmerksam, dass die von uns gewählte Beschreibung der Zahl 9: ‚die Zahl 9 ist die Nachfolgezahl von 8', nicht die einzig mögliche Beschreibung dieser Zahl ist. Wir können die Zahl 9 auch mit Hilfe der Beschreibung ‚die Zahl der Planeten' herausgreifen. Die Zahl der Planeten ist in unserem Sonnensystem zufällig 9. Es wäre töricht, behaupten zu wollen, dass die Zahl der Planeten in allen möglichen Welten 9 ist. Daraus folgt, dass die Zahl der Planeten nicht in allen möglichen Welten ungerade ist. In mindestens einer möglichen Welt ist sie gerade. Die Anhänger der Notwendigkeit *de re* werden über diese Argumentation den Kopf schütteln und darauf aufmerksam machen, dass es wesentliche und unwesentliche Eigenschaften eines Dings gibt. Der Zahl 9 ist es wesentlich, die Nachfolgezahl von 8 zu sein, während es der Zahl 9 nicht wesentlich ist, die Zahl der Planeten in unserem Sonnensystem zu sein. Der Essentialist glaubt, dass die meisten Dinge sowohl notwendige als auch kontingente Eigenschaften haben. Die Existenz notwendiger und kontingenter Eigenschaften ist nicht abhängig von der Existenz eines begrifflichen Rahmens. Die Redeweise von einer Notwendigkeit ‚de dicto' führt in die Irre. Kripke ist Essentialist und Anhänger der Notwendigkeit *de re*, d. h. die „Identität über mögliche Welten hinweg" ist für ihn nicht beschreibungsabhängig, sondern ein Faktum (Kripke 1981, 58).

Kripke bringt ein sprachliches Mittel in Anschlag, das geeignet ist, ein gegebenes X in allen möglichen Welten herauszugreifen und reidentifizieren zu können. Er denkt dabei an Eigennamen, die als „starre Bezeichnungsausdrücke" (Kripke 1981, 59, engl. ‚rigid designators') in allen möglichen Welten denselben Gegenstand herausgreifen. Ein Ausdruck designiert „nicht starr", wenn er in verschiedenen möglichen Welten unterschiedliche Gegenstände herausgreift (ebd.). Der Name ‚Angela Merkel' bezeichnet in allen möglichen Welten Angela Merkel, während die Kennzeichnung ‚Bundeskanzlerin der Bundesrepublik Deutschland' nur in der aktuellen Welt Angela Merkel herausgreift, d. h. es sind Welten möglich, in der Angela Merkel nicht Bundeskanzlerin ist. Es ist keine Welt möglich, in der Angela Merkel nicht Angela Merkel ist, sehr wohl aber eine Welt, in der Angela Merkel nicht existiert. Wenn ein Bezeichnungsausdruck ein Wesen designiert, das notwendig existiert, z. B. Gott, bezeichnet dieser Ausdruck seinen Gegenstand „auf starke Weise starr" (ebd.). Es dürfte deutlich geworden sein, dass die Idee der metaphysisch möglichen Welten und die Idee der starren Bezugnahme (Designation) aufs Engste verwoben sind. Ein Designator ‚X' ist starr, weil er in allen möglichen Welten dasselbe Individuum X herausgreift. Was eine mögliche Welt in Bezug auf X ist, hängt davon ab, welche Eigenschaften X wesentlich sind und welche nicht. Angenommen, der Eigenname ‚Angela Merkel' sei ein starrer Designator. Mit ‚Angela Merkel' greifen wir in allen möglichen Welten dasselbe Individuum, Angela Merkel, heraus. In der aktuellen Welt ist Angela Merkel Regierungschefin, Vorsitzende einer großen

Partei, evangelische Christin und mit dem Chemiker Joachim Sauer verheiratet. In einer anderen möglichen Welt ist Angela Merkel ans Theater gegangen, sie ist aus der Kirche ausgetreten, hat Til Schweiger geheiratet und sympathisiert mit der politischen Linken. Es ist aber keine Welt möglich, in der Angela Merkel von anderen Eltern abstammte, ein anderes Alter, ein anderes Geschlecht hätte, nicht der natürlichen Art Mensch angehörte, etc.

Wer Eigennamen als starre Designatoren deutet, hat sich von der Idee verabschiedet, dass Eigennamen neben ihrer Bedeutung (im Sinne Freges) auch Sinn haben, sofern unter dem Sinn die Liste der notwendigen Eigenschaften des Namensträgers verstanden wird. Ein Essentialist wie Kripke erkannt an, dass Individuen neben zahlreichen kontingenten Eigenschaften auch wesentliche Eigenschaften besitzen. Aber die Liste der wesentlichen Eigenschaften des Namensträgers konstituiert nicht den Sinn des Namens. Schauen wir uns nochmals das Beispiel von Angela Merkel an. Es ist nicht *analytisch* wahr, dass Angela Merkel am 17. Juli 1954 als Tochter von Horst und Herlind Kasner geboren wurde. Man kann so etwas nicht *a priori* wissen. Diese Angaben können unmöglich ein Sinnbestandteil des Namens ‚Angela Merkel' sein, obwohl die Tatsache der Abstammung von ihren biologischen Eltern für die Identität der Namensträgerin konstitutiv ist. Niemand muss diese Einzelheiten kennen, um in kompetenter Weise mit ‚Angela Merkel' auf Angela Merkel Bezug nehmen zu können. Es scheint alles dafür zu sprechen, dass Eigennamen nicht Sinn, nur Bedeutung haben, sofern unter dem ‚Sinn' des Namens ein Menge von Beschreibungen verstanden wird, die auf den Namensträger zutreffen und die von jedem kompetenten Verwender des Namens gewusst werden können.

Für Frege ist der Sinn des Namens eine Gegebenheitsweise seiner Bedeutung. Kripke hat gezeigt, dass die Theorie des Sinns ungeeignet ist, um als Theorie der Bezugsfestlegung zu funktionieren. Kripke ist uns jetzt eine Erklärung schuldig, wie die Sprecher und Hörer einer Sprache auf den Namensträger referieren können, ohne den ‚Sinn' zu kennen. Kripke bietet uns zwar keine Theorie an, aber ein „Bild von dem, was sich abspielt", wenn Bedeutungen (im Sinne Freges) grundgelegt und vererbt werden (Kripke 1981, 106). Seine Ideen sind nichtsdestoweniger unter dem Titel einer „kausal-historischen Theorie" des Bezugs von Eigennamen in die jüngere Philosophiegeschichte eingegangen (Devitt/Sterelny 1999, 101). Die Theorie hat zwei Teile und handelt von der *Grundlegung* des Bezugs und der *Entlehnung* des Bezugs. (1.) Der Bezug eines Namens wird *grundgelegt* in einem Grundlegungs-Gedanken an das Objekt, das als Träger des Namens ausersehen ist. Die Grundlegung ist normalerweise eingebettet in einen Akt der direkten Wahrnehmung des betreffenden Objekts. Wer eine öffentliche Sprache beherrscht, wird seine Grundlegungsgedanken normalerweise mit Hilfe des indexikalischen ‚dies' in Kombination mit einer Beschreibung, die ein sortales Prädikat enthält, zum Ausdruck bringen (‚diese Katze heißt *Nana*', ‚dieses Mädchen heißt *Angela*'). So etwas geschieht beispielsweise im Rahmen einer Taufhandlung. Der Wahrnehmungsakt in Verbindung mit einer hinweisenden Repräsentation ist der Anfangspunkt einer Designationskette, die in dem betreffenden Objekt verankert ist. (2.) Die Fähigkeit, mit Hilfe eines Terminus auf den Namensträger Bezug zu nehmen, kann an Personen weitergegeben werden, die bei der Grundlegung des Bezugs nicht anwesend waren und die selten oder nie mit dem Namensträger in Berührung kamen. Andere, die nicht während der Grundlegung des Bezugs anwesend waren, können den Bezug entlehnen, sofern sie die Absicht haben, den Namen so zu gebrauchen, wie die Personen ihn gebrauchen, von denen sie den Bezug entlehnt haben. Namen haben Bezug, nicht weil Sprecher und ihre Adressaten mit Namen gewisse Beschreibungen des Namensträgers assoziieren, sondern weil ihr Gebrauch der Namen Teil einer Kette von Verwendungen ist, die zurückreicht in eine Situation, in der ihr Bezug grundgelegt wurde.

Kripkes Vorschlag enthält wichtige Punkte. So hat er beispielsweise darin Recht, dass Eigennamen keinerlei deskriptive Bedeutung (d. h. Freges ‚Sinn') haben müssen, um zu referieren. Um die Bedeutung eines Eigennamens im Satz zu verstehen, muss man nicht über identifizierende Kennzeichnungen des Gegenstands verfügen, für den der Eigenname steht. Aber man muss allgemein wissen, wie Eigennamen verwendet werden, um den Gegenstand, über den etwas ausgesagt werden soll, zu identifizieren. Kripke weist zu Recht auf die Bedeutung der Taufsituation hin. Aber um den Gegenstand in der Taufsituation identifizieren zu können, benötigen wir das Zusammenwirken subjektiv lokalisierender und objektiv lokalisierender Kennzeichnungen sowie sortale Begriffe. Aber auch wer in den Genuss des einmal grundgelegten Bezugs gelangen möchte, muss einiges über den Namensträger wissen. Wer glaubt, dass Aristoteles keine menschliche Person sei, sondern beispielsweise das Pferd, auf dem der große Alexander in die Schlacht bei Issos ritt, würde mit ‚Aristoteles' nicht mehr auf Aristoteles Bezug nehmen können, selbst dann nicht, wenn er den Gebrauch des Namens ‚Aristoteles' von seinen Mitmenschen übernommen hätte. Er würde nicht den Bezug von ‚Aristoteles' entlehnen. Die These ‚Namen haben *Bedeutung*, keinen *Sinn*' kann in dieser Radikalität nicht aufrechterhalten werden.

Literatur:

Sosa 2006.
Morris 2007.

5.3 Extension der Termini natürlicher Arten

Kripke ist der Meinung, dass Massentermini wie ‚Wasser', ‚Säure', ‚Gold' und Termini für natürliche Arten wie ‚Tiger', ‚Katze', ‚Pferd' semantisch gesehen wie Eigennamen funktionieren. Auch sie besitzen in der Sprache Mills ‚Denotation', nicht ‚Konnotation'. Auch sie legen ihren Bezug ‚starr' fest, nur dass ihr Bezug kein einzelnes Individuum, sondern Mengen oder Klassen umfasst. Damit die genannten Termini in allen möglichen Welten dieselben Mengen oder Klassen herausgreifen können, müssen wir freilich voraussetzen, dass die Mitglieder der betreffenden Menge oder Klasse eine gemeinsame Natur oder ein Wesen besitzen. Fragen wir uns z. B.: ‚Was ist Gold?' Philosophen wie Locke oder Kant glaubten, dass gewisse Urteile über Gold *analytisch*, daher *notwendig* wahr und *a priori* einsehbar sind, z. B. „Gold ist ein gelbes Metall" (Kant: *Prolegomena* § 2 b), „Gold […] ist ein gelber Körper […], der ein bestimmtes Gewicht besitzt, dehnbar, schmelzbar und feuerbeständig ist" (Locke 1988, 81). Könnte es sich herausstellen, dass Gold in Wirklichkeit nicht gelb ist? Angenommen, gewisse

Eigenschaften der Erdatmosphäre sind dafür verantwortlich, dass Gold als gelbes Metall wahrgenommen wird. Die gelbe Färbung ist in Wahrheit eine optische Täuschung. Weiter angenommen, dass sich in einigen Jahrhunderten die Zusammensetzung der Erdatmosphäre so verändert, dass die wahre Färbung des Golds zu Tage tritt. Gold ist ein blaues Metall. Würde nach dieser Entdeckung in den Zeitungen stehen: ‚Sensationelle Entdeckung: Es existiert kein Gold auf unserem Planeten! Was wir für Gold hielten, ist in Wirklichkeit kein Gold.'? Sicherlich nicht. Man würde sich eher so ausdrücken: ‚Es hat sich herausgestellt, dass Gold nicht gelb, sondern blau ist'. Damit gibt man die Bereitschaft zu erkennen, gewisse Meinungen, die bisher in Bezug auf Gold im Umlauf waren, zu revidieren. Die zu Beginn des Absatzes zitierten ‚Definitionen' von ‚Gold' können also weder analytisch noch notwendig wahr sein. Der Grund dafür ist schlicht, dass Gold eine *reale*, keine *nominale* Art ist.

Wenn Locke und Kant davon ausgehen, dass gewisse Urteile über Gold analytisch wahr und a priori einsehbar sind, geben sie zu erkennen, dass sie für sie Gold eine *nominale* Art, keine *reale* Art ist. Der Locus classicus der Unterscheidung von ‚nominalen' und ‚realen' Arten ist Buch III, Kap. 6 von Lockes *Versuch über den menschlichen Verstand*. Locke ist der Meinung, dass „wir die Dinge nicht nach ihren realen Wesenheiten (‚essences') ordnen und gruppieren und sie folglich auch nicht benennen […], weil wir jene Wesenheiten nicht kennen" (Locke 1988, 56). Für Locke wie für Kant steht fest, dass die Erkenntnis des Wesens der Dinge jenseits der Möglichkeiten des endlichen Verstands liegt. Wenn wir die Dinge ordnen und gruppieren, stützen wir uns auf andere Kriterien als ihr Wesen, z. B. auf gewisse Oberflächenmerkmale oder dispositionale Eigenschaften. Die daraus resultierenden Klassifikationen sind unser Werk, nicht das Werk der Natur. Eine Klasse wird definiert durch eine Menge von Eigenschaften, die alle Objekte der Klasse und nur diese erfüllen. Zu den definierenden Eigenschaften der Klasse zählt selbstverständlich auch das Wesen (die Essenz). Leider ist uns das Wesen unbekannt, sagen Locke und Kant. Wesensbestimmungen finden daher keinen Eingang in die uns möglichen Klassifikationen der Dinge. Was wir eine ‚natürliche Art' nennen, ist daher nur eine ‚nominale', keine ‚reale' Art. Über die Zugehörigkeit zu einer nominalen Art entscheidet nicht die Natur, sondern unsere Klassifikation. Auch nominale Arten sind durchaus real, man denke an technische und kulturelle Artefakte wie Fahrräder, Computer, Häuser, Schlösser, Tische, Stühle, Messer, Gabeln, Limonade, Marmelade, Wein und Bier, Junggesellen und Richter, Ärzte und Polizisten. Die genannten Dinge besitzen jedoch kein Wesen jenseits unserer Interessen und Zweckbestimmungen.

Kripke ist der Meinung, dass die Naturwissenschaft prinzipiell in der Lage ist, die *Natur* oder das *Wesen* einer natürlichen Art zu bestimmen. Wenn beispielsweise die moderne Chemie herausgefunden hat, dass Gold das Element mit der Ordnungszahl 79 ist, hat sie keine beliebige Eigenschaft des Golds herausgefunden, sondern ihr wissenschaftlich erforschbares Wesen. Das Urteil ‚Gold ist das Element mit der Ordnungszahl 79' drückt demzufolge keine kontingente, sondern eine metaphysisch *notwendige* Wahrheit aus. Gold ist in allen möglichen Welten das Element mit der Ordnungszahl 79. Dass Gold das Element mit der Ordnungszahl 79 ist, ist metaphysisch notwendig, aber *epistemisch* kontingent. Um herauszufinden, dass Gold das Element mit der Ordnungszahl 79 ist, war ein immenser Aufwand an Theoriebildung und Forschung erforderlich. Die von dem Satz ‚Gold ist das Element mit der Ordnungszahl 79' ausgedrückte Proposition ist kein Bestandteil des *Sinns* von ‚Gold'. Dieser Satz ist weder *analytisch* wahr im Sinn eines ‚Erläuterungsurteils' noch *a priori* einsehbar. Dieser Umstand darf aber nicht so interpretiert werden, dass Sprecher und Hörer, denen die theoretische Gleichsetzung von ‚Gold' und ‚Element der Ordnungszahl 79' nichts sagt, nicht auf Gold Bezug nehmen können. Oder will Kripke behaupten, dass ‚Gold' vor der Etablierung der wissenschaftlichen Chemie keine eindeutige Extension besaß? Die kausal-historische Theorie der Referenz hat auf diese Fragen eine Antwort: Termini für natürliche Arten werden ähnlich wie Eigennamen in einer Situation, in der jemand kausal mit Exemplaren der betreffenden Art in Kontakt stand, grundgelegt. Wir müssen lediglich zur Bedingung machen, dass ein Muster oder ein Exemplar der betreffenden Art vorliegt ist und Objekt eines Grundlegungs-Gedanken wird. Die Personen, die den Terminus grundlegen, müssen an das Objekt *als* Muster oder Exemplar einer natürlichen Art denken. Es wird nicht verlangt, dass sie Expertenwissen haben und das Wesen oder die Natur der betreffenden Art bestimmen können, beispielsweise mittels theoretischer Identifikationen (‚Gold ist das Element mit der Ordnungszahl 79', ‚Wasser ist H$_2$O' etc.). Wenn die Grundlegung geglückt ist, besitzt der Terminus, z. B. ‚Gold', eine Extension, weil das Muster oder die Probe eine bestimmte Natur oder ein bestimmtes Wesen instantiiert. Alles, was diese Natur oder dieses Wesen instantiiert, fällt in die Extension von ‚Gold'. Die Referenz von ‚Gold' kann natürlich entlehnt werden. Ich kann auf Gold Bezug nehmen, ohne je mit Gold in Kontakt getreten zu sein oder die wissenschaftliche Definition von Gold zu kennen, einfach dadurch, dass ich in den Genuss der sprachlichen Arbeitsteilung gelange. Andere haben den Terminus grundgelegt. Wieder andere verfügen über das nötige Expertenwissen, um Gold verlässlich zu identifizieren. Wieder andere haben die theoretischen Ressourcen, um die wissenschaftliche Natur des Golds zu bestimmen.

Kripkes zieht aus diesen Beobachtungen den Schluss, dass nicht nur Namen, sondern auch generelle Termini ‚Bedeutung', aber keinen ‚Sinn' haben. Es ist nun an der Zeit, einen anderen prominenenten Autor, Hilary Putnam, zu Wort kommen zu lassen, der Kripkes Beobachtungen teilt, aber zu anderen Schlussfolgerungen gelangt. Für Putnam haben generelle Termini ‚Bedeutung' *und* ‚Sinn'. Der generelle Terminus im Satz drückt in vielen Fällen einen Begriff aus, der auf der Ebene von Freges ‚Sinn', nicht seiner ‚Bedeutung' liegt. Putnam gelang es zu zeigen, dass der Begriff bzw. der Sinn des generellen Terminus etwas ist, über das ein einzelner Sprecher/Denker nicht vollständig verfügt.

5.4 Semantischer Externalismus

Traditionelle Logik und Erkenntnistheorie gingen davon aus, dass der Besitz eines Begriffs im psychologischen Sinn hinreichend ist, um eine Extension festzulegen. Man wusste zwar, dass unterschiedliche Begriffe dieselbe Extension haben können. Die Termini ‚Wesen mit Herz' und ‚Wesen mit Nieren' haben trotz unterschiedlichen Sinns dieselbe Extension, d. h. beide Prädikate treffen auf die gleiche Anzahl von Individuen zu. Was als ausgeschlossen galt, war, dass zwei intensionsgleiche Ausdrücke verschiedene Extensionen haben. Die klassische

Lehre vom Begriff, wonach verschiedene Intensionen gleiche Extensionen haben können, aber der umgekehrte Fall der Extensionsverschiedenheit bei gleicher Intension stets ausgeschlossen war, findet einen Nachhall in Freges Theorie, wonach der Sinn die Gegebenheitsweise einer Bedeutung ist. Wenn Kripke und Putnam Recht haben, ist es möglich, dass zwei Verwendungen desselben Terminus, sagen wir ‚Wasser', unter bestimmten Bedingungen Verschiedenes in ihrer Extension haben. Eine andere fraglose Voraussetzung aller bisherigen Logik und Semantiktheorie ist die, dass das Verstehen ein psychischer Vorgang ist. Um ein Wort zu verstehen (seine Intension zu kennen), muss man sich einfach in einem bestimmten psychischen Zustand befinden, „ungefähr so, wie man sich, um im Kopf Zahlen in Faktoren zerlegen zu können, einfach in einem bestimmten, sehr komplexen psychischen Zustand befinden muss" (Putnam 1979, 25f.). Die beiden Annahmen lauten also:

I. Um einen Ausdruck zu verstehen, muss man sich in einem bestimmten psychischen Zustand befinden – in dem Sinn, in dem Gedächtnisinhalte und andere psychische Dispositionen psychische Zustände sind.
II. Die Bedeutung eines Ausdrucks (im Sinne der Intension) determiniert seine Extension, d. h. aus Intensionsgleichheit folgt Extensionsgleichheit (Putnam 1979, 27).

Hilary Putnam glaubt, in seinem berühmten Aufsatz *Die Bedeutung von ‚Bedeutung'* aus dem Jahr 1975 zeigen zu können, dass beide Annahmen nicht gleichzeitig wahr sein können. Wer wenigstens eine der traditionellen Annahmen retten will, hat zwei Möglichkeiten: Er kann den Grundsatz preisgeben, dass der psychische Zustand die Intension bestimmt (I); er kann aber auch auf die Idee verzichten, dass die Intension die Extension bestimmt (II). Wir haben bereits gesehen, dass Kripke bereit ist, die Voraussetzung (II) über Bord zu werfen. Nicht nur singuläre Termini von der Art der Namen, auch generelle Termini haben – in der Sprache Mills – nur ‚Denotation', keine ‚Konnotation', – in der Sprache Freges – nur ‚Bedeutung', keinen ‚Sinn'. Wir werden später dafür Gründe anführen, dass Kripkes Lösung zu radikal ist. Putnam ist in dem erwähnten Aufsatz bereit, die Voraussetzung (I) fallenzulassen, indem er zeigen kann, dass es möglich ist, dass zwei Sprecher im *selben* psychischen Zustand sein können, obwohl die Extension des Terminus ‚X' im Ideolekt des einen sich von der Extension von ‚X' im Ideolekt des anderen unterscheidet. Das Verstehen eines Worts (seines Sinns, seiner Intension) ist in keiner Weise ein psychischer Vorgang. Bedeutungen sind nicht „im Kopf" der Sprecher und Hörer (Putnam 1979, 31).

Dass der psychische Zustand nicht die Intension – damit auch nicht die Extension – bestimmt, soll mit Hilfe von etwas Sciencefiction gezeigt werden (Putnam 1979, 32ff.). Wir sollen uns vorstellen, dass es irgendwo in der Milchstraße einen Planeten gibt, den wir die ‚Zwillingserde' nennen. Die Zwillingserde ist in fast allem identisch mit unserer Erde, d. h. es leben auf ihr Menschen wie auf unserer Erde; sie sprechen dieselben Sprachen; sie haben dieselben Überzeugungen und Theorien wie die Menschen auf unserer Erde. Es gibt nur einen Unterschied: die Flüssigkeit, die auf der Zwillingserde ‚Wasser' genannt wird, ist nicht H_2O, sondern eine Flüssigkeit mit einer anderen chemischen Zusammensetzung, sagen wir *XYZ*. Das zwillingsirdische Wasser lässt sich bei normalen Druck- und Temperaturverhältnissen nicht von unserem Wasser unterscheiden. Die Flüsse, Seen und Meere der Zwillingserde enthalten XYZ, nicht Wasser. Auch regnet es dort *XYZ*, nicht Wasser. *XYZ* schmeckt wie Wasser. Es löscht den Durst wie Wasser. Die Extension des zwillingsirdischen Worts ‚Wasser' ist nicht Wasser, d. h. die Substanz, die wir als chemische Verbindung von Wasserstoff und Sauerstoff analysieren und ‚Wasser' nennen, sondern die Menge aller Moleküle, die die Verbindung XYZ eingehen. Die Extension des irdischen Worts ‚Wasser' ist hingegen die Menge H_2O-Moleküle. Die Menschen früherer Jahrhunderte hätten den Unterschied des irdischen und des zwillingsirdischen Wassers nicht bemerken können. Der Erdbewohner hätte nicht gewusst, dass der Stoff, den er ‚Wasser' nennt, aus Sauerstoff und Wasser besteht, ebenso wie der Bewohner der Zwillingserde nicht gewusst hätte, dass der gleichnamige Stoff auf seinem Planeten größtenteils aus XYZ besteht. Putnam schlägt vor, dass wir uns zwei Individuen vorstellen, $Oskar_1$, der auf unserer Erde lebt und der einen Doppelgänger hat, der auf der Zwillingserde lebt, $Oskar_2$, und die beide im Jahr 1750 leben. Beide stimmen in ihrem Aussehen, in ihren Gedanken und Gefühlen, in ihren inneren Monologen etc. exakt überein. Beide haben die gleichen Gedanken über den Stoff, den sie ‚Wasser' nennen. Nach dem damaligen Stand der Wissenschaften hätten Oskar$_1$ und Oskar$_2$ nicht herausfinden können, dass sie den Ausdruck ‚Wasser' unterschiedlich verstanden haben. Daraus leitet Putnam ab, „dass die Extension des Ausdrucks ‚Wasser' (und auch seine Bedeutung im intuitiven, vortheoretischen Sinne) *keine* Funktion allein des psychischen Zustands des Sprechers ist" (Putnam 1979, 34).

In dem Gedankenexperiment wird vorausgesetzt, dass die Extension des Wortes ‚Wasser' auf der Erde zwischen 1750 und heute unverändert geblieben ist, nicht anders als die Extension des Wortes ‚Wasser' auf der Zwillingserde. Warum sollten wir diese Voraussetzung akzeptieren? Könnte man nicht sagen, dass das Wort ‚Wasser' *vor* der Etablierung der wissenschaftlichen Chemie auf *beiden* Planeten, der Erde wie der Zwillingserde, beides, H_2O *und* XYZ (und manches andere) in seiner Extension hatte, und dass sich erst mit dem Fortschritt der Wissenschaften die Extensionen aufspalteten. Keiner hätte 1750 sagen können, ob der Stoff, der in Seen und Flüssen ist, H_2O, XYZ oder etwas Drittes ist. Die Identität von Wasser mit H_2O ist eine theoretische Relation. Zu bestimmen, ob etwas die gleiche Flüssigkeit ist wie *diese* (auf die ich gerade ostensiv hinweise), erfordert möglicherweise einen immensen Forschungsaufwand. Es ist mehr als fraglich, ob alle, die in unserer Sprachgemeinschaft das Wort ‚Wasser' gebrauchen, in der Lage sind, die Extension des Worts ‚wissenschaftlich' zu bestimmen. In unserer Sprachgemeinschaft gibt es für die fraglichen Termini Experten, die die Extension ermitteln können. Deren Identifizierungsmethode steht dem gesamten Sprecherkollektiv zu Gebote, selbst wenn nicht jedes einzelne Mitglied des Kollektivs über diese Methode verfügt. Deswegen zu sagen, dass diejenigen von uns, die die fragliche Identifizierungsmethode nicht kennen und die sich auf Experten verlassen, die Ausdrücke verwendeten, ohne ihren Sinn zu kennen, ist sicher eine Übertreibung. Warum also soll man also nicht sagen, dass die Extension in starkem Maße von dem bestimmt ist, was Menschen glauben.

Putnam möchte mit seinem Gedankenexperiment darauf aufmerksam machen, dass auch generelle Termini wie ‚Wasser' eine unbemerkt gebliebene *indexikalische* Komponente haben. In der Extension von ‚Wasser' befindet sich genau der Stoff, auf den im Zusammenhang einer hinweisenden Definition gezeigt werden kann, sofern wir voraussetzen, dass die Flüssigkeitsmenge, auf die gezeigt wurde, in einer Gleichheitsrelation zu fast allem steht, was die Mitglieder einer Sprachgemeinschaft an verschiedenen Orten zu verschiedenen Zeitpunkten als ‚Wasser' bezeichnet haben (Putnam 1979, 34). Was ‚Wasser' bedeutet, hängt also davon ab, *wer wann* und an welchem *Ort* dieses Wort gebraucht. ‚Wasser' bedeutet auf der Zwillingserde XYZ, auf unserer Erde H_2O. Wenn wir den Gedanken der *Indexikalität* der Bedeutungsfestlegung mit dem Gedanken der *Starrheit* bezugnehmender Ausdrücke verbinden, gelangen wir zu der Auffassung, dass Wasser in jeder möglichen Welt H_2O ist, woraus folgt, dass die Substanz, die auf der Zwillingserde ‚Wasser' genannt wird, kein Wasser ist. Man kann zwar auch die Auffassung vertreten, dass die Bedeutung von ‚Wasser' *relativ* auf mögliche Welten ist, dann aber konstant ist, so dass ‚Wasser' eine konstante relative Bedeutung hat. Putnam hält jedoch die zuerst genannte Auffassung für richtig. Dies setzt voraus, dass das ‚dies' in der hinweisenden Definition von ‚Wasser' als ein ‚dies' *de re* verstanden wird, d. h. dass ‚Wasser' auf all das zutrifft, was in einer Gleichheitsrelation zu der Flüssigkeitsmenge steht, auf die sich das ‚dies' *in der wirklichen Welt* bezieht (Putnam 1979, 42). Nach der anderen Auffassung ist Wasser genau das, was in einer Äquivalenzrelation zu einer mit ‚dies' bezeichneten Flüssigkeitsmenge in einer möglichen Welt besteht.

Kripke nannte einen bezugnehmenden Ausdruck ‚starr', der in jeder möglichen Welt, in der er überhaupt etwas bezeichnet, dasselbe Individuum bezeichnet. Kripke ging bereits den Schritt, den Begriff der Starrheit auf generelle Termini auszudehnen, und Putnam folgt ihm in diesem Schritt. Nicht nur Eigennamen, sondern auch generelle Termini wie ‚Wasser', ‚Gold', ‚Tiger' legen ihre Extension starr fest. Die Starrheit von ‚Wasser' folgt aus der Tatsache, dass das ‚dies' der hinweisenden Definition *de re* verstanden wird, d. h. mit Blick auf die Flüssigkeitsmenge, die in der *wirklichen* Welt vorhanden ist. Streng genommen ist nicht der Terminus ‚Wasser' starr, sondern das Demonstrativpronomen ‚dies' in der hinweisenden Definition „dies(e) (Flüssigkeit) ist Wasser" (Putnam 1979, 43).

Die Aussage, dass generelle Termini wie ‚Wasser' eine indexikalische Komponente besitzen, lässt zwei Möglichkeiten offen: entweder haben ‚Wasser' auf der Erde und ‚Wasser' auf der Zwillingserde dieselbe Bedeutung, aber unterschiedliche Extension, oder man kann sagen, dass im Fall von ‚Wasser' und anderen Prädikaten für natürliche Arten ein Unterschied in der Extension eo ipso einen Unterschied der Bedeutung ausmacht. Wer sich für die zweite Möglichkeit entscheidet, gibt den Grundsatz auf, dass der psychische Zustand die Intension bestimmt. Er kann durch diesen Schachzug den nicht minder altehrwürdigen Grundsatz, dass aus Intensionsgleichheit Extensionsgleichheit folgt, retten. Bedeutungen oder Begriffe sind dann freilich nicht mehr „irgendwie geartete geistige Entitäten" (Putnam 1979, 47).

Die Lehren, die Putnam aus seinem berühmt gewordenen Gedankenexperiment zieht, werden bis heute kontrovers diskutiert (Pessin/Goldberg 1996). Nicht alle teilen Kripkes und Putnams Hintergrundannahme des wissenschaftlichen Realismus, wonach es natürliche Arten gibt, die ein wissenschaftlich beschreibbares Wesen besitzen. In Verbindung mit der sprachphilosophischen These der Starrheit bezugnehmender Ausdrücke und ihrer verborgenen Indexikalität führt der wissenschaftliche Realismus in den semantischen Externalismus. Der semantische Externalismus kulminiert in der Behauptung, dass der Bezug oder die Extension Teil des Sinns der Termini für natürliche Arten ist. Nach traditioneller Auffassung sind Begriff und Extension verschieden, wenngleich aufeinander bezogen. Auch für Frege ist der Sinn eines sprachlichen Terminus eine Art des Gegebenseins seines Bezugs, aber nie mit dem Bezug identisch. Um die klassische Auffassung vom Begriff zu retten, wonach die Intension (der Sinn) hinreicht, um eine Extension festzulegen, machen Kripke und Putnam die Extension zu einem Bestandteil des Begriffs (des Sinns). Daraus folgt aber, dass der Begriff oder Sinn nichts ist, was von einer einzelnen Denkerin bzw. Sprecherin besessen werden kann. Aufgrund der sprachlichen Arbeitsteilung zwischen Experten und Nicht-Experten ist die Extension zahlreicher Termini *sozial* bestimmt. Außerdem ist die Extension der Termini für natürliche Arten in einem starken Sinn *kontextabhängig* ist. Die Extension solcher Ausdrücke hängt von der Umgebung der Sprecher und der wirklichen Natur derjenigen Dinge ab, mit denen die Sprecher kausal in Kontakt treten. Die Natur der

Dinge muss den Sprechern nicht bekannt sein, damit ihre Termini einen Bezug festlegen. Die soziale und die physikalische Umwelt leistet einen wesentlichen Beitrag bei der Festlegung des Bezugs unserer Termini, d. h. eines wichtigen Teilaspekts ihres Sinns. Der *Sinn* eines Terminus für natürliche Arten ist nicht so etwas wie der private Begriff eines Sprechers, es sei denn, wir hätten es mit einem allwissenden Subjekt zu tun, das unter epistemisch idealen Bedingungen operiert.

5.5 Putnams Vektortheorie des Sinns

Eine Theorie des Sinns für generelle Termini ist also nach wie vor ein Desiderat. Putnam hat dazu in *Die Bedeutung von ‚Bedeutung'* einige wertvolle Anregungen gegeben. Der Sinn eines Terminus ‚F' ist für ihn die „endliche Folge (oder ein Vektor)" von vier Komponenten (Putnam 1979, 94): (1.) den syntaktischen Markern von ‚F', (2.) den semantischen Markern von ‚F', (3.) einer Beschreibung der Merkmale des zu einer Art gehörenden Stereotyps, (4.) eine Beschreibung der Extension. Die Normalform-Beschreibung für ‚Wasser' könnte beispielsweise wie folgt aussehen:

> *syntaktische Marker*: Substantiv, Massenterminus, konkret, ...
> *semantische Marker*: natürliche Art, Flüssigkeit, ...
> *Stereotyp*: farblos, durchsichtig, geschmacklos, gefriert bei 100° Celsius, ...
> *Extension*: H_2O (mit oder ohne Beimischungen).

Die syntaktischen und semantischen Marker betreffen zentrale Merkmale verschiedener Klassifikationssysteme, die von möglichst vielen Dingen erfüllt werden. Die Zentralität solcher Klassifikationssysteme zeigt sich darin, dass wir ein Ding, nachdem wir es eingeordnet haben, praktisch nie neu einordnen müssen. Mit der Einordnung in eine oder mehrere Kategorien sind auf der einen Seite bestimmte Möglichkeiten a priori ausgeschlossen, auf der anderen Seite werden bestimmte epistemische Notwendigkeiten grundgelegt. So ist es nach allem, was wir wissen, a priori ausgeschlossen, dass ein Bleistift ein Organismus, eine Schildkröte ein Artefakt, eine Katze kein Tier ist, usw. Es ist nach allem, was wir wissen, a priori wahr, dass Fahrräder Artefakte, die Sonne ein Himmelskörper, Schnecken Organismen sind, usw.

Das *Stereotyp* beinhaltet Merkmale, die für die betreffende natürliche Art charakteristisch, normal oder jedenfalls „stereotypisch" sind (Putnam 1979, 41). Die zentralen Merkmale des Stereotyps funktionieren als *Kriterien*, an denen sich in normalen Situationen erkennen lässt, ob ein Ding von der fraglichen Art ist oder nicht. Das Stereotyp umfasst die notwendigen, oder wenn man sich vorsichtiger ausdrücken will, die probabilistischen notwendigen Bedingungen für die Zugehörigkeit zu einer Art. Manchmal können Stereotypen inhaltsarm sein. So geht das Buchen-Stereotyp für die Mehrheit der Stadtbewohner nicht über das allgemeine Stereotyps eines Laubbaums hinaus. Es reicht bei weitem nicht aus, Buchen verlässlich zu identifizieren. Dagegen reicht das Eichhörnchen-Stereotyp dazu hin, ein Eichhörnchen zu identifizieren, und an Hand des Apfelsinen-Stereotyps ist man in der Regel in der Lage, Apfelsinen zu erkennen. Das Stereotyp dient außerdem dazu, gewisse epistemische Notwendigkeiten grundzulegen. So ist nach allem, was wir wissen, *a priori* wahr, dass Wasser geschmacklos, geruchlos, durchsichtig ist; dass Tiger gestreift sind; dass Eichhörnchen einen langen, buschigen Schwanz haben; dass Zitronen sauer schmecken, usw.

Die 4. Komponente, die *Beschreibung der Extension*, ist an besondere Voraussetzungen geknüpft. Idealerweise wird an dieser Stelle die wissenschaftliche Definition der betreffenden Art oder Substanz stehen. Die Mitglieder einer Sprachgemeinschaft können einen Terminus ‚X' aber auch dann als Terminus für eine natürliche Art verwenden, wenn sie X-e nicht wissenschaftlich definieren können. Ihre Verwendung von ‚X' wird einen *„Platzhalter für das Wesen"* aufweisen, d. h. eine Leerstelle, die von den Experten einer Gemeinschaft (oder einem allwissenden Subjekt) auszufüllen ist (Medin/Ortony 1989, 184). Die Verwender von ‚X' müssen zumindest implizit die Grundannahme einer essentialistischen Ontologie teilen, d. h. sie müssen dazu disponiert sein zu glauben, dass sie mit ‚X' Dinge herausgreifen, denen eine gemeinsame Natur oder ein Wesen zukommt, ohne dieses Wesen spezifizieren zu können. Die Annahme, dass Naturdinge ein verborgenes und wissenschaftlich erforschbares Wesen besitzen, ist Voraussetzung dafür, dass solche Termini ihren Bezug *starr* festlegen.

Wir hatten am Ende des Abschnitts 5.3 gesehen, dass die ‚Bündeltheorie' als Theorie des Sinn von Eigennamen und als Theorie der Bezugsfestlegung nicht richtig sein kann. Nun hat sich herausgestellt, dass die ‚Bündeltheorie' auch im Fall der Termini für natürliche Arten als Theorie des Sinns und als Theorie der Bezugsfestlegung widerlegt ist. Auf der anderen Seite haben wir gesehen, dass Kripkes Slogan, wonach Namen und Termini für natürliche Arten nur ‚Bedeutung', keinen ‚Sinn' haben, eine Übertreibung darstellt. Diese Ausdrücke designieren ihren Referenten zwar ‚starr', d. h. sie greifen in allen möglichen Welten dasselbe Individuum bzw. Angehörige derselben Art heraus. Eine reine kausal-historische Theorie der Festlegung des Bezugs und der Entlehnung des Bezugs kann aber dennoch nicht richtig sein. So wie niemand den Bezug eines Eigennamens grundlegen oder entlehnen kann, wenn er in Bezug auf den Namensträger nicht einige wahre Überzeugungen hat, so kann auch niemand den Bezug eines Terminus für eine natürliche Art grundlegen oder entlehnen, wenn er nicht einige höherstufige Klassifikationssysteme beherrscht und nicht über das Stereotyp eines repräsentativen Mitglieds der betreffenden Art verfügt. Er muss außerdem den *Begriff* einer natürlichen Art besitzen, d. h. er muss die Merkmale, die das Stereotyp der betreffenden Art erfüllen, als Wirkungen einer gemeinsamen Ursache ansehen, nämlich ihres Wesens. Es kann also nicht richtig sein, dass Termini für natürliche Arten nur Bedeutung, keinen Sinn haben. Zuletzt hat Putnam vorgeschlagen, die Bedeutung als Teil des Sinns anzusehen. Um diesen Modifikationen in ihrer Gesamtheit Rechnung zu tragen, haben neuere Semantiker vorgeschlagen, den Sinn in zwei Komponenten aufzuspalten: in eine primäre oder *epistemische* und eine sekundäre oder *kontrafaktische* Intension. Die epistemische Intension von ‚F' reicht hin, um für ‚F' eine Extension in allen möglichen Welten, darunter die aktuelle Welt, festzulegen. Sofern ‚F' *indexikalisch* und *starr* ist, ist mit der Extension von ‚F' in der aktuellen Welt auch die Extension von ‚F' in allen möglichen Welten festgelegt. Die Intension des Ausdrucks ‚F' ist ein Vektor aus beiden Intensionen, seiner primären und seiner sekundären Intension. Der nächste Abschnitt dient dazu, sich mit den technischen Details einer zweidimensionalen Semantik vertraut zu machen.

5.6 Zweidimensionale Semantik

Wasser ist in allen möglichen Welten der Stoff mit der chemischen Zusammensetzung H_2O (plus einiger Beimischungen). Die Termini ‚Wasser' und ‚H_2O' haben dieselbe Extension. Was hindert uns daran, zu sagen, sie hätten auch dieselbe Intension? Unter ‚Intensionen' verstehen wir Funktionen, die mögliche Welten auf Extensionen abbilden. Es dürfte klar sein, dass der hier vorgeschlagene Begriff einer Intension nicht der Begriff der klassischen Logik ist, dergemäß ‚Wasser' und ‚H_2O' intensionsverschieden sind, obgleich sie denselben Stoff in ihrer Extension haben. Nach einem Vorschlag, der auf Kripke zurückgeht, ist die Intension von ‚F' eine Funktion, die für jede mögliche Welt und für ‚F' eine Extension in dieser Welt zuordnet. ‚Wasser' und ‚H_2O' haben dieselbe Kripke-Intension, jedoch unterschiedliche klassische Intensionen. Die Kripke-Intension eines singulären Terminus ‚a' ist eine Funktion, die für jede mögliche Welt und für ‚a' einen Bezug in dieser Welt zuordnet. Termini wie ‚Wasser' und ‚H_2O' haben in allen möglichen Welten dieselbe Extension, sie haben daher dieselbe Kripke-Intension. Mit der theoretischen Gleichsetzung von Wasser und H_2O wird eine metaphysische, keine *epistemische* Notwendigkeit ausgedrückt. Es hat sich zwar im Nachhinein (*a posteriori*) herausgestellt, dass Wasser der Stoff mit der chemischen Zusammensetzung H_2O ist, doch war diese Entdeckung keineswegs epistemisch notwendig. Im Jahr 1750 war es epistemisch unmöglich, den Unterschied von H_2O und XYZ herauszufinden. Das Gedankenexperiment von der Zwillingserde und dem Zwillingswasser illustrierte eine epistemische, keine metaphysische Möglichkeit. Es ist epistemisch möglich, obgleich metaphysisch unmöglich, dass Wasser XYZ ist. Um dem Unterschied zwischen epistemischer und metaphysischer Möglichkeit Rechnung zu tragen, hat David Chalmers vorgeschlagen, den Begriff der Intension in eine ‚primäre' und eine ‚sekundäre' Intension aufzuspalten bzw. Intensionen in zwei Dimensionen anzusetzen (Chalmers 2006, 585f.)

Singuläre Termini wie ‚Morgenstern' und ‚Abendstern' und generelle Termini wie ‚Wasser' und ‚H_2O' besitzen eine *aktuelle* und eine *kontrafaktische* Extension. Die aktuelle Extension wird mit Hilfe der *primären* Intension des betreffenden Terminus festgelegt, die kontrafaktische Extension mit Hilfe seiner *sekundären* Intension. Intensionen sind, wie bisher angenommen, Funktionen, die Möglichkeiten auf Extensionen abbilden. Die Unterscheidung der Dimensionen ergibt sich aus der Art und Weise, wie wir ‚Möglichkeiten' definieren. Die eine Dimension versteht unter ‚Möglichkeiten' Möglichkeiten *epistemischer* Art. Mögliche Welten im epistemischen Sinn sind mehr oder weniger spezifische Hypothesen über den Zustand der Welt, die von einem Subjekt an einem bestimmten Ort zu einer bestimmten Zeit für wahr gehalten werden. Eine epistemisch mögliche Welt ist ein „Szenario", d. h. eine Dreiermenge (Tripel), bestehend aus einer kohärenten Menge von Überzeugungen, einem Individuum und einer Raum-Zeit-Stelle (Chalmers 2006, 586). Die primäre Intension von ‚F' ist eine Funktion, die ‚F' in jeder epistemisch möglichen Welt einen semantischen Wert (= Extension, Wahrheitswert) zuweist. Epistemisch möglich ist, was ein Individuum S an einem bestimmten Ort zu einem bestimmten Zeitpunkt für wahr hält, freilich unter idealisierten Annahmen: S ist rational; S bemüht sich um ein kohärentes Netz von Überzeugungen; S akzeptiert nur das als wahr, wofür S Evidenzen oder Begründungen besitzt; etc. Die primäre Intension von ‚Wasser' ist dafür verantwortlich, dass ‚Wasser' in der *aktuellen* Welt der Stoff mit der chemischen Zusammensetzung H_2O (plus einiger Beimischungen) ist. Auf der Zwillingserde würde die primäre Intension von ‚Wasser' dafür sorgen, dass Wasser XYZ (plus einiger Beimischungen) ist.

Mit der *aktuellen* Extension von ‚Wasser' ist zugleich die *kontrafaktische* Extension von ‚Wasser' festgelegt: Wasser ist in allen möglichen Welten der Stoff mit der chemischen Zusammensetzung H_2O. Was die Bewohner der Zwillingserde ‚Wasser' nennen, ist nicht Wasser, obwohl der Stoff auf der Zwillingserde die primäre Intension von ‚Wasser' anstandslos erfüllt. Da ‚Wasser' eine natürliche Art herausgreift, hat ‚Wasser' nicht nur eine aktuelle, sondern auch eine kontrafaktische Extension. Termini wie ‚Wasser' vereinigen beide Dimensionen einer semantischen Bewertung. ‚Wasser' besitzt wie alle Termini natürlicher Arten eine zwei-dimensionale Intension. Die zweidimensionale Intension von ‚Wasser' ist eine Funktion von geordneten Paaren: eine Funktion von epistemisch möglichen Welten zu einer aktuellen Extension und eine Funktion von metaphysisch möglichen Welten zu einer kontrafaktischen Extension. Da ‚Wasser' im Sinne Putnams eine verborgene *indexikalische* Komponente hat und auf *starre* Weise Bezug nimmt, ist die Extension von ‚Wasser' in der wirklichen Welt nicht von der Extension in allen metaphysisch möglichen Welten verschieden. Was metaphysisch möglich ist, entscheidet sich in unserer Welt!

Extension von ‚Wasser':

	aktuelle Extension:	kontrafaktische Extension:
Welt$_1$ (Welt von Oskar$_1$)	H$_2$O	H$_2$O
Welt$_2$ (Welt von Oskar$_2$)	XYZ	H$_2$O

Die zweidimensionale Semantik lässt den Unterschied zwischen realen und nominalen Arten klar hervortreten. Termini für nominale Arten besitzen nur eine Art von Intension: eine primäre Intension, die durch die epistemischen Möglichkeiten von Subjekten begrenzt wird. Autoren, die den Essentialismus ablehnen, betrachten Wasser als nominale Art. In so einem Fall hätte ‚Wasser' nur eine einzige semantische Dimension. Wasser wäre das, was die primäre Intension mit Bezug auf ein Szenario (Ort, Zeit, Subjekt, kohärentes Netz von Überzeugungen) festlegt. Was die Bewohner der Zwillingserde ‚Wasser' nennen, wäre ebenso Wasser wie das, was wir auf unserer Erde mit diesem Terminus bezeichnen. Da Wasser aber ein wissenschaftlich erforschbares Wesen besitzt, legt ‚Wasser' nicht nur eine aktuelle, sondern auch eine kontrafaktische Extension fest. Was sie auf der Zwillingserde ‚Wasser' nennen, ist nicht Wasser. Anders verhält es sich mit nominalen Arten, die durch unsere Klassifikationen erzeugt wurden. Die Bewohner der Zwillingserde können unter ‚Marmelade' verstehen, was sie wollen. Gleiches gilt für ‚Wein', ‚Bier', ‚Junggesellen', ‚Könige', ‚Richter', ‚Models'. Solche Termini besitzen keine kontrafaktische, nur eine aktuelle Extension.

In der Philosophiegeschichte bestand lange die Neigung, alle Begriffe als Kategorien anzusehen, die die notwendigen und hinreichenden Bedingungen ihrer Anwendung enkodiert haben (Lawrence und Margolis 1999, 9). Diese Neigung erklärt sich aus der Forderung, ein

Begriff müsse definiert sein. Den Begriff einer natürlichen Art zu definieren, hieß für Aristoteles, die nächsthöhere Gattung und die artspezifische Differenz anzugeben. Die Intension sollte sich ganz in der Definition ausdrücken. War der Begriff definiert, ergab sich die Extension wie von selbst. All das und nur das, was die Bestandteile der Definition erfüllte, fiel unter den Begriff. Der Begriff hatte zwar nur eine (epistemische) Intension. Da die Definition aber als unfehlbar galt und eine metaphysische Notwendigkeit ausdrückt, verschmolz die primäre (epistemische) Intension mit der sekundären (kontrafaktischen) Intension. Nach der neuen Auffassung vom Begriff legt die epistemische Intension nur gemeinsam mit der aktuellen Welt eine Extension fest. In einer anderen als der aktuellen Welt besäße der Begriff eine andere Extension. Der Begriff hat zwar noch eine zweite, kontrafaktische Intension. Aber die hängt allein davon ab, was die Extension des Begriffs in der aktuellen Welt ist. Die epistemische Intension, losgelöst von einem Kontext der Verwendung, legt keine Extension fest. Dies wird sofort einleuchtend, wenn man bedenkt, dass die wissenschaftliche Definition der Extension nicht notwendig Bestandteil eines Szenarios ist, d. h. der Gesamtheit der Hypothesen über den Zustand der Welt, die von einem rationalen Subjekt zu einem Zeitpunkt t geglaubt werden. Wer die wissenschaftliche Definition einer natürlichen Art X nicht kennt, kann sich dennoch im Denken auf X-e beziehen, vorausgesetzt, er ist entweder selber irgendwann in seinem Leben mit X-en in Berührung gekommen, oder er entlehnt den Bezug von Personen, in deren Umwelt X-e vorkamen oder noch vorkommen. Der Besitz eines Begriffs von X verlangt also nicht, dass die wissenschaftliche Definition von X-en bekannt ist. Für die Mehrzahl unserer Begriffe verfügen wir ohnehin nicht über eine Definition.

5.7 *Psychologischer Anti-Individualismus*

Putnam ging in seinem Argument von der Annahme aus, dass eine Denkerin oder Sprecherin in einem bestimmten psychischen Zustand sein muss, um einen Ausdruck zu verstehen, d. h. den Sinn von ‚F' zu kennen oder den Begriff zu fassen, der in der Sprache der Denkerin mittels ‚F' ausgedrückt wird. Das Gedankenexperiment von der Zwillingserde und dem Zwillingswasser erbrachte den Nachweis, dass die Extension von ‚F' *keine* Funktion allein des psychischen Zustands der Sprecherin ist. Was in die Extension von ‚F' fällt, wird wesentlich davon mitbestimmt, welche Substanzen in der Umwelt der Sprecherin vorkommen und was die übrigen Mitglieder der Sprachgemeinschaft wissen oder können. Um zu diesem Ergebnis zu gelangen, musste Putnam den psychischen Zustand der Sprecherin ‚eng' individuieren, d. h. er musste sich bei der Beschreibung psychischer oder geistiger Zustände von dem Grundsatz des „methodologischen Solipsismus" leiten lassen, wonach „kein psychischer Zustand im eigentlichen Sinne die Existenz irgendeines Individuums voraussetzt außer dem Subjekt, dem dieser Zustand zugeschrieben wird" (Putnam 1979, 28). Wenn Oskar$_1$ seiner Freundin im Freibad zuruft ‚Komm mit ins Wasser', befindet er sich laut Putnam im gleichen psychischen Zustand wie Oskar$_2$, der seiner Freundin im Freibad zuruft ‚Komm mit ins Wasser', obwohl ‚Wasser' in der Welt von Oskar$_1$ eine andere Extension hat als ‚Wasser' in der Welt von Oskar$_2$. Wenn Oskar$_1$ den Satz ‚Meerwasser enthält bis zu 3% Natriumchlorid' liest und versteht, befindet er sich im gleichen psychischen Zustand wie Oskar$_2$, der den gleichen Satz liest und versteht, obwohl die Flüssigkeit, die in der Welt von Oskar$_1$ bis zu 3% Natriumchlorid enthält, eine andere ist als die Flüssigkeit in der Welt von Oskar$_2$. Zustände des Meinens, Glaubens, Wünschens etc. werden in der Standardliteratur zur Philosophie des Geistes als Relationen einer Denkerin zu Propositionen analysiert (Schiffer 1987, 7f.). Der Inhalt der psychischen Zustände von Oskar$_1$ und Oskar$_2$ mit Bezug auf ‚Wasser' kann daher nur ‚enger', nicht ‚weiter' Inhalt sein. Die These des semantischen Externalismus, wonach die Extension Bestandteil des Sinns der Termini für natürliche Arten ist, verträgt sich nicht mit der Idee des engen Gehalts eng individuierter psychischer Zustände.

Die Inkohärenz in Putnams Argument hat Tyler Burge bewogen, den Grundsatz des methodologischen Solipsismus über Bord zu werfen und psychische Zustände auf der Basis ‚weiten' Inhalts zu individuieren. Er konstruiert zu diesem Zweck eine Geschichte, in der die beiden Protagonisten, Paul$_1$ und Paul$_2$, zwei physikalisch ununterscheidbare Individuen sind, die identische physiologische Geschichten durchlaufen haben und deren innere Zustände ununterscheidbar sind, sofern wir sie in nicht-intentionalem und nicht-semantischem Vokabular beschreiben (Burge 1979, 77f.). Unter die ‚inneren Zustände' von Paul$_1$ und Paul$_2$ rechnen wir auch nicht-intentionale psychische Zustände wie Schmerz, Angst, Niedergeschlagenheit, Freude, sowie Dispositionen zu verbalem Verhalten, die sich in der Produktion identischer Lautfolgen äußern. Paul$_1$ ist seit vielen Jahren an Arthritis erkrankt und hat außerdem eine Reihe von Überzeugungen, die wir ihm unter Verwendung des Terminus ‚Arthritis' korrekt zuschreiben können. Er glaubt z. B., dass er seit Jahren Arthritis hat, dass die Arthritis in seinen Fußgelenken schmerzhafter ist als die Arthritis in den Hand- und Fingergelenken, dass es besser ist, Arthritis statt Krebs zu haben, etc. Zusätzlich zu diesen unspektakulären Einstellungen glaubt er fälschlicherweise, dass er Arthritis in seinem Oberschenkelknochen hat. Er teilt diese Selbstdiagnose seinem Arzt mit, der ihn darüber aufklärt, dass Arthritis eine Erkrankung der Gelenke, nicht des Knochengewebes ist. Auch Paul$_2$ geht zum Arzt und sagt ‚Ich habe Arthritis im Oberschenkel'. Im Unterschied zur wirklichen Welt, der Welt von Paul$_1$, werden in der Welt von Paul$_2$ Gelenkentzündungen *und* rheumatische Erkrankungen anderer Teile des Skeletts von der Schulmedizin mit dem Terminus ‚Arthritis' belegt. Das Wort ‚Arthritis' bedeutet in der Welt von Paul$_2$ nicht *Arthritis*, d. h. eine entzündliche Gelenkerkrankung. ‚Arthritis' in der Welt von Paul$_2$ unterscheidet sich sowohl hinsichtlich der Extension als auch der Wörterbuchdefinition von unserem Wort ‚Arthritis'. Wie auch immer wir den Inhalt der Einstellungen von Paul$_2$ (und der übrigen Mitglieder seiner Sprachgemeinschaft) bestimmen, in den Inhaltsklauseln unserer Zuschreibungen wird nicht das Wort ‚Arthritis' oder ein Terminus mit gleicher Extension vorkommen. Das Ergebnis des Gedankenexperiments ist, dass der Inhalt der Einstellungen von Paul$_1$ und Paul$_2$ variiert, während die physiologischen und nicht-intentionalen Fakten dieselben sind, wenn wir sie von ihrem sozialen Kontext isolieren. Der Unterschied der Einstellungen resultiert aus Faktoren, die beiden Individuen ‚äußerlich' sind, sofern wir sie isoliert als Organismen, Input-Output-Vorrichtungen oder Sitz des Bewusstseins betrachten. Wir schreiben beiden Individuen Einstellungen auf der Grundlage der Zugehörigkeit zu einer Sprachgemeinschaft zu. *Arthritis* ist Inhaltsbestandteil der Einstellungen von Paul$_1$, weil Paul$_1$ einer Sprachgemeinschaft angehört, in der das Wort ‚Arthritis' so verwendet wird, dass ausschließlich entzündete Gelenke in seiner Extension sind. Was immer Paul$_2$ glauben, erhoffen, befürchten wird, *Arthritis* wird nicht ein Inhaltsbestandteil seiner Einstellungen sein können, weil Paul$_2$ in einer Welt lebt, in der die Sprecher das Wort ‚Arthritis' so verwenden, dass neben entzündeten Gelenken noch andere Teile des Skeletts zu seiner Extension gehören. Psychische Zustände, die intentional sind, werden auf der Grundlage ihres psychologischen Modus und ihres Inhalts individuiert. Es spielt dabei keine Rolle, ob der Inhalt begrifflicher oder nicht-begrifflicher Art ist. Wenn Paul$_1$ zum Arzt geht und sagt ‚Ich habe Arthritis im Oberschenkel', ist er in einem anderen psychischen Zustand als Paul$_2$, der denselben Satz in Anwesenheit seines Arztes äußert. Paul$_1$ und Paul$_2$ sind zwar in physikalischer Hinsicht ununterscheidbar, sie befinden sich jedoch in unterschiedlichen psychischen Zuständen. Die Lehre aus dem Gedankenexperiment ist, dass sich psychische Zustände nicht „individualistisch", d. h. ohne Bezug zu ihrer natürlichen und sozialen Umwelt individuieren lassen (Burge 1979, 103). Ein wesentlicher Aspekt der sozialen Umwelt ist bei Kreaturen, die Sprache haben, der Sprachgebrauch der Gruppe, der sie angehören.

6 Die Wende zur Sprache (II): kontinentale Philosophie (Phänomenologie)

Die Wende zur Sprache (engl. *linguistic turn*) ist keine Affäre, die sich auf die analytische Philosophie des 20. Jahrhunderts beschränkt hätte. Man kann sogar sagen, dass die Wende zur Sprache in derjenigen Traditionslinie der modernen Philosophie, die immer im Gegensatz zur analytischen Philosophie gesehen wurde, weit radikaler vollzogen wurde, nämlich in bestimmten Ausprägungen der sogenannten *kontinentalen Philosophie*, die wir mit dem Etikett der ‚Phänomenologie' versehen können. Für diese Tradition stehen Namen, die (rein zufällig) alle mit dem Buchstaben ‚H' beginnen: Hamann, Herder, Humboldt (im 18. und frühen 19. Jahrhundert) und schließlich Heidegger im 20. Jahrhundert. Charles Taylor, der in der den beiden folgenden Abschnitten zu Wort kommen soll, spricht von der „triple-H"-Theorie (Taylor 1985, 256). Die genannten Autoren gelangen über die Auseinandersetzung mit Kants Transzendentalphilosophie zu einer Revision im Sprachverständnis. Man kann Kant so lesen, dass er die Bedingungen der Möglichkeit von Gegenständen unserer Erfahrung in der Natur unserer Erkenntnisvermögen (Sinnlichkeit, Verstand, Vernunft) verankert, also in einer Instanz, die sich überzeitlich, invariant und in allen Menschen identisch erweist. Kant geht von der Unerkennbarkeit der Dinge aus. Der Gegenstand der Erfahrung ist niemals das ‚Ding an sich', sondern immer das ‚Ding für uns' (Erscheinung *für* ein Subjekt). Was wir ‚Wirklichkeit', ‚Welt', ‚objektives Sein' etc. nennen, ist nicht die Gesamtheit an sich seiender Wesen, sondern das Resultat synthetisierender Leistungen des transzendentalen Subjekts. Die Einheit der Welt bleibt dennoch gewahrt, weil es das (transzendentale) Subjekt nur im Singular gibt und das Subjekt die Mannigfaltigkeit seiner Vorstellungen auf die Einheit seines Selbstbewusstseins (‚transzendentale Apperzeption') bezieht. Die Subjektnatur der Individuen ist nichts Individuelles, sondern ein Allgemeines (*Vernunft*natur). Die Sprache zählt bei Kant nicht zu den Bedingungen der Möglichkeit von Erkenntnis. Kant verharrt im klassischen mentalistischen Sprachparadigma, wonach den Sprachzeichen lediglich eine nachträgliche Bezeichnungsfunktion zukommt. Der Sprache einen Beitrag bei der Konstitution von Welt zuzubilligen, hieße in der Tat, die Einheit der Welt aufs Spiel zu setzen, ist doch die Sprache, als geschichtliche Größe, bestenfalls *unreine*, jedoch niemals ‚reine' (von jeglicher empirischen Beimischung freie) Vernunft.

Die genannten Autoren vollziehen den Linguistic Turn, indem sie dem Medium der *geschichtlichen* Sprache einen wesentlichen Beitrag bei der Konstitution der Welt zubilligen. Das menschliche Bewusstsein bezieht sich, insofern es sich auf etwas bezieht, immer schon sprachlich auf dieses Etwas. Die Sprache ist demnach „erstes und letztes Organon und Kriterion der Vernunft" (Hamann 1825, 5). Setzen wir die Grenzen der Vernunft mit den Grenzen der Sprache gleich (vgl. Wittgenstein 1984, 9), so müssen wir eingestehen, dass die Vernunft nicht anders als ihr Medium durch und durch geschichtlich, d. h. wandelbar, kontingent, konventionsbedingt etc. ist. Die relativistischen Konsequenzen aus der Lokalisierung der Vernunft *in* der Sprache waren zunächst gar nicht im Blick. Sie waren wohl auch nicht intendiert. Den genannten Autoren ging es um eine ‚Metakritik' der Kantischen *Kritik der reinen Vernunft*, d. h. um die sprachtheoretische Überbietung von Kants Projekt, der die Konstitution von Welt aus den Strukturen menschlicher Subjektivität ableiten wollte.

6.1 Herder und die Entdeckung der sprachlichen Dimension

Im Folgenden möchte ich auf Johann Gottfried Herders *Abhandlung über den Ursprung der Sprache* (1772) zu sprechen kommen und die Interpretation des kanadischen Philosophen Charles Taylor wiedergeben (Taylor 1995a, 1995b). In der *Abhandlung* beteiligt sich Herder an der im 18. Jahrhundert beliebten Debatte über die ‚Ursprünge' (des Denkens, der Sprachfähigkeit, der Zivilisation etc.). Der Text ist eine Replik auf Etienne Condillacs *Essai sur l'origine des connoissances humaines*. Condillac erzählt eine Fabel: Zwei Kinder, die in der Wüste leben, geben Schreie und Gesten von sich. Es handelt sich um das, was Condillac ‚natürliche Zeichen' im Unterschied zu ‚institutionellen Zeichen' nennt. Von einer Sprache in unserem Sinn kann erst dann die Rede sein, wenn sich die Kinder einen Vorrat an institutionellen

Zeichen erworben haben. Die Fabel soll erklären, wie sich der Übergang von den natürlichen Zeichen zu den institutionellen Zeichen vollzogen hat. Das eine Kind sieht das andere Kind schreien. Es bemerkt, dass der Schrei durch eine reale Gefahr verursacht ist, beispielsweise durch eine Schlange. Es sieht den Schrei als Zeichen von etwas, nämlich dem, was dem anderen Kind den Schrecken einjagte. Mit Hilfe des Zeichens, des Schreis, kann es seinerseits auf dasjenige Bezug nehmen, was beim anderen Kind den Schrecken verursachte. Was bisher nur Naturzeichen war, kann jetzt als institutionelles Zeichen dienen. Die Kinder haben ihr erstes Wort gelernt, und die Sprache ist geboren. Wenn das Prinzip erkannt ist, können sie, Wort für Wort, eine komplexere Sprache aufbauen. Herder ist mit dieser Fabel unzufrieden: „Seine [Condillacs] Kinder kommen ohne Kenntnis jedes Zeichens zusammen, und – siehe da! – im ersten Augenblick sind sie schon im gegenseitigen Kommerz. Und doch bloß durch diesen gegenseitigen Kommerz lernen sie erst, ‚mit dem Geschrei der Empfindungen die Gedanken zu verbinden, deren natürliche Zeichen sie sind' […] Der Abt Condillac […] hat das ganze Ding der Sprache schon von der ersten Seite seines Buchs erfunden vorausgesetzt" (Herder 1960, 12). Die Kinder scheinen bereits zu wissen, was es heißt, dass ein Zeichen für ein Ding stehen kann. Worin besteht diese Fähigkeit, die wir haben und die Tieren abgeht, nämlich Laute mit Bedeutungen zu verbinden und mit ihrer Hilfe Dinge herauszugreifen und zu identifizieren? Taylor liest Herders *Abhandlung* so, dass in dieser Schrift die gängige klassische Sprachauffassung in zwei Punkten kritisiert bzw. überwunden wird (Taylor 1995a, 93f.): (1.) Der Standpunkt des neutralen Beobachters wird zugunsten der *teilnehmenden Perspektive* verlassen. Aus der externen Perspektive der 3. grammatischen Person ist darin nichts Problematisches, dass etwas für etwas stehen kann. In Condillacs Theorie handelt es sich um eine schlichte zweistellige Relation von Zeichen und Ding. (2.) Selbst wenn wir den subjektiven Standpunkt anerkennen (und Condillac tut dies in gewissem Sinne), haben wir noch nicht erklärt, worin sich *aus der Sicht des Kindes* die Äußerung eines ‚Naturzeichens' von der Äußerung eines ‚institutionellen Zeichens' unterscheidet. Auch Herder erklärt diesen Schritt vom Naturzeichen zum Sprachzeichen nicht wirklich. (Vielleicht ist es ja ein aussichtsloses Unterfangen, den ‚Ursprung' der Sprache erklären zu wollen.) Er weist jedoch auf die Rahmenbedingungen hin, unter denen das Verstehen eines Sprachzeichens erst möglich wird: auf den *Hintergrund einer Sprache* als ganzer. Es muss, wie Wittgenstein es ausdrückt, in der Sprache schon einiges vorbereitet sein, damit das Benennen gelingen kann (Wittgenstein 1984, 255, § 31). Herder beleuchtet als erster die Rolle des *Hintergrundverstehens*. Das Gemeinte lässt sich am besten verdeutlichen, wenn wir zwei Fälle unterscheiden:

(a) ein Kind lernt die Bedeutung eines neuen Wortes,
(b) ein Tier lernt, auf ein Zeichen in bestimmter Weise zu reagieren.

Zu (b): Es kann Ratten beigebracht werden, auf Formen und Farben in unterschiedlicher Weise zu reagieren, z. B. mit Hilfe eines bestimmten Zeichens die Öffnung ausfindig zu machen, hinter der Käse versteckt ist. Von Schimpansen ist bekannt, dass sie nicht nur auf weit komplexere Signale reagieren können, sondern dass sie solche Signale sogar hervorbringen können (z. B. ‚möchte Banane‘). Worin unterscheidet sich das ‚Lernen der Bedeutung‘ in (a) und (b)? In beiden Fällen wird gelernt, eine Technik zu beherrschen. Dies schließt ein, dass in beiden Fällen nach ‚richtiger‘ und ‚falscher‘ Ausführung der Technik gefragt werden. Im Fall (b) bedeutet ‚richtig‘, dass ein gewisses Resultat erzielt wurde oder dass eine Aufgabe erfüllt wurde. Es ist (für die Ratte) ‚richtig‘, durch die Öffnung mit dem roten Dreieck, nicht aber durch die mit dem blauen Pfeil zu rennen, weil der Käse eben immer hinter der Öffnung mit dem roten Dreieck liegt. Wenn der Schimpanse ‚möchte Banane‘ signalisiert, dann verwendet er die Zeichen richtig, weil er erwarten kann, eine Banane zu erhalten. Das Kriterium für ‚richtig‘ bemisst sich am außersprachlichen Erfolg, den das Tier durch die Ausführung der Technik herbeiführen kann.

Betrachten wir aber den Fall, dass wir eine der ausgefeilten Tätigkeiten ausführen, die uns die Sprache gestattet: ‚eine wissenschaftliche Beschreibung geben‘, ‚die eigenen Gefühle ausdrücken‘, ‚eine Szene aus der Vergangenheit nacherzählen‘, ‚eine Metapher finden‘ oder ‚einen Vergleich ziehen‘, ‚einen Witz erzählen‘, etc. ‚Richtig‘ heißt hier so viel wie ‚die Worte richtig gebrauchen‘, ‚die Wahrheit sagen‘, ‚aufrichtig sein‘, ‚etwas Relevantes beitragen‘, ‚eine Pointe erfassen‘ etc.

Die Richtigkeit lässt sich nur zirkelhaft definieren, d. h. im Hinblick auf Ziele, die wir verfolgen, weil wir eine Sprache sprechen. Natürlich können wir mit Hilfe der Sprache immer auch außersprachliche perlokutionäre Ziele realisieren. Die Bewertungsdimension, um die es uns hier geht, hat ihr Maß aber nicht an einem außersprachlichen Erfolg. Wir berühren das, was Taylor die „sprachliche Dimension" und den „nicht-reduktiven" Sinn von Richtigkeit nennt (Taylor 1995a, 84). Von diesem Standpunkt aus kann man sagen, dass ein Wesen Sprache im menschlichen Sinn besitzt, wenn es die *sprachliche Dimension* betritt. Leben Organismen (eine Zelle, ein Zellverband, das Lebewesen ‚Hund', das Kleinkind) in der sprachlichen Dimension? Angenommen, ein Hund hat soeben ein Stück Fleisch verzehrt und war ganz zufrieden damit. Es stellt sich aber heraus, dass es kein Fleisch war, sondern eine Substanz, die sich in Aussehen, Geschmack, Geruch in nichts von Fleisch unterscheidet, aber tatsächlich stofflich angereichertes Pflanzenprotein in der Form eines Schnitzels war. Kann man von dem Hund sagen: ‚er glaubt, das, was er soeben gefressen hat, sei Fleisch'? Wenn wir solch ein falsches Schnitzel sehen, würden wir doch sagen: ‚Sieh da, ein Stück Fleisch'. Wir würden es vielleicht mit Vergnügen verspeisen. Wenn wir jedoch erfahren, dass das Gegessene nichts anderes war als ein Stück angereichertes Pflanzenprotein, würden wir die anfängliche Meinung revidieren wollen und sagen: ‚Es war kein wirkliches Fleisch', ‚Es war unechtes Fleisch' etc. Gesetzt den Fall, dass wir dem Hund das künstliche Schnitzel vorlegen. Der Hund frisst das Schnitzel und ist völlig zufrieden. Hat der Hund etwas Falsches geglaubt? Oder schließt der Fleischbegriff des Hundes von vornherein unechte Schnitzel mit ein? Diese Fragen sind natürlich sinnlos. Der Hund lebt nicht in der ‚sprachlichen Dimension'. Der Sprecher einer Sprache kann zu dem Schluss kommen, dass sein bisheriger Fleischbegriff besagte, dass Fleisch von einem Tier kommt. Er kann also sagen, dass er sich im Falle des Proteinschnitzels geirrt hat, oder er kann sich dafür entscheiden, den Fleischbegriff weiter zu fassen, so dass er jetzt auch künstliche Schnitzel mit umfasst. Der Hund wird von alledem nichts tun können. Er wird weder denken können ‚Dieses Stück Fleisch stammte also nicht von einem Tier' noch ‚Normalerweise besitzt Fleisch die und die Mikrostruktur'. Der Punkt ist eigentlich folgender. Menschen sind reflektierende Wesen. Wenn ich einen bestimmten Gedanken denke, kann ich später die Frage stellen, ob mein Gedanke zum Erfolg geführt hat oder nicht, ob er sein Ziel erreicht hat, ob er zu meinem Wohlbefinden, Vorteil, Glück etc. beigetragen hat. Ich kann aber ebenfalls fragen, ob mein Gedanke zutraf oder nicht, und das ist nicht die gleiche Frage. Ich kann zum Schluss kommen, dass mich ein Gedanke zum Erfolg geführt hat, obwohl er nicht zutraf. Ich unterlag einer Täuschung (das Schnitzel war unecht), dennoch hat mir die Täuschung genützt (das Schnitzel schmeckte vorzüglich, es ist gesünder als Tierfleisch, etc.). Für den Hund hat die Unterscheidung zwischen einer wahren und einer erfolgreichen Überzeugung keinen Sinn. Hunde sind von der Evolution auf ‚Erfolg' und ‚Misserfolg' getrimmt worden. Menschen können ihre Überzeugungen immer auch auf Erfolg und Misserfolg hin bewerten. Sie können aber auch fragen, ob das Geäußerte oder Gemeinte *wahr* ist. Das Wahre fällt nicht in allen Fällen mit dem Vorteilhaften oder Nützlichen zusammen.

Ob ein Wesen sich in der sprachlichen Dimension aufhält oder nicht, lässt sich von einem neutralen Beobachterstandpunkt aus nicht immer klar entscheiden. Was der Beobachter feststellen kann, ist ein regelmäßiger Zusammenhang zwischen Signalausstoß, Umwelt und Verhalten des Organismus. Um die Frage zu entscheiden, müssen wir das subjektive Verstehen des betreffenden Wesens miteinbeziehen, d. h. was es für dieses Wesen heißt, dass eine Bezeichnung oder eine Feststellung ‚richtig' ist. Doch wie sollen wir das im Falle des Hunds oder der Ratte tun? Bei der Ratte, die gelernt hat, sich den Käse durch das Loch mit dem roten Dreieck zu holen, würden wir kaum sagen, sie bewege sich in der sprachlichen Dimension. Wie ist es bei Hunden oder Pferden, die zu ihren Haltern ein emotionales Band aufbauen können, das es natürlich auch erlaubt, miteinander zu kommunizieren? Sind sie durch die Symbiose mit ihren Haltern nicht irgendwie in die sprachliche Dimension hineingenommen? Auf der anderen Seite würden wir selbst unserem Lieblingshund kein menschliches Sprachvermögen zuschreiben. Wie steht es aber mit Schimpansen, die nicht nur dazu abgerichtet werden können, auf Signale zu reagieren, sondern sie aktiv zu gebrauchen? Um diese Frage zu beantworten, empfiehlt es sich, das, was wir vorhin die sprachliche Dimension genannt haben, von solchen Sprachmerkmalen zu unterscheiden, die sich auch schon im Sprachverhalten der Schimpansen wiederfinden (Taylor 1995a, 85f.):

(1.) die *kombinatorischen* Merkmale jedes Sprachgebrauchs. Schimpansen sind im Unterschied zu den Angehörigen niedrigerer Tierarten in der Lage, beispielsweise Zeichen für ‚haben' und für ‚Banane' zu lernen und sie zu kombinieren. Sie können rudimentäre Sätze bilden. Die Möglichkeit, aus einer begrenzten Anzahl von Elementen beliebig viele Kombinationen zu formen, ist ein wesentliches Merkmal menschlicher Sprache. Zusammen mit der Idee der Rekursivität erlaubt uns dieses Mittel, aus einem beschränkten Vorrat von Zeichen unter Anwendung einer endlichen Menge von Regeln unendlich viele Sätze zu bilden. Wir haben Maschinen gebaut, die diese Fähigkeit in hohem Maße ausnutzen. So eindrucksvoll dieser Zug der Sprache auch sein mag, wir berühren damit noch nicht das, was wir weiter oben die sprachliche Dimension genannt haben.

(2.) An zweiter Stelle ist die Dimension des *Spiels* mit Zeichen anzuführen. Schimpansen sind in der Lage, mit ihrem Zeichenrepertoire zu spielen, d. h. es außerhalb des Kontextes der Kommunikation mit ihren Trainern zu gebrauchen. Diese Art von Aktivität, das eigene Repertoire zu durchlaufen, ohne es ernsthaft anzuwenden, ist nicht nur bei Schimpansen, sondern bei fast aller höheren Säugtierarten verbreitet.

(3.) Besonders beeindruckend ist die Fähigkeit der Schimpansen, Signale oder Signalketten zu erzeugen, in der Absicht, ihr menschliches Gegenüber zu einem bestimmten Verhalten zu bewegen. Durch das aktive *Signalisieren* scheinen die Schimpansen in die Nähe der menschlichen Sprachbenutzer zu rücken. Warum sollten wir dennoch zögern, Schimpansen als Wesen aufzufassen, die sich in der sprachlichen Dimension aufhalten? Es ist das Fehlen irgendeiner Manifestation dieser Dimension, die über das reine Zeigen auf Objekte und dem Ausdruck des Begehrens hinausginge. Die menschliche Sprache reduziert sich nicht auf die *designative* Zeichenfunktion. Betrachten wir ein Ritual, z. B. einen Regentanz unter den Indianern Arizonas (Taylor 1995a, 86). Wir können das Ritual als Technik auffassen, die die Eingeborenen anwenden, um Regen herbeizuführen. Unter dieser Beschreibung wäre das Ritual ein einziges komplexes *Signal*. Wirksam ist es in den Augen der Eingeborenen jedoch dadurch, dass es *richtig* ausgeführt wurde. Nur aufgrund dieser Richtigkeit lassen sich die Kräfte ansprechen, die den Regen spenden oder zurückhalten. Diese Art ‚mitfühlender Magie' kann natürlich nur von Wesen praktiziert werden, die sich bereits in der sprachlichen Dimension bewegen.

Die menschliche Sprache ist auch deswegen von der Signalkommunikation der Schimpansen weit entfernt, weil das Signalisieren keine *expressive* Funktion übernehmen kann. Im Rahmen der Sprechakttheorie hatten wir die ‚expressive' Dimension der Sprache als die Kundgabe von Einstellungen, Gefühlen, Haltungen etc. bestimmt. Es ist eine Eigenart des menschlichen Sprachgebrauchs, dass der expressive Aspekt niemals vollständig hinter der Bedeutung der Zeichen, dem Sinn des Gesagten etc. zurücktreten kann. Dies gilt selbst für den Fall, dass ich mir als Sprecher absolute Zurückhaltung auferlege und rein sachlich argumentiere und jede Regung unterdrücke. Auch das Fehlen jeglichen Gefühlsausdrucks ist ein Ausdruck und manifestiert eine Einstellung. Ich zeige eben Zurückhaltung, Teilnahmslosigkeit, Verachtung, ich verstelle mich, etc. Die Unterscheidung, auf die es uns ankommt, lässt sich auch auf folgende Weise erläutern: auch in der menschlichen Kommunikation lassen sich Wörter als *Signale* gebrauchen, – man denke an Ein-Wort-Sätze wie ‚Tiger', ‚Feuer' oder an Befehle wie ‚Pass auf den Kran auf!'. Es dann aber möglich, weiterzufragen und eine Erklärung von dem zu erhalten, was der Sprecher mit seinem Ausruf intendiert hatte, z. B. welche Situation die Ein-Wort-Sätze beschreiben oder was zu tun ist, um dem Befehl nachzukommen. Im Fall der Ratte kann man dagegen nicht fragen, ob das rote Dreieck ‚vorwärts!', ‚Käse', ‚Hier nach dem Käse rennen' oder was auch immer bedeutet. Es hat auch keinen Sinn zu fragen, ob der Schimpanse mit dem Signal ‚Banane haben' eine Bitte oder einen Befehl äußert, einen Wunsch kundtut, einem Gefühl Ausdruck verleiht, d. h. z. B. ‚Gib mir eine Banane!', ‚ich habe Hunger', ‚Lust auf Banane' etc. *meint*.

Der Zeichengebrauch von Wesen, die wir der sprachlichen Dimension zurechnen, zeichnet sich demnach durch *Reflexivität*, d. h. die Fähigkeit aus, mit Hilfe von Sprache auf Sprache Bezug zu nehmen und in eine Kommunikation zweiter Stufe, d. h. eine Metakommunikation über eine bereits erfolgte Kommunikation zu treten. Das, was Kreaturen, die sich nicht in der sprachlichen Dimension aufhalten, abgeht, und was bei Kreaturen, die signalisieren, hinzukommen muss, damit man sagen kann, sie gebrauchten ein Sprache und lebten in der sprachlichen Dimension, ist für Herder die *Besonnenheit*: „Der Mensch in den Zustand der Besonnenheit gesetzt, der ihm eigen ist, und diese Besonnenheit (Reflexion) zum ersten Mal frei wirkend, hat Sprache erfunden" (Herder 1960, 23). Eine Kreatur gilt ihm als besonnen, wenn ihr Bewusstsein nicht vollständig von den hereinströmenden Empfindungen gefangen ist. Eine besonnene Kreatur kann von dem „ganzen Ocean der Empfindungen", der alle Sinne durchrauscht, gewissermaßen eine einzelne „Welle […] absondern, sie anhalten, die Aufmerksamkeit auf sie richten" und „sich Merkmale absondern […] Dies erste Merkmal der Besinnung war Wort der Seele! Mit ihm ist die menschliche Sprache erfunden!" (Herder 1960, 24) Was sieht der „hungrige, witternde Wolf", der „blutleckende Löwe", der „brünstige Schafmann" in dem Lamm? Natürlich nichts als Beute oder das Objekt der sexuellen Begierde. Nicht so der Mensch, den kein Instinkt stört: „ […] so reißt ihn kein Sinn auf dasselbe zu nahe hin oder davon ab". Für den Menschen steht das Schaf ganz da, wie es sich seinen Sinnen darbietet: „Weiß, sanft, wollig" (Herder 1960, 25). Die sich in der Besonnenheit übende Seele des Menschen sucht ein Merkmal. Das Schaf *blökt*. Auf einmal hat die Seele ein Merkmal gefunden. „Dies Blöken, das ihr am stärksten Eindruck macht, […] das am tiefsten eindrang, bleibt ihr." Nun kommt das Schaf zu einem späteren Zeitpunkt wieder: „weiß, sanft, wollig". Die Seele sieht es, sie tastet, besinnt sich, sucht ein Merkmal – „es blökt und nun erkennt sie's wieder! ‚Ha! Du bist das Blökende!' fühlt sie innerlich." Die Seele hat ihr inneres Merkwort gefunden. Herder proklamiert einen *onomatopoetischen* Ursprung der Sprache: „Der Schall des Blökens von einer menschlichen Seele als Kennzeichen des Schafs wahrgenommen, ward kraft dieser Besinnung *Name* des Schafs" (Herder 1960, 25). Erst in der reflektierenden Einstellung der Besonnenheit wird das Schaf erstmals *als* Schaf wahrgenommen, d. h. als Objekt, das wir *richtig* klassifizieren als „das Blökende". Damit berühren wir eine Bewertungsdimension, die nicht aufgeht in dem Erfolg irgendeiner Lebenserhaltungsfunktion. Es ist dieser neue Raum der Aufmerksamkeit bzw. der Loslösung von der unmittelbar instinktiven Signifikanz der Dinge, den Herder *Besonnenheit* nennt.

Herder vermisst das Element der Besonnenheit in Condillacs Schilderung der Urszene sprachlicher Verständigung. Dabei urteilt Condillac sehr differenziert, was den Unterschied von tierischem und menschlichem Zeichengebrauch angeht. Tiere reagieren auf natürliche Zeichen, Menschen antworten auf institutionalisierte Zeichen. Der Unterschied besteht darin, dass Menschen mit Hilfe institutioneller Zeichen den Fluss ihrer Imaginationen kontrollieren können, während Tiere weit passiver dem Strom ihrer Empfindungen folgen. Es gibt offenbar eine Gemeinsamkeit zwischen Herder und Condillac. Der eine spricht von der Unterbrechung des ‚Oceans von Empfindungen', der andere von der ‚Kontrolle der Imaginationen'. Was dem französischen Denker abgeht, ist das Verständnis dafür, dass die Verbindung von Zeichen und Objekt einen völlig anderen Charakter annimmt, je nachdem ob wir auf der einen oder der anderen Seite der Grenze stehen. Für ihn handelt es sich um eine Ding-zu-Ding-Beziehung. Das eine Ding dient dazu, das andere zu bezeichnen. Die Frage ist nur, ob wir diese Beziehung beherrschen, oder ob sie uns beherrscht. Condillac steht in der Tradition *instrumentalistischer* Sprachauffassungen, als deren Exponent John Locke gelten kann. Für Locke sind die Ideen die primäre Gegebenheit jeden rationalen Lebens. Ideen haben ihren Ursprung in der sinnlichen Wahrnehmung. Wörter dienen dazu, Ideen zu bezeichnen (ihre Bedeutung ist also buchstäblich die Idee). Condillac verfeinert diese Sprachauffassung, indem er den institutionellen Zeichen eine entscheidende Rolle bei der Klärung der Ideen, d. h. der Erkenntniskritik, zuschreibt. Nachdem wir die Ideen erst einmal benannt haben, können wir den Fluss unserer Gedanken besser kontrollieren. Die Sprache ermöglicht so „empire sur notre imagination" (zit. nach Taylor 1995a, 88). Wir können subtilere Unterscheidungen treffen, indem wir neue Namen einführen. Die Sprache ermöglicht also Wissenschaft und Aufklärung. Aber auf jeder Stufe dieses Prozesses sind die Ideen ihren Benennungen immer voraus, obwohl ihre Unterscheidbarkeit aus dem Akt des Benennung resultiert.

Woran krankt Lockes und Condillacs Sprachauffassung aus der Sicht Herders? Beide sehen es als völlig unproblematisch an, dass Menschen Zeichen benutzen, die für Objekte bzw. Ideen von Objekten stehen. Es ist diese verdinglichende Sicht der Bezeichnungsrelation, die Herder aufbrechen möchte. Die verdinglichende Sicht ist bei Locke und Condillac nicht darauf zurückzuführen, dass sie von einem externen Beobachterstandpunkt ausgehen. Im Gegenteil, – sie führen den Zeichengebrauch aus der Innenperspektive eines monologischen Subjekts ein, das sich selbst beobachtet. Beide liquidieren eigentlich gar nicht die sprachliche Dimension von Richtigkeit. Sie setzen sie vielmehr als völlig unproblematisch voraus. Genau das wirft Herder Condillac vor: „Der Abt Condillac [...] hat das ganze Ding der Sprache schon von der ersten Seite seines Buchs erfunden vorausgesetzt" (Herder 1960, 12). Es gilt als völlig selbstverständlich, dass Zeichen für Dinge stehen und richtig oder falsch gebraucht werden können. Den Hintergrund des sprachlichen Rahmens als eines Ganzen schenkt man sich. Man nimmt jedes einzelne Zeichen so, als wäre das, was das Verstehen des Hintergrunds leistet, in den Gebrauch dieses Zeichens eingebaut, so dass es ‚wie von selbst' bezeichnet. Wer den Hintergrund so in jedes Einzelzeichen hineinpackt, der ist auf dem besten Weg, ihn zu verdrängen. Dies ist der Fehler jeder *Bezeichnungstheorie der Bedeutung*. Verschlimmert wurde diese Tendenz in der neuzeitlichen Erkenntnistheorie noch dadurch, dass man dazu neigte, unseren Gedanken und Bewusstseinsinhalten eine dinghafte Existenzweise zuzuschreiben. Zeichen, als Dinge, standen für Ideen, als Dinge, die für Dinge in der äußeren Welt standen. Dieses ‚Stehen für' konnte natürlich jegliches Hintergrunds entbehren. Die Ausklammerung des Hintergrunds dürfte mit dafür verantwortlich sein, dass so viele Theoretiker in der Moderne für den Behaviorismus anfällig waren, d. h. für eine Behandlung von Denken und Sprechen vom Standpunkt des externen Beobachters aus. Die Wiederherstellung des Hintergrunds, wie sie in den Philosophien von Heidegger und Wittgenstein ihren Kulminationspunkt gefunden hat, musste gegen eine mächtige kulturelle Strömung, die sich stets auf der Seite des wissenschaftlichen Fortschritts sah, angehen.

Für das, was Taylor die ‚sprachliche Dimension' genannt hat, lassen sich demnach vier Merkmale angeben (Taylor 1995a 93f.): (1.) Holismus: Es kann keine Ein-Wort-Sprachen bzw. eine Sprache, deren Lexikon nur ein Wort enthält, geben. Die Worte gewinnen ihre Bedeutung aus dem Kontext der Sätze, in denen sie verwendet werden können. Zu diesem Zweck müssen wir auch die Bedeutung anderer Worte kennen. Worte und Sätze setzen die Präsenz einer Sprache voraus. (2.) Weltbildende Funktion der Sprache: Die Sprache erschöpft sich nicht darin, Gegenstände zu bezeichnen oder Sachverhalte darzustellen. Durch die Sprache wird überhaupt erst eine Welt, in der sich auf Dinge sich Bezug nehmen lässt, hervorgebracht. Nur sprachliche Wesen haben eine ‚Welt', (3.) Vorrang der Sprache vor der Intention: Die Sprache ist nicht Instrument unseres Geistes, der mit ihrer Hilfe Ideen manipuliert und sie anderen mitteilt, sondern Medium, in dem sich überhaupt erst ‚Ideen' fassen lassen. (4.) Vorrang des soziale Charakters der Sprache vor dem Ideolekten einsamer Sprecher: Eine Sprache ist nicht Besitz eines einzelnen, sondern intersubjektiv geteilter und in realer Verständigung verkörperter Sinnzusammenhang.

Literatur:

Gaier 1996.
Bertram 2011.

6.2 Expressiv-konstitutive Sprachauffassungen

Von Wesen, die sich in der sprachlichen Dimension aufhalten, kann man sagen, sie hätten *Welt*. Tiere, Computer, Gehirne leben nicht in einer (symbolisch vermittelten, symbolisch strukturierten) Welt, sondern in ihrer *Umwelt*. Ihre Fähigkeit besteht darin, gewisse Umwelteinflüsse als Information verarbeiten zu können. Diese Fähigkeit ist etwas anderes, als ‚Welt zu haben'. Für das Welt-Haben ist der nicht-reduktive Sinn von sprachlicher Richtigkeit verantwortlich. Dabei denken wir natürlich an erster Stelle an die deskriptive Richtigkeit, d. h. *Wahrheit*. Damit ist die Richtigkeitsdimension der Sprache nicht ausgeschöpft, denn wir können mit der Sprache mehr tun als Dinge beschreiben. So ist der *expressive* Sprachgebrauch nicht bloß eine Fortsetzung des deskriptiven Sprachgebrauchs, mit dem einzigen Unterschied, dass wir jetzt über die innere statt über die äußere Welt reden. Expressive Äußerungen (von Trauer, Freude, Hass, Dankbarkeit, Eifersucht etc.) tragen dazu bei, das, wovon sie reden, allererst hervorzubringen. Damit soll nicht gesagt sein, dass nur sprechende Wesen Gefühle, Einstellungen, Wünsche etc. haben könnten. In dem Maße aber, in dem wir unser Inneres zum Ausdruck bringen, nimmt die Differenziertheit unseres Innenlebens zu. Expressive Sprechakte sind mehr als *Äußerungen* eines *Inneren*. Im Akt des Ausdrückens wird der Inhalt, den sie ausdrücken, überhaupt erst konstituiert. Wir dürfen uns von der Innen-Außen-Metaphorik nicht irreleiten lassen, als ob die expressive Sprache dazu da wäre, ein sowieso vorhandenes Innenleben der Subjekte zu äußern. Angenommen, ich hege gegenüber einer bestimmten Person ein starkes Gefühl und bin mir nicht im Klaren, ob es sich um Neid, Eifersucht, gekränkten Stolz, Konkurrenzgefühl, Hass oder Liebe handelt. Ich suche nach dem richtigen Wort. Ich komme darauf, dass es Eifersucht ist. Indem ich das richtige Wort gefunden habe, habe ich meine Gefühle geklärt. Ich weiß nun, was ich gegenüber dieser Person empfinde, ich werde mich ihr gegenüber in entsprechender Weise verhalten, etc. Das richtige Wort finden, heißt hier nicht einfach: eine richtige Beschreibung geben, zumindest nicht nach dem Modell ‚Beschreibung eines sprach-unabhängigen Gegenstandes'. Ob mein Gefühl wirklich Eifersucht war, wird sich durch mein zukünftiges Handeln zeigen. Auf der anderen Seite würde ich nicht so handeln, hätte ich nicht das klärende Wort gefunden. Ein weiterer Aspekt kommt durch das Aussprechen des Wortes, z.B. durch das Bekenntnis ‚ich war eifersüchtig' hinzu. Es ist der Stoff für Tragödien und Melodramen, dass Liebende nicht zu einander gefunden haben, weil sie den Kairos verpassten, an dem sie sich durch das Aussprechen des banalen Satzes ‚ich liebe dich' ihrer Liebe zu versichern hatten. Durch das Aussprechen wird die Wirklichkeit geschaffen, von der die Worte sprechen. Dass man durch das ‚richtige' Wort zum ‚richtigen' Zeitpunkt nicht nur Sachverhalte mitteilen, sondern Beziehungen stiften kann, die vor dem Aussprechen des Worts nicht existierten und ohne das Wort nicht fortbestehen könnten, hat der britische Philosoph John Langshaw Austin mit seiner Unterscheidung von *konstativen* und *performativen* Sprachäußerungen gezeigt (Austin 1972, siehe auch weiter oben 4.7) Mittels performativer Äußerungen lassen sich, sofern bestimmte Rahmenbedingungen erfüllt sind, neue Tatsachen schaffen. Austins performative Äußerungen sind ein Spezialfall expressiver Sprachverwendung, die ihren

Inhalt ‚performativ' hervorbringt, anstatt ihn wie im Fall assertorischer Sprachäußerungen zu repräsentieren.

Ein gutes Beispiel ist die Körpersprache, die einen persönlichen Stil zum Ausdruck bringt (das Beispiel ist aus Taylor 1995b, 107f.): Wir beobachten einen Motorradfahrer, der in unverwechselbarer Art von seiner Maschine steigt und lässig auf uns zukommt, weil wir ihm die Vorfahrt genommen haben. Diese Person sagt uns etwas in der Weise, in der sie sich bewegt, sich aufführt und spricht. Wir haben für dieses Verhalten vielleicht kein anderes Wort als ‚Macho'. Was uns der Motorradfahrer darbietet, ist eine höchst elaborierte Weise des ‚In-der-Welt-Seins' (Heidegger): man verhält sich so und so, ist besonders sensibel oder besonders unsensibel, bevorzugt bestimmte Kleidung, bestimmte Musik, bestimmte Freizeitaktivitäten. All das ist höchst wertbeladen, es erheischt Bewunderung oder im Fall von Fehlleistungen Spott und Verachtung. Die impliziten Werthaltungen sind in der Körpersprache des betreffenden Individuums enthalten. Wollten wir die Werthaltungen von ihrem verbalen und nicht-verbalen Ausdruck isolieren, hörte das auf zu existieren, wofür der Ausdruck steht. Mit dem Akt des Ausdrucks konstituiert sich der Inhalt des Ausgedrückten.

Es besteht ein offenkundiger Zusammenhang zwischen der Tatsache, dass in einer bestimmten Epoche neue literarische Gewohnheiten aufbrechen, z. B. Tagebuchschreiben, schriftliches Niederlegen einer Beichte, Auftreten des Ich-Erzählers, Verfassen von ‚Bekenntnissen', individuelle Lektüre, stummes Lesen etc., und dass ein Persönlichkeitstypus dominant wird, der sich durch ein völlig neues Repertoire an Gefühlen und Gefühlswerten auszeichnet. Man kann also sagen, dass der sprachliche Ausdruck die Welt von Gefühlen, von der er redet, in gewisser Weise erst hervorbringt. Er bildet sie jedenfalls nicht einfach ab. Das expressive Sprechen trägt dazu bei, eine (Innen-)Welt zu konstituieren, die nicht vorhanden wäre, würden wir die Sprache nicht zu expressiven Zwecken performativ gebrauchen. Im Zusammenhang der Sprechakttheorie haben wir gesehen, dass sprachliche Äußerungen auch dazu dienen können, soziale Beziehungen aufzubauen. In jeder Affenbande gibt es das Exemplar, das wir ‚dominant männlich' nennen, aber nur sprachliche Wesen können zwischen ‚Leittier', ‚König', ‚Patriarch', ‚Präsident' etc. unterscheiden. Tiere gehen Paarungen ein und zeugen Nachwuchs, aber nur sprachliche Wesen definieren Verwandtschaftsbeziehungen. Sprachliche Wesen können völlig neuartige Typen von Beziehungen eingehen: sich zu Verbänden zusammenschließen, Städte besiedeln, Staaten bilden, eine Firma gründen etc. Sie können bis auf die feinsten Nuancen hin festlegen, wie sie zueinander stehen; wieviel Intimität, Distanz, Hierarchie, Egalität sie einander einräumen. Mit den Emotionen und Beziehungen treten natürlich auch Wertungen im normativen Sinn auf den Plan. Auch nicht-sprachliche Wesen haben Präferenzen, d. h. sie begehren, weisen zurück, suchen, vermeiden bestimmte Dinge. Aber nur sprachliche Wesen können das, was sie begehren oder vermeiden, als *wertvoll* oder *wertlos* beurteilen. Solche intrinsischen Wertzuschreibungen sind nur möglich, wenn Wesen einen nicht-reduktiven Begriff von Richtigkeit besitzen. Sie müssen in der Lage sein, angeben zu können, warum etwas angestrebt oder abgelehnt werden *sollte*. Dass Dinge wertvoll sind, ist nämlich nicht damit zu erklären, dass sie de facto begehrt oder zurückgewiesen werden. Bereits Aristoteles leitete den Unterschied von menschlicher und tierischer Kommunikation von dem Unterschied zwischen normativen und nicht-normativen Wertungen ab: „Der Mensch ist das einzige Lebewesen (ζῷον), das Sprache (λόγος) besitzt. Die bloße stimmliche Verlautbarung (φωνή) zeigt nur das Angenehme und Unangenehme an, darum kommt sie auch anderen Lebewesen zu, denn so weit reicht ihre Natur, Angenehmes und Unangenehmes wahrzunehmen und von dieser Wahrnehmung einander Zeichen zu geben; die Sprache dagegen ist dazu bestimmt, das Nützliche und das Schädliche deutlich kundzutun und also auch das Gerechte und das Ungerechte. Denn das ist eben dem Menschen eigentümlich im Gegensatz zu den Tieren, dass er allein fähig ist, sich vom Guten und Schlechten, von Recht und Unrecht Vorstellungen zu machen. Die Gemeinschaftlichkeit dieser Vorstellungen ruft aber eben das Haus und den Staat ins Leben" (*Politik* I, 2, 1053a 9–18).

Das bisher Gesagte dürfte genügen, um das herauszuarbeiten, was Taylor den „expressiv-konstitutiven" Zug der Sprache nennt (Taylor 1995b, 101). Man kann diesen Zug als nebensächlich abtun oder ihn als Kernfunktion der Sprache darstellen. Wer letzteres tut, hebt nicht so sehr auf die Darstellungsfunktion der Sprache ab als auf ihre performative und expressive Rolle. Es ist nicht zwingend, die eine gegen die andere Funktion auszuspielen. Man könnte so ökumenisch verfahren wie die Sprechakttheorie und Äußerungen generell in ihre illokutionäre Rolle und ihren propositionalen Inhalt aufspalten (Searle 1983, 49). Tatsachenfeststellungen und performative Akte, die neue soziale Tatsachen schaffen, hielten sich so die Waage. Man kann den expressiv-konstitutiven Zug der Sprache aber auch auf den darstellenden Teil der Sprache ausdehnen und behaupten, dass wir auch in unseren Mitteilungen und Beschreibungen Tatsachen konstituieren, anstatt sie abzubilden. Unsere Intentionalität, d. h. die Fähigkeit, sich Gegenstände und Sachverhalte vorzustellen und sie zum Inhalt propositionaler Einstellungen zu machen, wäre an die welterschließende Kraft der Sprache gekoppelt, anstatt als frei schwebendes geistiges Vermögen durchzugehen. Taylor unterscheidet innerhalb des philosophischen Nachdenkens über die Sprache so genannte „Einrahmungstheorien„ (*enframing theories*) von einer „expressiv-konstitutiven„ Sicht der Sprache, wonach sämtliche Weisen der Sprachverwendung, auch die assertorische, eine starke projektive (welterzeugende, statt weltabbildende) Dimension aufweisen (Taylor 1995b, 101f.). Ein Beispiel für die Einrahmungstheorie ist die Sprachauffassung von Hobbes, Locke, Condillac, auch „HLC-Theorie" genannt (Taylor 1995b, 102), die uns im Zusammenhang der Auseinandersetzung von Herder mit Condillac begegnet war. Gemäß der HLC-Theorie ist die Sprache ein Instrument, das unserem Geist helfen kann, Ideen zu ordnen. Ein früher Vertreter der Gegenseite, der expressiv-konstitutiven Theorie, ist Herder. Auch Humboldt steht in dieser Reihe. Heideggers Sprachphilosophie ist der Ausbau dieser frühen Repliken auf die Instrumentalisten Locke und Condillac, aber auch auf Husserl und die Phänomenologen der ersten Generation. *Einrahmungstheorien* behandeln das Thema Sprache innerhalb des Rahmens eines bestimmten Bildes von menschlichem Leben, menschlicher Aktivität, menschlichen Zwecken oder geistigen Funktionen. Es ist wesentlich für jedes dieser Bilder, dass sie sich ohne Bezugnahme auf das Phänomen Sprache darstellen bzw. entwickeln lassen. Die Sprache ist eine Größe, die innerhalb des Rahmens ihren Ort und ihre Aufgabe hat. Der Rahmen ist grundlegender als die Sprache. Er lässt sich auch ohne Sprache definieren bzw. beschreiben. In den expressiv-konstitutiven Theorien ist die Sprache selber der *Rahmen*, d. h. mit der Sprache kommen neue Zwecke, neuer Sinn, neue Verhaltensweisen, eine neue Wirklichkeit ins Spiel.

6.3 Sprachphilosophie aus dem Geist der Romantik

Bei der Untersuchung expressiver Sprachverwendungen waren wir auf das Paradox aufmerksam geworden, dass gleichzeitig mit dem Ausdruck der Inhalt konstituiert wird. Die Sprache eröffnet eine Dimension des Wirklichen, die sie in ihrem Ausdruck enkodiert. Theorien, die die Darstellungsfunktion der Sprache ins Projektive wenden, wurden am Ende des 18. Jahrhunderts als Kritik an den rationalistischen Strömungen der Erkenntnistheorie formuliert. Die Hauptvertreter der HLC-Theorie (,*Einrahmungstheorie*') waren ausnahmslos Rationalisten. Die expressiv-konstitutive Sicht der Sprache oder „triple-H theory" (Taylor 1985, 256) ist ein Kind der Vor-Romantik, die sich in der Absicht formiert hatte, die Alleinherrschaft der Vernunft zu stürzen und auf dem Feld der Moralphilosophie und Erkenntnistheorie Gefühl und Intuition zu rehabilitieren. Die romantische Bewegung führte zu einem reicheren Begriff des Ausdrucks, der über das hinausging, was Condillac den Naturzeichen (Schreie, Gesten) zubilligte, nämlicher statischer Ausdruck eines bereitliegenden Inhalts zu sein. Der erweiterte Ausdrucksbegriff färbte dann auch auf das Verständnis sämtlicher Sprachverwendungen einschließlich der assertorischen ab. Die neue Betonung des Ausdrucksmoments zog weitere Revisionen im Bild der menschlichen Sprache nach sich (Taylor 1995b, 109f.):

(1.) Neuer Zugang zu dem, was es heißt, eine Sprache zu erwerben: Als entscheidender Schritt wird jetzt nicht mehr die geistige Fähigkeit, Zeichen mit Ideen zu verknüpfen, angesehen, sondern die Beteiligung am Gespräch. Die Sprache ist *Rede*, oder wie es Wilhelm von Humboldt in einer berühmten Formulierung ausdrückt: „eine Tätigkeit (Energeia) [...] kein Werk (Ergon)" (Humboldt 1963, 418).

(2.) Der Locus der Sprache ist der Dialog, d. h. die reale Kommunikationssituation, nicht der Text, auch nicht der Monolog. Der Dialog hat eine starke *projektive* Dimension. Selbst wenn wir völlig desinteressiert über eine Sache reden, sind wir Sprecher, die ihre Sicht auf die Gesprächspartner projizieren. Wir unterstellen, dass wir in einer gemeinsamen Welt leben und auf dieselben Dinge Bezug nehmen. Der Gesprächspartner ist für uns kein Objekt, sondern der Angeredete (ein ‚du' /‚Sie', kein ‚er'/‚sie'). Mit dem Eintreten in die Gesprächssituation wird ein Raum der Gemeinsamkeit hergestellt, der soziale Bindewirkung entfalten kann.

(3.) Ausweitung des Sprachbegriffs: Die Anerkennung der expressiv-konstitutiven Dimension der Sprache führt dazu, die (Wort-)Sprache lediglich als Spezialfall symbolvermittelter Kommunikation anzusehen und auch den nicht-sprachlichen Ausdrucksweisen (Gesten, Körperausdruck) eine Sprachfunktion zuzuweisen. Die Theorie der Sprache wäre eine Teiltheorie der Theorie symbolischer Formen, – ein Ansatz, den Ernst Cassirer in seiner *Philosophie der symbolischen Formen* ausgearbeitet hat. Die Übermittlung eines kognitiven Gehalts vollzieht sich in der konkreten Sprechsituation niemals isoliert, sondern immer eingebettet in non-verbale Weisen der Kommunikation (Gesten, Sprechweise, Körperhaltung etc.). Die projektive Dimension der Rede erfährt durch die non-verbalen Formen der Kommunikation eine Erweiterung und Verstärkung.

Die Ausweitung des Sprachbegriffs hat zur Folge, dass nicht nur Sprachkunstwerke, sondern sämtliche Hervorbringungen der Kunst unter die symbolischen Sprachformen gerechnet werden. Das Kunstwerk als Symbol illustriert den projektiven und kreativen Grundzug aller Sprachverwendungen. So unterscheidet Goethe zwischen symbolischer und allegorischer Kunst. Der Begriff des Symbols bezieht seine Bedeutung aus seinem Gegenbegriff, der *Allegorie*, die eine begriffliche Einsicht in ein Bild bringt. Die Allegorie von Tugend und Laster (in Gestalt zweier Tiere) will uns etwas vermitteln, was sich auch lehrhaft in Satzform darstellen lässt. Das Symbol drückt etwas aus, wofür weder ein Begriff noch eine sprachliche Wendung existiert. Jedes große Kunstwerk ist in diesem Sinne *Symbol*, eben ‚sui generis', singulär, unvertretbar, unübersetzbar. So schreibt Goethe in *Über die Gegenstände der bildenden Kunst* (1779): „Die symbolische Darstellung ist der versinnlichte allgemeine Begriff selbst, die allegorische Darstellung bedeutet bloß einen von ihr selbst verschiedenen allgemeinen Begriff" (*Weimarer Ausgabe* I/47, 95). Ein weiteres bekanntes Zitat belegt diese Auffassung: „Die Allegorie verwandelt die Erscheinung in einen Begriff, den Begriff in ein Bild, doch so, dass der Begriff im Bilde immer noch begrenzt und vollständig zu halten und zu haben und an demselben anzusprechen sei. – Die Symbolik verwandelt die Erscheinung in Idee, die Idee in ein Bild, und so, dass die Idee im Bild immer unendlich wirksam und erreichbar bleibt und, selbst in allen Sprachen ausgesprochen, doch unaussprechlich bliebe" (*Maximen und Reflexionen*, I/48, 205f.). Das Kunstwerk als Symbol fungierte als Paradigma in allen expressiv-konstitutiven Theorien der Sprache. Diese Traditionslinie setzt sich in der Hervorhebung des ‚dichterischen' Grundzugs der Sprache in Spätphilosophie Martin Heideggers fort.

Die früheste Ausarbeitung einer Sprachtheorie, in der Motive der Kantischen Transzendentalphilosophie mit der Überwindung der instrumentalistischen Sprachauffassung und der Betonung der kreativen Dimension der Sprache kombiniert werden, findet sich bei Wilhelm von Humboldt. Die Titel seiner Beiträge zur Sprachphilosophie und Sprachwissenschaft sind Programm: *Über das Entstehen der grammatischen Formen, und ihren Einfluss auf die Ideenentwicklung, Über die Verschiedenheit des menschlichen Sprachbaus und ihren Einfluss auf die geistige Entwicklung des Menschengeschlechts, Über Denken und Sprechen*. Die empirischen Sprachen sind weit davon entfernt, ein neutrales Medium der Bezeichnung der Ideen ihrer Verwender zu sein. In ihnen sedimentiert sich eine jeweils spezifische Sicht der Welt, die ihren Referenzpunkt im romantischen Begriff der *Nation* hat. So lesen wir in *Über den Nationalcharakter der Sprachen*: „Der Mensch denkt, fühlt und lebt allein in der Sprache" (Humboldt 1963, 77). Die verschiedenen Sprachen sind „Organe der eigentümlichen Denk- und Empfindungsarten der Nationen [derart] dass eine große Anzahl von Gegenständen erst durch die sie bezeichnenden Wörter geschaffen werden, und nur in ihnen ihr Daseyn haben" (Humboldt 1963, 26). Das Lexikon, die Syntax und die Grammatik einer Sprache strukturieren eine Ganzheit von kategorialen Einteilungen und begrifflichem Schema, worin sich ein vorgängiges Verständnis von allem ausdrückt, was den Angehörigen der Sprachgemeinschaft in der Welt begegnen kann. Jede Sprache stellt für die von ihr geprägte Nation eine bestimmte Ansicht der Welt im ganzen zu Verfügung. Es gibt eindeutige Entsprechungen zwischen dem ‚Bau' bzw. der ‚inneren Form' der Sprache und einem bestimmten ‚Bild' der Welt. Dieser vermutete Zusammenhang regte Humboldt zu intensiven vergleichenden Sprachstudien und ethnologischen Feldforschungen an. Er hat sich also auch als empirischer Sprachforscher einen Namen gemacht. Eine Frucht dieser Tätigkeit ist das *Kawi-Werk* (Untersuchung von Grammatik, Kultur und Ökonomie bestimmter Sprachgruppen der malaiischen Inselwelt).

An die Stelle des Kantischen Apriori der Anschauungsformen und Kategorien unseres Verstands tritt bei Humboldt die Struktur einer Sprache, die mit einer Lebensform amalgamiert ist und den Sinnhorizont jeder möglichen Erfahrung präformiert: „[J]ede Sprache zieht um die Nation, welcher sie angehört, einen Kreis, aus dem es nur insofern hinauszugehen möglich ist, als man zugleich in den Kreis einer andern Sprache übertritt" (Humboldt 1963, 224f.). Ist das sprachliche Weltbild für Humboldt ein semantisch geschlossenes Universum, aus dem die Sprecher nur ausbrechen können, um zu einem anderen Weltbild zu *konvertieren*? Können Individuen, wenn sie eine Sprache gelernt haben, wirklich keine neuen Erfahrungen mehr machen und das tradierte Weltbild fortschreiben? Tatsächlich wird bei Humboldt der Traditionalismus des sprachlichen Weltbilds ausbalanciert durch ein *expressivistisches* Verständnis der Sprache, wonach das objektive Regelsystem der Sprache in Wechselwirkung steht mit den Ausdruckshandlungen der Sprecher im Sprach*vollzug*. Die Sprache ist *ergon* und *energeia* zugleich: „Die Sprache ist gerade insofern objektiv einwirkend und selbständig, als sie subjectiv gewirkt und abhängig ist. Denn sie hat nirgends, auch in der Schrift nicht, eine bleibende Stätte, ihr gleichsam toter Teil muss immer im Denken aufs Neue erzeugt werden, lebendig in Rede oder Verständnis, und folglich ganz in das Subjekt übergehen" (Humboldt 1963, 438). In diesem Kreisprozess hat die Sprache Macht über den Sprecher und der einzelne Sprecher Macht über die Sprache. Dies erklärt auch, warum für Humboldt der Partikularismus der sprachlich erschlossenen Welt einer Nation kein echtes Problem darstellt. In dem lebendigen Gebrauch der Sprache in der Rede zeigt sich eine gegenläufige Tendenz. So gibt es eine Verständigung über die Grenzen verschiedener Sprachgemeinschaften hinweg, es gibt den Austausch zwischen konkurrierenden Weltbildern und Kulturen. Menschen können ihren Horizont erweitern, voneinander lernen und ihre eigenen Wertorientierungen transzendieren. Als Fluchtpunkt dieser Bewegung erkennt Humboldt die Globalisierung der Weltsichten partikularer Lebenswelten und ihrer Akteure, nämlich „das Bestreben, die Grenzen, welche Vorurteile und einseitige Ansichten aller Art feindselig zwischen die Menschen stellen, aufzuheben, und die gesamte Menschheit, ohne Rücksicht auf Religion, Nation und Farbe, als Einen großen, nahe verbrüderten Stamm zu behandeln" (Humboldt 1963, 147f.).

Literatur:

Di Cesare 1996.

6.4 Sprache als Ort der ‚Lichtung‘ (Heidegger)

6.4.1 Die Geschichte der ‚Lichtung‘

Martin Heideggers Ansichten über die Sprache, die er seit seiner ‚Kehre‘, d. h. der Selbstdistanzierung von seinem frühen Hauptwerk *Sein und Zeit* vorgetragen hat, sind nur vor dem Hintergrund der bisher skizzierten Tradition zu verstehen. Gegenüber Humboldt setzt Heidegger einen dezidiert anti-subjektivistischen Akzent, der in der provokanten These gipfelt: „Die Sprache spricht" (Heidegger 1959, 254). Die Sprache ist für Heidegger der Ort der ‚Lichtung‘ des Seins und der ‚Erschließung‘ einer Welt, wobei sein Begriff der Welt nicht der ontologische, sondern der phänomenologische Begriff ist. ‚Welt‘ ist nicht die Gesamtheit der existierenden Dinge, sondern der Raum, in dem sich der Mensch verstehend aufhält und in dem Dinge begegnen können. ‚Erschließung‘ ist kein innerpsychischer Prozess, sondern ein Ereignis im Verstehensraum der Sprache. Das, was die Sprache eher unauffällig leistet, bringt das Kunstwerk in verdichteter Form zu Wege: die Erschließung einer Welt und einer Weise des ‚In-Seins‘.

Heidegger schließt sich einer Tradition an, die im Menschen das sprachfähige Wesen sieht. Aristoteles definiert den Menschen an mehreren Stellen seines Werks als „Lebewesen, das Sprache (λόγος) hat" (z. B. *Politik* I, 2, 1052a 10). Die Formulierung wurde traditionell mit ‚animal rationale‘ übersetzt. Heidegger schlägt vor, für λόγος

‚Rede' zu verwenden und vom Menschen als dem ‚Wesen, das Sprache hat', zu sprechen: „Der Mensch zeigt sich als Seiendes, das redet" (Heidegger 1972a, 165). Menschen sind Inhaber der sprachlichen Ausdruckskraft. Um dem Wesen des Menschen auf die Spur zu kommen, müssen wir die Sprache in der weiten Bedeutung, die die expressiv-konstitutiven Theorien ihr gegeben haben, voraussetzen. Die Explikation seiner Fähigkeit zur Rede kann uns über die spezifische ἀρετή (Tüchtigkeit) des Menschen ins Bild setzen. Worin besteht nun aber die welterschließende Kraft der menschlichen Rede (zum folgenden Taylor 1995b, 113f.)? Die unmittelbare Versuchung besteht darin, diese Kraft als *unsere* Kraft anzusehen, als etwas, das in der Macht eines jeden von uns stünde. Die Subjektivierung der Kraft der Rede ist aus Heideggers Sicht eine subjektivistische Verirrung, die für die Geschichte der ‚Lichtung des Seins' typisch ist. Die Hauptschwierigkeit für ein angemessenes Verstehen des Phänomens der ‚Lichtung' besteht darin, die Lichtung nicht mit einem Etwas, dessen Sein sich der Lichtung verdankt, zu verwechseln, d. h. das *Sein* mit dem *Seienden* zu identifizieren und ihre Differenz zu unterschlagen. Heidegger glaubt, dass nur einzelne vorsokratische Denker diese Fehlidentifikation vermieden hätten. Mit Platon habe das abendländische Denken dann eine fatale Wendung genommen. Platons Begriff einer Idee nämlich macht aus der ‚Lichtung' ein Seiendes. Die Idee ist zwar kein Seiendes unter Seienden. Sie gibt sich selbst zu erkennen. Nur kraft der Teilhabe an der Idee sind die Seienden, was sie sind: seiend, erkennbar, gut, erstrebbar etc. Dass die ‚Lichtung' Idee ist, bewahrt sie zwar vor einem subjektivistischen Verständnis, wie es sich in der Neuzeit durchgesetzt hat, als man unter der ‚Idee' nur noch die ‚subjektive Idee' (Bewusstseinsinhalt) verstand. Indem Platon der Idee ein An-sich-Sein zuschreibt, macht er sie zu etwas Greifbarem, intellektuell Kontrollierbarem. Diese Tendenz kommt in Nietzsches Motiv des *Willens zur Macht* zur Vollendung. Das moderne Denken erklärt die ‚Lichtung' durch ein subjektives Vermögen, das Vermögen zur Repräsentation. Dies schlägt in der Neuzeit in den Idealismus um. Wirklich ist das, was von einem Subjekt synthetisiert und vorgestellt werden kann. Dinge erscheinen in ihrem Sein, weil es Subjekte gibt, die sie ‚vorstellen' (Kant) oder ‚setzen' (Fichte). Die ‚Lichtung' fällt mit der Tatsache des Vorstellens in eins. Der Ort der ‚Lichtung' ist der

Einheitspunkt des selbstbewussten Ichs, das seinen Willen zur obersten Instanz macht.

Beide Positionen, die Platons und Nietzsches, lassen jeweils ein wichtiges Kennzeichen der ‚Lichtung' außer Acht. Platons Idee verkennt den Beitrag der Subjekte. Die ‚Lichtung' ist ein Geschehen der Freiheit. Sie ist von der Form des *Daseins* und hat Entwurf-Charakter. Sie ist nicht von unserer Weise des ‚In-der-Welt-Seins' zu trennen. Die Vorstellungstheorien der Neuzeit erkennen das Moment der Freiheit an, aber sie machen aus der ‚Lichtung' eine Funktion des autonomen Subjekts. Unser Vorstellen und Benennen setzt aber bereits die Erschlossenheit (Verständlichkeit, Sinnhaftigkeit) einer ‚Welt' voraus. Zu sagen, dass unser Geist rein aus sich denkerisch eine Welt setzt und hervorbringt, unterschlägt, dass wir uns als Geist und Selbst immer schon ‚in der Welt' vorfinden. Heideggers Lösung besteht darin, die Lichtung *Daseins-relativ*, aber nicht *Daseins-zentriert* zu denken. Aus diesem Grund stehen für ihn alle modernen Einrahmungstheorien im Verdacht, subjektivistisch zu sein. Nach diesen Theorien sind wir es ja, die die Sprache benutzen und nach unseren Zwecken manipulieren. Eine solche Instrumentalisierung der ‚Lichtung' ist aber nichts anderes als eine zusätzliche Variation des altbekannten Themas des ‚Willens zur Macht'.

Heidegger suchte einen mittleren Grund zwischen subjektiver Bemächtigung und objektiver Verdinglichung der ‚Lichtung' (Taylor 1995, 116). Bei dem Ausbau seiner Position kommen ihm gewisse Einsichten der expressiv-konstitutiven Richtung der Sprachphilosophie zu Hilfe, insbesondere das Verständnis des Symbols als schöpferischen Ausdrucks. Das Symbol ist Manifestation und Schöpfung in einem. Es hat von beidem etwas: ‚finden' und ‚hervorbringen'. Die philosophischen Systeme der romantischen Ära setzen genau von dieser mittleren Position aus an. Sie übernehmen auf der einen Seite Platons Auffassung von der Idee, sowie die antike und mittelalterliche Vorstellung, dass die kosmische Ordnung eine Verkörperung von Ideen ist. Auf der anderen Seite begreifen sie den Kosmos als etwas wesentlich Unvollständiges und Unvollendetes, solange er nicht seinen adäquaten Ausdruck in einem dem Menschen zugänglichen Medium gefunden hat, etwa in Kunst, Religion, Philosophie (Hegel). Die Idee ist keine an-sich-seiende Realität, wenn An-sich-Sein bedeutet, unabhängig vom Geist zu existieren. In diesem Punkt unterscheidet sich Hegel radikal von Platon. Die Idee muss sich expressiv artikulieren, d. h. in der Geschichte manifestieren und als Arbeit des Weltgeistes zu sich selber kommen. Das sich-zur-Darstellung-bringen der Idee ist nicht bloße Vorstellung, sondern eine Art Hervorbringung-Vollendung. Es dürfte klar sein, dass es sich hierbei nicht um eine reine menschliche Aufgabe handeln kann. Der menschliche Akteur ist selber nur Ausdrucksgestalt des Weltgeistes, der durch jenen handelt. Hegels Verständnis der Idee zeigt einen ‚dritten Weg' bei der Lokalisierung der Lichtung. Die Lichtung ist wesentlich *subjekt-bezogen* (das lässt Hegels Lösung als spezifisch modern erscheinen), aber nicht *subjekt-zentriert* (vgl. Taylor 1995, 116). Die Lichtung wird nicht schlichtweg mit der Vorstellung eines Subjekts gleichgesetzt, d. h. in unser Inneres verlegt. Sie wird vielmehr in einen Raum gestellt, der sich durch ein (Ausdrucks-)Medium konstituiert, z. B. einer gemeinsamen Sprache, einer gemeinsamen Praxis, sozialer und rechtlicher Institutionen, einer menschlichen Lebensform. Die Konstitution des Raumes ist nicht einfach unser Tun, auf der anderen Seite hat der Raum kein An-sich-Sein unabhängig von unserem Ausdrucksverhalten und unserer Praxis.

An dieses Modell lassen sich nun zwei Fragen stellen (Taylor 1995b, 116f.): (1.) Was ist der *ontische* Status der Lichtung. Der Mensch, als „Dasein" verstanden (Heidegger 1972a, 7), widersetzt sich der Zuordnung zu den altbekannten Kategorien von Materie, Geist, Seele, Körper, Person, Lebewesen etc. Aber auch die Sprache besitzt überhaupt keine ontische Basis, wenn damit Materie oder Geist gemeint sein soll. Auch die Sprache ist von der „Seinsart des Daseins" (Heidegger 1972a, 166), sofern das Dasein als das ‚Da' des Seins, der Ort der Lichtung des Seins verstanden werden darf. (2.) Bedeutet die *Hinwendung zum Ausdrucksmedium* wirklich das Ende jedes Subjektivismus? Es lassen sich alternative Antworten auf drei Ebenen formulieren:

(a) ‚subjektiver' vs. ‚objektiver' Pol: die Realität, die sich im Ausdruck manifestiert, ist entweder ein Selbst – der Ausdruck wäre dann im wesentlichen Selbstausdruck – oder etwas jenseits des Selbst. Das Ausdrucksgeschehen besäße im einen Fall eine subjektive, im anderen Fall eine objektive Wertigkeit.

(b) ‚Ausdruck' vs. ‚Projektion': Man kann den Anspruch, dass der Ausdruck auf ein Jenseits des Ausdrucksmedium referiert. Die Lichtung würde in diesem Fall nichts ‚ans Licht bringen', sondern eine Fiktion oder virtuelle Realität entwerfen. Der Ausdruck verlöre damit die Wertigkeit, Ausdruck von etwas zu sein. Er wäre reine Projektion, und das Ausdrucksgeschehen wäre radikal subjektivistisch. Eine derartige Ambivalenz ist schon im klassischen Symbolbegriff angelegt. Das Symbol durften wir uns ja nicht als Nachahmung der Wirklichkeit denken, sondern als Neuschöpfung. Die Realität, die uns das Symbol erschloss, war uns nirgends außerhalb des Symbols gegeben. Man könnte die Ambivalenz auch als Gegensatz von *Finden* und *Erfinden* beschreiben. Beim klassischen Symbol halten sich Finden und Erfinden die Waage, wobei der zweite Aspekt im Dienst des ersten steht: Erfinden, um zu finden; Hervorbringen, um hervortreten zu lassen. Der radikale Schritt besteht darin, diese Balance zu zerstören und die Hervorbringung als Creatio ex nihilo zu verstehen. Die Lichtung hört dann auf, etwas ‚ans Licht zu bringen'. In der Geschichte von Literatur und Poesie gilt Malarmé als der erste, der diesen Schritt vollzieht. Als Philosoph bewegte sich Nietzsche auf Messers Schneide zwischen beiden Lagern. Heute ist Derrida der prominenteste Vertreter eines radikal-kreationistischen Verständnisses des Ausdrucksmediums ("il n'y a pas de hors-texte", Frank 1984, 95).

(c) Wer ist das Subjekt des Ausdruck? Das *Ich* oder ein *Wir*? Ist der Ausdruck das Erzeugnis eines individuell Handelnden oder der Sprachgemeinschaft? In diesem Sinne wäre unser Expressivismus mehr oder weniger subjektivistisch. Wir könnten aber auch jeglichen Subjektivismus eliminieren, indem wir den Part von Sprecher und Hörer als ein Erzeugnis des Raumes der Lichtung ansehen. Sprecher und Hörer wären Rollen, die der Diskurs konstituiert, keine Subjekte. Der Ausdruck besäße dann überhaupt keinen Träger mehr. Das Sprechen der Sprache wäre subjektlos: Eine vermittelnde Position nimmt Humboldt ein: auf der einen Seite sind die Sprecher mit ihrer Weltsicht ein Produkt des Raums des Ausdrucks, auf der anderen Seite sind sie es, die den Raum durch ihre Performanzen immer neu aktuieren und kreativ fortschreiben.

Wie bezieht Heidegger im Feld von (2) Position? Auf der Ebene (b) vertritt er eine Auffassung, die der klassischen Symboltheorie nahekommt. Im Ausdruck manifestiert sich etwas, die Lichtung bringt etwas ‚ans Licht'. Heideggers kompromissloser Anti-Subjektivismus kommt auf der Ebene (a) zum Tragen: der Ausdruck in der Sprache ist in keiner Weise Ausdruck eines Inneren der Person, vielmehr zeigt sich in ihm das Sein des Seienden. Auf der Ebene (c) dürfte Heidegger dem Humboldtschen Standpunkt sehr nahe kommen. Das Medium des Ausdrucks ist subjekt-bezogen, aber nicht subjekt-zentriert. Rätselhafte Äußerungen wie ‚Die Sprache spricht' dienen dem Zweck, den anti-subjektivistischen Zug im Sinne von (a) zu unterstreichen.

Wirklich radikal ist Heidegger in seiner Antwort auf die Frage (1): Die Lichtung ist *ontisch* grundlos. Sie ist reines Ereignis. Diese These darf nicht verwechselt werden mit der radikal-kreationistischen Lesart der Ausdruckspotenz auf der Ebene (2b). Zu sagen, dass die Lichtung ontisch grundlos bzw. keiner der gängigen ontischen Kategorien (z. B. Geist, Körper) zuzuordnen ist, heißt nicht, sie als ‚autopoetisch', ‚virtuell', ‚referenzlos' hinzustellen. Eine Lichtung als Projektion wäre keine Öffnung, sondern eine Verschließung. Die Lichtung autopoetisch zu konzipieren hieße, Heideggers anti-subjektivistischen Impetus zu verkennen. Wie ist aber das Ziel der Lichtung, das ‚Ans-Lichtbringen' von etwas, mit ihrer *ontischen* Grundlosigkeit in Einklang bringen? Indem wir mit Heidegger sagen, dass die Sprache das ‚Daseinsmäßige' darstellt. Die Sprache ist der *Ort der Lichtung*. Die Sprache ist aber, mit Humboldt gesprochen, *energeia*, nicht *ergon*. Sie lässt sich nicht ontisch feststellen als Regelsystem, Text, Struktur, Gesamtheit der Sätze etc. Sie lebt und reproduziert sich in und durch ihren Gebrauch in der menschlichen Rede.

6.4.2 Existenzial-hermeneutische Vorüberlegungen

Wie stehen die bislang angedeuteten Auffassungen Heideggers zur Sprache als des Ortes der Lichtung zu seinem Hauptwerk *Sein und Zeit* von 1927? Es dürfte klar sein, dass der Horizont von *Sein und Zeit* nicht der von ‚Sein und Sprache' ist, obgleich dieses Werk die Weichenstellung zugunsten der *hermeneutischen* Spielart der Phänomenologie einleitet. Man kann sagen, dass Heidegger ein ähnliches Leitmotive aufgreift wie Hamann und Humboldt, nämlich die Überwindung der Bewusstseinsphilosophie durch das Aufmerksamwerden auf die symbolische Vor-Strukturiertheit der Welt. Die ausgezeichnete Rolle der Sprache bei einem derartigen Unternehmen ist Heidegger in *Sein und Zeit* noch nicht klar gewesen, obwohl die dort abgehandelte Problematik der *vorgängigen* Erschlossenheit einer Welt ihn hätte hellhörig machen müssen. Erst nach der Distanzierung von seinem Frühwerk, der so genannten ‚Kehre', wird er diesen Zusammenhang voll erkennen und rückblickend sagen: „[Gerade] weil die Besinnung auf Sprache und Sein meinen Denkweg von früh an bestimmt, deshalb bleibt die Erörterung möglichst im Hintergrund. Vielleicht ist es der Grundmangel des Buches ‚Sein und Zeit', dass ich mich zu früh zu weit vorgewagt habe" (Heidegger 1959, 93). Dass es sich bereits in *Sein und Zeit* um die Problemkonstellation von Sprache und Sein handelt, zeigt sich an Heideggers eigener Einordnung dieses Werkes als *hermeneutischer* Phänomenologie: „Der Titel ‚Hermeneutik' war mir aus meinem Theologiestudium her geläufig. Damals wurde ich besonders von der Frage des Verhältnisses zwischen dem Wort der Heiligen Schrift und dem theologisch-spekulativen Denken umgetrieben. Es war, wenn Sie wollen, dasselbe Verhältnis, nämlich zwischen Sprache und Sein, nur verhüllt und mir unzugänglich, so dass ich auf vielen Um- und Abwegen vergeblich nach einem Leitfaden suchte" (Heidegger 1959, 96). Der Leitfaden der Sprache war also im Frühwerk latent anwesend, wurde dennoch verfehlt und erst nach der „Kehre" eingeholt (Lafont 1994, 117f.).

Es war das Hauptanliegen von *Sein und Zeit*, das Paradigma der Bewusstseinsphilosophie zu überwinden und eine Alternative zur Husserlschen *Phänomenologie*, die ganz diesem Paradigma angehört, vorzulegen. Dieses Ziel soll durch eine radikalere Fragestellung erreicht werden, die den Kern der Erschlossenheitsanalyse ausmacht. Es soll damit das zentrale Modell der Bewusstseinsphilosophie, das Subjekt-Objekt-Schema (S-O-Schema), zu Fall gebracht werden. Die Überwindung der Bewusstseinsphilosophie verläuft bei Heidegger in zwei Schritten: zum einen soll gezeigt werden, dass das S-O-Schema, weil einzig auf die Erkenntnistheorie zugeschnitten, bloß abgeleitet ist, was es nicht falsch, aber zu beschränkt macht. Um dies nachzuweisen, muss (zweitens) die Fragestellung der Philosophie radikalisiert werden, was auf eine Ausweitung ihres Themenkreises hinausläuft. Es soll nämlich gezeigt werden, dass *Erkennen* ein abgeleiteter Modus von *Verstehen* ist, und dass dieses grundlegendere Verstehen wiederum die Seinsart desjenigen Seienden auszeichnet, auf die sich die phänomenologische Untersuchung zu konzentrieren hat. Die Phänomenologie muss um die hermeneutische Fragestellung erweitert werden. Worin besteht nun genau die *hermeneutische* Transformation der Phänomenologie? Es handelt sich um den Übergang vom Grundmodell der sinnlichen *Wahrnehmung* von Gegenständen zu dem des *Verstehens* von Texten, bei dem sich das einzelne Element nur im Vorgriff auf das Textganze verständlich machen lässt, – Heidegger spricht vom „hermeneutischen Zirkel" (Heidegger 1972a, 153). Die Bewusstseinsphilosophie erklärt das Erkennen nach dem S-O-Modell, d. h. des *beobachtenden* Subjekts gegenüber der Welt als der Gesamtheit aller Seienden. Das neue Grundmodell ist das eines *verstehenden* Daseins *inmitten* einer symbolisch vorstrukturierten Welt. Daraus folgt, dass wir den Gedanken einer reinen sprach- bzw. theoriefreien Anschauung aufzugeben haben. Genau diese Schlussfolgerung zieht Heidegger schon ein Jahr vor dem Erscheinen von *Sein und Zeit* in der Marburger Vorlesung des Sommersemesters 1925: „[dass] unsere schlichtesten Wahrnehmungen und Verfassungen schon *ausgedrückte*, mehr noch, in bestimmter Weise *interpretierte* sind. Wir sehen nicht so sehr primär und ursprünglich die Gegenstände und Dinge, sondern zunächst sprechen wir darüber, genauer sprechen wir nicht das aus, was wir sehen, sondern umgekehrt, wir sehen, was man über die Sache spricht. Diese eigentümliche Bestimmtheit der Welt und ihre mögliche Auffassung und Erfassung durch die Ausdrücklichkeit, durch das Schon-gesprochen-und-durchgesprochen-sein, ist es, die nun bei der Frage nach der Struktur der kategorialen Anschauung grundsätzlich in den Blick gebracht werden muß" (Heidegger 1979, 75). Der Ausdruck ‚kategoriale Anschaung' spielt auf Husserls Idee einer nicht-sinnlichen Wahrnehmung an, ohne die das phänomenologische Projekt seinen Sinn verlöre. Heidegger bestreitet nun der Wahrnehmung den Charakter der Ursprünglichkeit. Was wir sehen, wie wir das Ding sehen, welchem Umgang wir mit ihm pflegen, hängt mit einer ‚eigentümlichen Bestimmtheit' der Welt zusammen. Erst wenn wir klarer sehen, wie es sich um diese Vor-Struktur einer Welt im Ganzen verhält, können wir auch die Frage nach der Struktur der kategorialen Anschauung beantworten. Die Analyse dieser ‚eigentümlichen Bestimmtheit' der Welt nun ist es, die in Form der Struktur des In-der-Welt-seins den Kern von *Sein und Zeit* ausmachen wird. Gleichzeitig wird dort aber der Zusammenhang von Sprache und In-der-Welt-sein, der sich in der Vorlesung von 1925 bereits andeutet, wieder ausgeblendet.

In *Sein und Zeit* hält Heidegger an der Grundfigur einer Transzendentalphilosophie fest. Die Dichotomie ‚transzendental'/‚empirisch' (bzw. ‚kategorial') wird zwar durch die *ontologische Differenz* ersetzt, das Seinsverstehen aber ganz am Leitfaden eines ausgezeichnet Seienden, einem Seienden von der Seinsart des ‚Daseins', expliziert, d. h. an etwas *Ontischem*. Im Seinsverständnis des Daseins wurzelt die Unterscheidung von Sein und Seiendem. Es hat daher eine Erschließungsfunktion. An die Stelle der klassischen Dichotomie ‚transzendental'/‚empirisch' (oder ‚kategorial') tritt die neue Dichotomie ‚Dasein'/‚nichtdaseinsmäßiges Seiendes'. Heidegger ist natürlich nicht an Existenzphilosophie interessiert, sondern an der Fundierung des Weltverhältnisses im Verstehen des Selbst, d. h. an fundamentaler Ontologie: „Zum Dasein gehört aber wesenhaft: Sein in einer Welt. Das dem Dasein zugehörige Seinsverständnis betrifft daher gleichursprünglich das Verstehen von so etwas wie ‚Welt' und Verstehen des Seins des Seienden, das innerhalb der Welt zugänglich wird" (Heidegger 1972a, 13). Die Erschlossenheitsanalyse einer Welt wird daher die Form einer existenzialen Analyse des Daseins annehmen. Was ‚Welt' bedeutet, erschließt sich aus der Grundverfassung desjenigen Seienden, ‚dem es in seinem Sein wesenhaft um dieses Sein geht'. Die Seinsart des ‚Daseins' ist, ohne in die Detailanalyse gehen zu wollen, durch drei Stichwörter gekennzeichnet: *Sorge, Geworfenheit* und *Entwurf* (Heidegger 1972a, 221). Das Dasein ist faktisch in bestimmte Möglichkeiten hinein ‚*geworfen*', es findet sich in einer bestimmten Welt bei bestimmtem innerweltlich Seienden vor. Es muss sich auf der andere Seite aus seinen Möglichkeiten heraus ‚*entwerfen*', es hat die Wahl, sich von seiner Herkunftswelt und von den Anderen her zu verstehen oder selbstbestimmt leben und eine eigene Wahl zu treffen. Das In-der-Welt-Sein des Daseins ist von der Seinsart des ‚Besorgenden-Seins-bei-den-Dingen'. Ihre eigentliche Spitze hat die Sorgestruktur des Daseins im Bewusstsein, sterblich zu sein, d. h. um die eigene Endlichkeit zu wissen. Dass zur Seinsverfassung des Daseins die *Erschlossen-*

heit einer Welt gehört, hat ganz wesentlich in der Sorgestruktur seinen Ursprung. Das Dasein ist sich selber ‚sorgend-vorweg' bei den Dingen. Nur im sorgenden In-der-Welt-sein, dem sorgend-besorgenden Sein-Bei, ist dem Dasein das in der Welt begegnende Seiende ‚entdeckt': dieses ist ihm in erster Linie *Zeug, Zuhandenes*: Ein Zeug ist streng genommen nie allein. Zum Zeug-Sein gehört eine Zeug-Ganzheit, darin es dieses Zeug sein kann, das es ist. Zeug ist wesenhaft ‚etwas um zu …'. Die verschiedenen Weisen des ‚Um-zu' wie ‚Dienlichkeit, Beiträglichkeit, Verwendbarkeit, Handlichkeit" konstituieren eine ‚Zeugganzheit' (Heidegger 1972a, 68). In der Struktur der Zweckdienlichkeit und lebenspraktischen Relevanz ist die ‚Verweisung von etwas zu etwas' (ebd.) grundgelegt. Die Verweisungsstruktur von Zeug ist die ursprünglichste Bedeutungsrelation, noch ursprünglicher als die Beziehung von Name und Ding. Mit jeglichem Seienden von der Seinsart des Zeugs, der Zuhandenheit hat es für das Dasein seine Bewandtnis. Welche Bewandtnis es mit einem Zuhandenen hat, ergibt sich aus der Bewandtnisganzheit eines Praxisbereichs oder Tätigkeitsfelds (Schule, Betrieb, Sport, Arztpraxis, Atelier, …): „Die Bewandtnisganzheit, die zum Beispiel das in einer Werkstatt Zuhandene in seiner Zuhandenheit konstituiert, ist ‚früher' als das einzelne Zeug, imgleichen die eines Hofes, mit all seinem Gerät und seinen Liegenschaften" (Heidegger 1972a, 84). Das Dasein versteht, womit es bei dem Zuhandenen seine Bewandtnis hat. Doch diese Bewandtnis ist nur „entdeckt" auf dem Grund der „Vorentdecktheit einer Bewandtnisganzheit" (Heidegger 1972a, 85). Mit einer Bewandtnisganzheit hat es ebenso seine Bewandtnis, doch diese Bewandtnis zweiter Stufe verweist nicht mehr auf höherstufige Funktionszusammenhänge, sondern auf das Sein des Daseins, „dem es in seinem Sein wesenhaft um dieses Sein selbst geht" (Heidegger 1972a, 84). Um dessentwillen hat all das innerweltlich Begegnende seine Bewandtnis und ist es ‚freigegeben' zum Bearbeiten, Benutzen, Genießen und Zerstören oder auch nur zum Betrachten. Diese Freigabe der Dinge in ihrem Sein als vor allem und zunächst Zuhandenes setzt voraus, dass sich Seiendes von der Seinsart des Daseins in seinem Sein verstanden hat und dass ihm anfanghaft Welt erschlossen ist: „Das vorgängige Erschließen dessen, woraufhin die Freigabe des innerweltlich Begegnenden erfolgt, ist nichts anderes als das Verstehen von Welt, zu der sich das Dasein als Seiendes schon immer verhält" (Heidegger 1972a, 86). Die Welt ist nicht die Gesamtheit der Dinge (Ereignisse), der Tatsachen, sondern eine Verweisungsganzheit lebenspraktischer Bezüge und Belange, an deren Ursprung sich das um sein Sein sorgende Dasein befindet. In der Welt begegnet zunächst und vor allem Seiendes von der Seinsart der ‚Zuhandenheit', nicht ‚Vorhandenes'.

Die Erschlossenheit einer Welt in der Bewandtnisganzheit lebenspraktischer Verweisungsbezüge ist die Quelle jeglicher Bedeutung. Es dürfte klar sein, dass es sich nicht um sprachliche Bedeutung handeln kann: „Den Bezugscharakter dieser Bezüge des Verweisens fassen wir als *be-deuten* [...] Das Bezugsganze dieses Bedeutens nennen wir die *Bedeutsamkeit*. Sie ist das, was die Struktur der Welt, dessen, worin das Dasein als solches je schon ist, ausmacht [...] Die Bedeutsamkeit selbst aber, mit der das Dasein je schon vertraut ist, birgt in sich die ontologische Bedingung der Möglichkeit dafür, dass das verstehende Dasein als auslegendes so etwas wie ‚Bedeutungen' erschließen kann, die ihrerseits wieder das mögliche Sein von Wort und Sprache fundieren" (Heidegger 1972a, 87). Die Bedeutung von ‚Welt' ist auf die Grundverfassung des sich sorgenden Daseins zurückprojiziert, nicht auf eine Zeichenstruktur (Text, Sprache). Das Verstehen ist ein so grundlegender Modus des In-der-Welt-Seins, dass es dem Sprachgebrauch logisch und zeitlich vorausliegt, – dies gilt sogar für das ‚Auslegen', das im Verstehen wurzelt. Daher ist es nur konsequent, die Aussage als „abkünftigen Modus der Auslegung" zu bezeichnen (Heidegger 1972a, 153). Die Auslegung gründet im Verstehen. Das Verstehen gründet im Immer-schon-verstanden-haben des sorgend-besorgenden Seins bei den Dingen. Grundlegender als das Sprachverstehen ist für Heidegger das existenziale Verstehen, das in der Sorge-Struktur des Daseins seinen ontologischen Grund hat.

Die ‚Aussage' ist genau in der Weise ein abkünftiger Modus des vor-sprachlichen Verstehens, wie das ‚Erkennen' der Dinge in ihrer puren Vorhandenheit ein abkünftiger Modus des sorgend-besorgenden Seins bei den Dingen darstellt. Wir müssen daher zwischen *Verstehen* und *Auslegung* unterscheiden. Die Auslegung (explizit, sprachlich) gründet im existentialen Verstehen, nicht umgekehrt das (existenziale) Verstehen in der Auslegung, es sei denn, man wollte von einer ursprünglichen (vor-sprachlichen) Ausgelegtheit der Welt, wie sie dem verstehenden In-der-Welt-Sein eigen ist, sprechen. Seltsamerweise wird aber auch die (ursprüngliche) Ausgelegtheit der Welt durch das charakterisiert, was Heidegger die ‚prädikative Struktur' nennt: „[D]as *ausdrücklich* Verstandene hat die Struktur des *Etwas* als *Etwas*" (Heidegger 1979, 149). Eine solche ‚Ausdrücklichkeit' scheint aber gar nicht an Sprache gebunden zu sein, d. h. sie besteht unabhängig davon, ob das Verstandene in einer Aussage ausgesprochen wird oder nicht. Die Möglichkeit der Aussage gründet ihrerseits in der ‚Ausgelegtheit der Welt'. Heidegger unterscheidet zwischen dem ‚apophantischen Als' der Aussage und dem ‚hermeneutischen Als' der Auslegung und lokalisiert letzteres in einer angeblich ursprünglicheren Weise des Verstehens: „So kann die Aussage ihre ontologische Herkunft aus der verstehenden Auslegung nicht verleugnen. Das ursprüngliche ‚Als' der umsichtig verstehenden Auslegung (ἑρμενεία) nennen wir das existenzial-*hermeneutische* ‚Als' im Unterschied zum *apophantischen* ‚Als' der Aussage." (Heidegger 1972a, 158). Der Terminus ‚apophantisch' wird von Aristoteles entlehnt. Heidegger schließt sich vorbehaltlos der Definition des Aristoteles an, möchte aber gleichzeitig darauf aufmerksam machen, dass der theoretische Aussagesatz bezüglich seines Inhalts nicht autark ist, sondern auf die vorgängige Erschlossenheit einer Welt, wie sie aus dem umsichtigbesorgenden Umgangs mit den Dingen erwachsen ist, verweist: „*Aussage ist mitteilend bestimmende Aufzeigung* [...] Das Aufzeigen der Aussage vollzieht sich auf dem Grund des im Verstehen schon Erschlossenen bzw. umsichtig Entdeckten. Aussage ist kein freischwebendes Verhalten, das von sich aus primär Seiendes überhaupt erschließen könnte, sondern es hält sich schon immer auf der Basis des In-der-Welt-Seins" (Heidegger 1972a, 156). Der theoretische Aussagesatz *verdeckt* das Zuhandene als Zuhandenes und *entdeckt* es in seiner puren Vorhandenheit. Dieses kann jetzt in seinem So-und-so-Vorhandensein, d. h. in seinen *Eigenschaften* bestimmt werden. Die Aussage modifiziert eine Auslegung, die nicht an Behauptungen oder Feststellungen, sondern am umsichtigen Umgang mit den Dingen interessiert ist. Die Aussage löst das Ding aus den Verweisungsbezügen seiner lebenspraktischen Bedeutsamkeit – dem ‚hermeneutischen Als' der Auslegung – heraus und macht es in seiner puren Vorhandenheit durchsichtig. Das, *als was* die Aussage das Vorhandene spezifiziert, wird aus dem Bereich des Vorhandenen geschöpft. Der Vorzug der Aussage ist das „pure hinsehende Aufweisen" (Heidegger 1972a, 158). Dies lässt sich schön am Beispiel der Aussage ‚Der Hammer ist schwer' zeigen: „Was die Logik mit dem kategorischen Aussagesatz zum Thema macht, zum Beispiel ‚der Hammer ist schwer', das hat sie vor aller Analyse schon ‚logisch' verstanden. Unbesehen ist als ‚Sinn' des Satzes schon vorausgesetzt: das Hammerding hat die Eigenschaft der Schwere. In der besorgenden Umsicht gibt es dergleichen Aussagen ‚zunächst' nicht. Wohl aber hat sie ihre spezifischen Weisen der Auslegung, die mit Bezug auf das genannte ‚theoretische' Urteil lauten können: ‚Der Hammer ist zu schwer' oder eher noch ‚zu schwer', ‚den anderen Hammer!'. Der ursprüngliche Vollzug der Auslegung liegt nicht in einem theoretischen Aussagesatz, sondern im umsichtig-besorgenden Weglegen bzw. Wechseln des ungeeigneten Werkzeugs, ‚ohne dabei ein Wort zu verlieren'" (Heidegger 1972a, 157).

Die Verständlichkeit des verstehenden In-der-Welt-Seins verharrt nicht in der Wortlosigkeit, sie drängt zum Ausdruck in der Rede. ‚Rede' ist für Heidegger wie das ‚Verstehen' und die ‚Befindlichkeit in der Welt' ein *Existenzial* (= Weise des verstehenden In-der-Welt-Seins des Daseins). Da sich in der Rede die Verständlichkeit einer Welt artikuliert, konstituiert sich im sprachlichen Ausdruck auch der Inhalt der Rede. Die Bedeutungen sind schon vor den Wörtern da: „Die befindliche Verständlichkeit des In-der-Welt-Seins *spricht sich als Rede aus*. Das Bedeutungsganze der Verständlichkeit *kommt zu Wort*. Den Bedeutungen wachsen Worte zu. Nicht aber werden Wörterdinge mit Bedeutungen versehen" (Heidegger 1972a, 161). Über die „Seinsart der Sprache überhaupt" kann sich Heidegger nicht klar werden: „Ist sie ein innerweltlich zuhandenes Zeug, oder hat sie die Seinsart des Daseins oder keines von beiden?" (Heidegger 1972a, 166) Diese fundamentale Unklarheit ist ein weiterer Grund, dass der Ansatz von *Sein und Zeit* nicht weiterverfolgt wird.

6.4.3 Ereignis und Sprache

Es dürfte klar sein, dass der Horizont von *Sein und Zeit* nicht der von ‚Sein und Sprache' ist, obgleich dieses Werk die Weichenstellung zugunsten der *hermeneutischen* Spielart der Phänomenologie einleitet. Im Rückblick ist Heidegger mit den existenzialistischen und praxisphilosophischen Motiven in *Sein und Zeit* unzufrieden. Der Mensch bleibt das ‚Da des Sein'. Die Daseinsrelativität wird abgeschwächt zur Daseinsbezogenheit. Es bleibt dabei: nur Seiendem von der Seinsart des Daseins ist Sein ‚gelichtet'; nur Menschen haben Seinsverständnis. Nach seiner ‚Kehre' entkoppelt Heidegger die Lichtung von der Sorge-Struktur des Daseins (dem besorgenden In-der-Welt-Sein) und hypostasiert sie zu einem Ereignis. War die Lichtung in Sein und Zeit ein ‚Existenzial', d. h. eine Wesenbestimmung des Menschen, die zeitlos gültig sein wollte, so wird die Lichtung nach der ‚Kehre' zum geschichtlichen Ereignis (‚Geschick'). Die Erschlossenheit einer Welt ist nicht länger in der Verweisungsganzheit innerweltlich zuhandener Dinge (‚Zeug-Ganzheit') fundiert, sondern direkt vom Sein gewirkt. Das Sein ‚ereignet' sich, d. h. es schickt sich zu; es ‚gibt' sich (im Sinne von ‚sich gewähren'). ‚Sein' hat aktivische Bedeutung. Die Ankunft des Seins ist kein Ereignis in der Geschichte, das mit anderen Ereignissen zu konkurrieren hätte. Es ist das Ereignis par excellence. Die Geschichte ist in ihrem Wesenskern Seinsgeschichte. Wie kommt das Sein? Wie ist das Sein geschichtlich? Die Antwort Heideggers lautet: Das Sein *kommt zur Sprache*. Das eigentliche Ereignis ist nicht, dass etwas geschieht, sondern dass etwas zur Sprache kommt. Dieses zur Sprache-Kommen des Seins ist nicht unsere Tätigkeit, sondern eine Schickung des Seins: „Das Sein kommt, sich lichtend, zur Sprache. Es ist stets unterwegs zu ihr. Dieses Ankommende bringt das ek-sistierende Denken seinerseits in seinem Sagen zur Sprache. Diese wird so selbst in die Lichtung des Seins gehoben. Erst so *ist* die Sprache in jener geheimnisvollen und uns doch stets durchwaltenden Weise. Indem die also voll ins Wesen gebrachte Sprache geschichtlich ist, ist das Sein in das Andenken verwahrt. Die Ek-sistenz bewohnt denkend das Haus des Seins" (Heidegger 1949, 45). Das Sein bedarf der Sprache, weil es sich nur zur Sprache kommend lichten kann. Eigentliches Sprechen kann aber nur der denkerische Nachvollzug des Seins sein:

„Das Denken ist des Seins, insofern das Denken, vom Sein ereignet, dem Sein gehört. Das Denken ist zugleich Denken des Seins, insofern das Denken, dem Sein gehörend, auf das Sein hört" (Heidegger 1949, 7). Denken ist die Vollzugsform der ‚Ek-sistenz': Menschen stehen ‚ausgesetzt' in der Offenheit des Seins, wartend auf die Ankunft. Das Denken ist ein Akt des Hörens auf das „ungesprochene Wort des Seins" (Heidegger 1949, 45). Dem Dasein, das sich ek-sistierend in der Offenheit des Seins hält, bietet die Sprache eine Heimat: „Die Sprache ist das Haus des Seins. In ihrer Behausung wohnt der Mensch" (Heidegger 1949, 5). Die Reflexion auf die Sprache ist für Heidegger mehr als „bloße Sprachphilosophie" (Heidegger 1949, 9), sie ist Selbstverständigung über unser Menschsein, Geschichtsphilosophie und negative Metaphysik. Die Philosophie des späten Heideggers hat ihre Pointe darin, dass diese Reflexion nicht im Medium der Philosophie, sondern der Dichtung erfolgt.

6.4.4 Das ‚Dichterische' der Sprache

In *Hölderlin und das Wesen der Dichtung* kompiliert Heidegger einzelne Zeilen und Gedichtanfänge zu „Leitworten", die die Rolle der Dichtung für die Sprache beleuchten sollen. Warum von Hölderlin? „Weshalb nicht Homer oder Sophokles, [...] Vergil oder Dante, [...] Shakespeare oder Goethe?" (Heidegger 1971, 33) Hölderlin ist ein später, daher moderner Dichter, in dessen Oeuvre das Dichten selbstreflexiv wird. Der hauptsächliche Inhalt seines Dichtens ist das Dichten. Er ist „in einem ausgezeichneten Sinne der *Dichter des Dichters*" (Heidegger 1971, 34). Diese Erwägungen rechtfertigen die Sonderstellung, die Heidegger dem Hölderlinschen Opus auch für philosophische Zwecke einräumt. Im Folgenden möchte ich die fünf Leitworte zitieren und knapp kommentieren:

[I.] Dichten, „diss unschuldigste aller Geschäffte" [Brief an die Mutter, Jan. 1799]: Das Dichten, möchte man sagen, ist doch nur ein Spiel mit der Sprache. Es erfindet „ungebunden" seine Bilderwelt und entzieht sich dem „Ernst der Entscheidungen"; es vermeidet so, sich „schuldig" zu machen: „Dichten ist daher völlig harmlos". Und wirkungslos, möchte man ergänzen, denn es ist ja nur Sagen und Reden:

„Das hat nichts von der Tat, die unmittelbar ins Wirkliche eingreift und es verwandelt [...] Ein Spiel in Worten, aber kein Ernst der Handlung." Mit diesen Erwägungen soll nichts weiter gesagt sein, als dass die Dichtung ihre Werke „im Bereich der Sprache und aus dem Stoff der Sprache" schafft (Heidegger 1971, 34f.). Was sagt Hölderlin über die Sprache?

[II.] „[U]nd darum ist der Güter Gefährlichstes, die Sprache dem Menschen gegeben, damit er schaffend, zerstörend, und untergehend, und wiederkehrend zur ewiglebenden, zur Meisterin und Mutter, damit er zeuge, was er sei" [bruchstückhafter Entwurf aus der selben Zeit wie die Briefstelle]: Warum ist die Sprache das *gefährlichste* der Güter? Sie ist die „Gefahr aller Gefahren", weil sie für den Menschen allererst die Möglichkeit einer Gefahr schafft. Vielfachen Gefährdungen sind auch die nicht-menschlichen Lebewesen ausgesetzt. Aber nur der Mensch ist kraft der Sprache einer Offenheit ausgesetzt, die ihm zur existentiellen Bedrohung werden kann: Ich-Verlust, Verzweiflung, Irrtum, beständige Angst, Tod etc. Die Sprache muss, um gemeinsamer Besitz zu werden, „sich gemein machen [...] Das Reine und das Gemeine sind in gleicher Weise ein Gesagtes." Ein authentisches Wort nimmt sich oft als banal aus, während das rhetorisch aufgeputzte Wort immer Eindruck macht, unabhängig von seiner Sachhaltigkeit. Die Sprache erzeugt ihren eigenen Schein und setzt ihr Proprium aufs Spiel: „das echte Sagen" (Heidegger 1971, 37). In welchem Sinne ist dieses Gefährlichste ein *Gut* für den Menschen? Die Sprache ist unstrittig ein Gut, ein Instrument in der Hand des Menschen; es dient der Aufzeichnung, Mitteilung, Verständigung etc. Die Bedeutung der Sprache erschöpft sich nicht darin, ein Verständigungsmittel zu sein. Die Sprache ist mehr als ein Werkzeug sein, das der Mensch neben vielen anderen auch besitzt. Wozu ist die Sprache ‚gut'? An dieser Stelle kommt Heidegger auf das Motiv der ‚Lichtung' zu sprechen: „[D]ie Sprache gewährt überhaupt erst die Möglichkeit, inmitten der Offenheit von Seiendem zu stehen. Nur wo Sprache ist, da ist Welt [...] Nur wo Welt waltet, da ist Geschichte. Die Sprache ist ein Gut in einem ursprünglicheren Sinne. Sie steht dafür gut, das heißt, sie leistet Gewähr, dass der Mensch als geschichtlicher *sein* kann. Die Sprache ist nicht ein verfügbares Werkzeug, sondern dasjenige Ereignis, das über die höchste Möglichkeit des Menschseins verfügt" (Heidegger 1971,

38). Dass die Sprache Ereignis-Charakter hat, mag auf den ersten Blick überraschend sein. Wir fragen also weiter: Wie geschieht Sprache?

[III.] „Viel erfahren hat der Mensch. /Der Himmlischen viele genannt, /Seit ein Gespräch wir sind /Und hören können voneinander." [Entwurf zu *Friedensfeier*] Unsere linguistische Kompetenz ist notwendige, aber nicht hinreichende Bedingung für das Gelingen eines Gesprächs ist, wobei die Sprache nur als Gespräch wesentlich ist: „Was wir sonst mit ‚Sprache' meinen, nämlich einen Bestand an Wörtern und Regeln der Wortfügung, ist nur ein Vordergrund der Sprache" (Heidegger 1971, 38). Was zeichnet das Gespräch gegenüber den weniger authentischen Weisen des Sprechens aus? Für das Gelingen des Gesprächs ist das ‚Aufeinander-Hören' unverzichtbar. Doch auch unsere Hörbereitschaft bietet nicht Gewähr, dass ein Gespräch gelingt: „Wo Sprachfähigkeit des Menschen vorhanden ist und ausgeübt wird, da ist noch nicht ohne weiteres das wesentliche Ereignis der Sprache – das Gespräch" (Heidegger 1971, 39). Ein Gespräch gibt es nur, wo über das „Eine" und „Selbe" gesprochen wird. Ohne diese Einzigkeit und Identität des Referenten ist nicht einmal ein Streitgespräch möglich. Aber wie sollen die Gesprächsteilnehmer den Referenten ermitteln, wenn alles im Fluss ist, das Gespräch nicht ausgenommen. Die Schwierigkeit ist hier die Bemeisterung der Zeit, verstanden als immanente Zeit des Gesprächs und als historische Zeit. Ohne Bewusstsein für die Zeit lässt sich die Schwierigkeit der Zeit nicht meistern. Erst mit dem Besitz der Sprache können Menschen die Zeit „zum Stehen" bringen und sich „auf ein Bleibendes […] einigen": „Erst seitdem die ‚reißende Zeit' aufgerissen ist in Gegenwart, Vergangenheit, Zukunft, besteht die Möglichkeit, sich auf ein Bleibendes zu einigen" (Heidegger 1971, 39). Ein Gespräch ist ein Ereignis in der Zeit, aber nur wo sich ein Gespräch ereignet, erwacht das Bewusstsein für das Ereignis, für geschichtliche Entscheidungen, Beanspruchung, Pflicht, Schuld und Versagen: „Seitdem die Sprache eigentlich als Gespräch geschieht, kommen die Götter zu Wort und erscheint eine Welt. Aber wiederum gilt es zu sehen: die Gegenwart der Götter und das Erscheinen der Welt nicht erst eine Folge des Geschehnisses der Sprache, sondern sie sind damit gleichzeitig. Und das so sehr, dass im Nennen der Götter und im Wort-Werden der Welt gerade das eigentliche Gespräch besteht, das wir selbst sind" (Heidegger 1971, 40). Die These, dass die

Sprache das höchste Ereignis des menschlichen Daseins sei, hat eine theologische Spitze. Die Ankunft des Seins ist ein Anspruch, der als Wort des Gottes gehört werden kann. Das Nennen des Gottes ist die Antwort auf den Anspruch. Der Ort des Ereignisses ist für Heidegger aber keine positive Offenbarung und keine Religion, vielmehr die Dichtung.

[IV.] „Was bleibet aber, stiften die Dichter„ [Schlussvers von *Andenken*]: Unsere Namen haben keinen Referenten, wenn es nicht Dichter gibt, die „das Bleibende stiften" (Heidegger 1971, 41). Wozu braucht das ‚Bleibende' eine Stiftung? Ist das ‚Bleibende' als Referent der Rede nicht das immer schon Vorhandene, Platons Idee, Aristoteles' Substanzen, Descartes' eingeborene Ideen, die Ideen in unserem Bewusstsein? An dieser Stelle kommt der projektive Grundzug der Sprache in aller Radikalität zum Vorschein: „Dieses Nennen besteht nicht darin, dass ein vordem schon Bekanntes nur mit einem Namen versehen wird, sondern indem der Dichter das wesentliche Wort spricht, wird durch diese Nennung das Seiende erst zu dem ernannt, was es ist [...] Dichtung ist worthafte Stiftung des Seins" (Heidegger 1971, 41). Die Dichter sichern unserer Rede ihre referentielle Basis. Was für die Dichtung als literarische Gattung gilt, gilt für die Sprache in all ihren Verwendungen.

[V.] „Voll Verdienst, doch dichterisch wohnt /Der Mensch auf dieser Erde." [Aus dem Gedicht mit der Anfangszeile „In lieblicher Bläue blühet"]: Durch Kulturleistung hat sich der Mensch zu dem gemacht, was er ist. Er hat Verdienst über Verdienst angehäuft. Doch all das „berührt nicht das Wesen seines Wohnens auf dieser Erde, all das reicht nicht in den Grund des menschlichen Daseins. Dieses ist in seinem Grund ‚dichterisch'" (Heidegger 1971, 42). Was kein Verdienst ist – und wie sollte sich der Dichter das, was ihm glückt, als Verdienst anrechnen? – ist Gnade und Geschenk. Umso größer ist die Versuchung, all das, was nicht aus eigener Leistung erbracht wurde, als Zierrat und Luxus anzusehen. Diesem Vorurteil ist die Einsicht entgegenzusetzen, dass die Dichtung „der tragende Grund der Geschichte und deshalb auch nicht nur eine Erscheinung der Kultur und erst recht nicht der bloße ‚Ausdruck' einer ‚Kulturseele'" ist (Heidegger 1971, 42). Die Dichtung nimmt auch nicht die Sprache als vorhandenen Werkstoff auf – insofern ist das unter [I.] Gesagte zu korrigieren –

vielmehr konstituiert das Dichterische die Sprache in all ihren Dimensionen und Verwendungsweisen. Das Wesen der Sprache muss „aus dem Wesen der Dichtung verstanden werden" (Heidegger 1971, 43). Heideggers Gedanken, die er in der Lyrik Hölderlins spiegelt, sind der radikalste Ausdruck seiner Zugehörigkeit zum romantischen Flügel des Expressivismus. In Kap. 2 hatten wir mit Brandom der rationalistischen Spielart des Expressivismus den Vorzug gegeben.

Literatur:

Lafont 1994.
Wohlfahrt 1996.

7 Interpretation, Text und Metapher

7.1 Vom Äußerungsverstehen zum Textverstehen

Als Hörer oder Interpret der Äußerungen anderer muss ein Sprecher S Interpretationsleistungen auf mehreren Ebenen erbringen: S muss (1.) die lautlichen oder schriftlichen Hervorbringungen der Anderen als wohlgeformte Zeichen bzw. Zeichenverknüpfungen einer ihm bekannten Sprache verstehen, d. h. als Zeichen, die mit dem Lexikon und der Syntax der von S beherrschten Sprache übereinstimmen. Dies setzt voraus, dass S die Geräusche der Anderen als Vorkommnisse eines Laut-Typs (Phonems) identifizieren konnte. Den Lexemen (Wörtern) einer Sprache liegen Morpheme (Silben) und Phoneme (basale Laut-Typen) zugrunde.

S muss (2.) die wörtliche (‚lexikalische') Bedeutung der vom Anderen verwendeten Zeichen kennen. Der wörtliche oder buchstäbliche Sinn eines Ausdrucks ist im Lexikon einer Sprache niedergelegt. Die Existenz eines Lexikons oder Wörterbuchs ist selbstverständlich keine Voraussetzung dafür, dass die Ausdrücke einer Sprache eine lexikalische Bedeutung haben. Es ist für den Begriff einer Sprache aber wesentlich, dass es so ein Lexikon geben kann. Gleichursprünglich mit dem Begriff der lexikalischen Bedeutung sind zentrale semantische Begriffe wie ‚Synonymie', ‚Univozität', ‚Übersetzung', ‚Bedeutungswandel' und ‚Bedeutungsverschiedenheit'. Um ein Lexikon zu erstellen, muss S die Univozität von Ausdrücken voraussetzen und sich bei der Erstellung der Lexikoneinträge bestehende Synonymien zu Nutze machen, Ausdrücke übersetzen, etc. Die lexikalische Bedeutung bzw. der buchstäbliche Sinn ist von Freges Begriff des Sinns zu unterscheiden. Freges Sinn kommt ins Spiel, wenn wir die Ebene der Gedanken, die wir mit Sätzen ausdrücken, betreten.

Zu dem lexikalischen Verstehen muss (3.) das Verstehen des im Kontext aktualisierten sprachlichen Sinns hinzukommen, d. h. S muss die in der Äußerung enthaltenen strukturellen und lexikalischen Mehrdeutigkeiten beseitigen (‚desambiguieren'). Der Satz ‚Carlyle schrieb seine glänzende Satire auf Hegel, *Sartor resartus*, zum Teil, um zu zeigen, dass er ein wichtiger Denker war' ist syntaktisch mehrdeutig, d. h. es ist nicht klar, auf wen sich das Pronomen im hinteren Satzteil bezieht. Der Satz ‚Die Bank ist vom Zerfall bedroht' ist semantisch mehrdeutig.

Ebenso wichtig wie die Desambiguierung des sprachlichen Sinns ist (4.) das Verstehen des mit der Äußerung Gesagten, d. h. des Gehalts, des Gedankens oder der Proposition. Selbst wenn wir alle strukturellen und lexikalischen Mehrdeutigkeiten ausgeräumt und den sprachlichen Sinn voll erfasst haben, kann es sein, dass wir noch nicht verstehen, wovon die Rede ist und was gesagt worden ist. Ein Musterbeispiel sind Sätze, die indexikalische Ausdrücke wie ‚hier', ‚heute', ‚ich', ‚dort', ‚drüben' enthalten. Betrachten wir den Satz ‚Er sitzt heute dort drüben'. Solange der Interpret nicht weiß, wer an welchem Tag wo gesessen hat, hat er den Satz in einer wichtigen Hinsicht noch nicht verstanden. Er kann infolgedessen auch nicht beurteilen, ob der Satz im Augenblick seiner Äußerung wahr oder falsch ist. Unser Beispielsatz enthält Elemente, deren Gegenstandsbezug (‚Referenz') systematisch vom Äußerungskontext abhängt. Neben den indexikalischen oder deiktischen Ausdrücken gibt es eine Reihe von Ausdrücken, deren Gegenstandsbezug sich von Äußerung zu Äußerung ändern kann: man denke an unvollständige Kennzeichnungen (‚eine Sportlerin', ‚eine Staatsanleihe, die von der Zentralbank aufgekauft wurde') oder Eigennamen, die in der Regel mehrfach vergeben werden. Natürlich haben die soeben angeführten indexikalischen Ausdruckstypen einen konstanten sprachlichen Sinn, für den David Kaplan die Bezeichnung „Charakter" eingeführt hat (Kaplan 1989, 505). Der Charakter eines indexikalischen Ausdrucks ‚x' ist eine Funktion, die für jeden Kontext der Verwendung von ‚x' eine Intension für ‚x' bestimmt. Indexikalische Ausdrücke bestimmen nur in Verbindung mit gewissen Merkmalen ihrer Äußerungssituation, welcher Gedanke mit einem Satz, der diese Ausdrücke enthält, ausgedrückt wird, d. h. der Kontext entscheidet, welche *Proposition* ein Satz ausdrückt.

Aber selbst dann, wenn S den mit einer Äußerung ausgedrückte Proposition verstanden hat, kann er immer noch unsicher sein, wie er die Äußerung zu nehmen hat, als Feststellung, Aufforderung, Warnung, Befürchtung usw. Zum Verstehen des mit der Äußerung Gesagten muss (5.) das Verstehen ihres *Modus* bzw. ihrer *illokutionären*

Rolle hinzukommen. Die illokutionäre Rolle kann durch den Gebrauch illokutionärer Verben angezeigt werden. Wenn ein illokutionäres Verb nicht Teil der Äußerung ist, kann die Rolle doch sehr oft aus dem Kontext der Äußerung erschlossen werden.

Das Verstehen der illokutionären Rolle ist (6.) Teil des *pragmatischen* Verstehens von Äußerungen im erweiterten Sinn. S kann den Gehalt und die illokutionäre Rolle einer Äußerung verstanden haben und doch nicht verstehen, was mit der Äußerung gemeint ist. Diese erscheint auf eine besondere Art merkwürdig oder sinnlos im Sinne von ‚witzlos', ‚irrelevant', ‚trivial'. S erkennt einfach nicht, was die Relevanz oder die Pointe der Äußerung gewesen ist. In manchen Fällen ist das Gesagte allzu wahr, wenn z. B. sein Gegenüber sagt ‚Ich bin, der ich bin', ‚Ich spreche gerade', ‚Was ich geschrieben habe, habe ich geschrieben'. In anderen Fällen ist das Gesagte, wörtlich genommen, allzu offenkundig falsch, z. B. ‚Ich stehe neben mir', ‚Ich bin schon weg'. Die Beispiele machen deutlich, dass ein enger Zusammenhang zwischen dem Verstehen sprachlicher Äußerungen und dem Erklären von Handlungen besteht. Ein weiterer Spezialfall sind die Sprechhandlungen, die ein illokutionäres Ziel mittelbar verfolgen. So kann man eine Bitte zum Ausdruck bringen, indem man eine Frage stellt (‚Kannst du mir das Salz reichen?'), oder eine Warnung aussprechen, indem man eine Tatsache feststellt (‚Die Ampel steht auf rot!').

Das Verstehen von Texten wirft im Unterschied zum Verstehen von Sprechakten zusätzliche Schwierigkeiten auf, steht doch in der Regel der Autor zu Rückfragen, die man im Zusammenhang der Desambiguierung des Sinns an ihn stellen möchte, nicht zur Verfügung. Auch darf man den Sinn des Textes nicht mit der Intention eines Autors gleichsetzen. In vielen Fällen kennen wir den Autor nur durch seinen Text. Ein Text ist mehr als eine Verkettung von Sätzen, er ist ein durchgearbeitetes Ganzes (Werk, Komposition), er exemplifiziert eine oder mehrere Formen und Gattungen, er besitzt individuelle oder epochenspezifische Stilmerkmale, er verweist auf frühere oder spätere Texte, er entfaltet eine Wirkungsgeschichte, er ist in einer fremden oder nicht mehr gebräuchlichen Sprache geschrieben, usw. Das Textverstehen ist häufig auf Übersetzung und Kommentar, Auslegung und Interpretation, d. h. auf professionelle Hilfe angewiesen.

7.2 Schrift als ‚entfremdete Rede' (Gadamer)

Hermeneutik als ‚Auslegungskunst', d. h. ‚kunstmäßiges Verstehen' ist keine Erfindung der Neuzeit oder der Moderne. Die Geschichte des Verstehens ist schon seit den Tagen der antiken Philologie von theoretischer Reflexion begleitet. Aber diese Reflexionen behalten den Status einer ‚Kunstlehre', d. h. sie wollen der ‚Kunst des Verstehens' innerhalb bestimmter Anwendungskontexte dienen (z. B. die Rhetorik der Redekunst, die Poetik der Dichtkunst und der Kunstkritik). An der Schwelle zum 19. Jahrhundert bildet sich vor allem unter dem Einfluss des großen evangelischen Theologen Friedrich Schleiermacher eine allgemeine Wissenschaft der Hermeneutik heraus, in der das Problem des Verstehens universalisiert wird. Die Hermeneutik emanzipiert sich von der Philologie, der theologischen wie der juristischen Hermeneutik, und wird zu einer allgemeinen Verstehenslehre. In der Durchführung versteht sie sich als Wissenschaftstheorie aller Disziplinen, die methodisch das Verstehen ihres Objektbereichs anzielen, d. h. der Geisteswissenschaften. Ein zweiter Markstein bei der Herausbildung einer universellen Hermeneutik stellt das Erwachen des historischen Bewusstseins, d. h. des Sinns für die radikale Geschichtlichkeit aller menschlichen Kulturleistungen dar. Aus der Historisierung des menschlichen Geistes ergibt sich zwanglos der Grundsatz: ‚etwas verstehen heißt verstehen, wie es geworden ist'. Aber auch der Interpret des historischen Geschehens, nicht nur das von ihm Interpretierte ist durch und durch geschichtlich und hat seinen Ort in der Geschichte. Die universell gewordene philosophische Hermeneutik hat daher ihren Ort in der Geschichte sowie ihre eigene Geschichtlichkeit zu reflektieren.

Hans-Georg Gadamer macht Heideggers Überlegungen zur Zirkelhaftigkeit allen Verstehens in *Sein und Zeit* zur Grundlage seiner Auslegungslehre in *Wahrheit und Methode*, wonach „das Auslegende sich je schon im Verstandenen bewegen und aus ihm her sich nähren muss" (Heidegger 1972, 152). Der Zirkel, obgleich in der Logik und Wissenschaft tödlich, birgt für die hermeneutische Philosophie eine positive Möglichkeit „ursprünglichsten Erkennens, die freilich in echter Weise nur dann ergriffen ist, wenn die Auslegung verstanden hat, dass ihre erste, ständige und letzte Aufgabe bleibt, sich Vorhabe,

Vorsicht und Vorgriff nicht durch Einfälle und Volksbegriffe vorgeben zu lassen, sondern in deren Ausarbeitung aus den Sachen selbst her das wissenschaftliche Thema zu sichern" (Heidegger 1972a, 153). Im Vordergrund der neuen Hermeneutik steht die Forderung der *Sachbezogenheit* der Interpretation. Damit wird das, was Schleiermacher als psychologische Interpretation und schöpferischen Nachvollzug der Produktion des Autors durch „Divination" entwickelt hat, vollkommen irrelevant (Schleiermacher 1977, 169). Wenn wir einen Text zu verstehen suchen, versetzen wir uns nicht in die Seelenverfassung des Autors. Wir werden versuchen, das sachliche Recht seiner Aussagen gelten zu lassen. Wenn wir verstehen wollen, werden wir seine Argumente sogar noch verstärken wollen. Es geht uns nicht um eine „geheimnisvolle Kommunion der Seelen", sondern um eine „Teilhabe am gemeinsamen Sinn" (Gadamer 1986, 297). Das Ziel des Verstehens ist das *Einverständnis in der Sache*. Es kann daher niemals sein Bewenden damit haben, einen Text bloß ‚historisch' verstehen zu wollen. Gadamer spricht vom „Vorgriff der Vollkommenheit": etwas ist nur verständlich, was eine vollkommene Einheit von Sinn darstellt (Gadamer 1986, 299). Dieser Vorgriff kann niemals nur formal sein, sondern er muss von dem Vorverständnis von der jeweiligen Sache geleitet sein. Die Sinnerwartungen, die wir an einen Text richten, lassen sich nicht von der Unterstellung trennen, dass er Wahres aussagt. Erst das Scheitern des Versuchs, das Gesagte oder Überlieferte als wahr gelten zu lassen, führt zu der Strategie, den Text als die ‚Meinung' eines anderen psychologisch oder historisch zu ‚verstehen'. Verstehen heißt primär: „sich in der Sache verstehen, und erst sekundär, die Meinung des anderen als solche abheben und verstehen" (Gadamer 1986, 299).

Gadamer versteht unter ‚Auslegung' ein „In-das-Gesprächkommen mit dem Text" (Gadamer 1986, 374). Die Urszene des Verstehens ist das Gespräch. Auslegung ist „Wiederherstellung ursprünglicher Sinnkommunikation", die durch den Zeitenabstand und die Fremdheit des Textes eine Unterbrechung erfahren hat (ebd.). Wie jedes echte Gespräch weist daher auch die Beschäftigung mit dem Text die Struktur von Frage und Antwort auf. Der überlieferte Text stellt immer schon eine Frage an den Interpreten, andernfalls wäre er gar nicht Gegenstand der Auslegung. Den Text verstehen, heißt dann, die Frage verstehen, die dieser Text aufwirft. Der hermeneutische Horizont ist somit der Fragehorizont, in dem der Text steht. Wer verstehen will, muss fragend hinter das Gesagte zurückgehen. Er muss es als Antwort von einer Frage her verstehen, auf die es die Antwort ist. Das Verstehen schließt also ein, dass es auch andere Antworten gegeben hätte. Die Rekonstruktion des Fragehorizonts ist ein konstitutives Element des Textverstehens. Wir versuchen damit, den Text von uns aus ‚zum Reden zu bringen', d. h. ihn als Antwort auf eine vorgängige Frage zu beziehen. Dies setzt aber voraus, dass wir, als Fragende, von der Überlieferung des Textes erreicht und angesprochen sind, d. h. wir müssen uns selber als Teil der Wirkungsgeschichte eines Textes verstehen. Die Überlieferung von Texten ist weniger ein technischer (bibliothekarischer) als ein sprachlicher Vorgang. Die Verschmelzung der Horizonte von Autor und Interpret, die im Verstehensprozess angezielt ist, ist ein durch und durch sprachlicher Vorgang. Sie hat die „Vollzugsform des Gesprächs" (Gadamer 1986, 392).

Das Textverstehen als Spezialfall eines Dialoggeschehens aufzufassen, heißt natürlich, die Form der Schriftlichkeit als Problem zu empfinden. Ganz in diesem Sinne äußert sich Gadamer: „In der Schriftlichkeit entspringt die Abgelöstheit der Sprache von ihrem Vollzug" (Gadamer 1986, 393). Die Form der Schriftlichkeit ist „Selbstentfremdung […] ihre Überwindung, das Lesen des Textes, ist also die höchste Aufgabe des Verstehens" (Gadamer 1986, 394). Auf der anderen Seite gewinnt die Sprache in der Schriftlichkeit ihre „wahre Geistigkeit" (ebd.), denn erst im Umgang mit der schriftlichen Überlieferung gewinnt der Interpret seine volle Souveränität. Als ‚Philologe' ist er in seinem Element. Die Schriftlichkeit hat überdies den Vorzug, dass der Sinn des Gesprochenen rein für sich da ist. Er ist abgelöst vom Sprechakt der Kundgabe und allen emotionalen Begleiterscheinungen der Sprecheräußerung. Dies kommt dem Text zugute. Denn der Text will nicht als Lebensausdruck verstanden werden, sondern als sachhaltige Aussage: „Schriftlichkeit ist die abstrakte Idealität der Sprache" (Gadamer 1986, 396). Die unaufhebbare Ambivalenz der Schriftform kommt darin zum Vorschein, dass Schrift „entfremdete Rede [ist] und der Rückverwandlung der Zeichen in Rede in Sinn" bedarf (Gadamer 1986, 397). Eine solche Rückverwandlung ins lebendige Gespräch sei im Kern die hermeneutische Aufgabe. Einen vollkommen anderen

Akzent mit Blick auf die Verstehensproblematik von Texten setzt der französische Phänomenologe und Theologe Paul Ricoeur.

Literatur:

Grondin 2009.
Joisten 2009.
Jung 2001.
Vedder 2000.

7.3 Rückkehr zum ‚Problem des Textes' (Ricoeur)

Ricoeur grenzt seine Ausführungen zur philosophischen Hermeneutik auf die Thematik des Textes ein. Wir hatten gesehen, dass für Gadamer der Text ‚entfremdete Rede' ist, die im Zusammenhang des Verstehens ins ‚lebendige Gespräch' rückverwandelt werden muss. Dem hält Ricoeur entgegen, dass die „Rückkehr zum *Problem des Textes*" in Wirklichkeit die Rückkehr zum eigentlichen Problem der Hermeneutik darstellt (Ricoeur 1974, 26). Auch die mündliche Rede wirft gewisse Verstehensprobleme auf, aber dennoch ist sie nicht auf eine von der Gesprächsführung unterschiedene Kunst des Verstehens angewiesen. Die hermeneutische Fragestellung wird in aller Schärfe erst durch das Problem des Textes aufgeworfen. Was ist an Texten so problematisch? Ricoeur gliedert seine Antwort in vier Teile: (1) der Unterschied von Rede und Schrift; (2) der Text als strukturiertes Werk; (3) der Text als Entwurf einer Welt; (4) der Text als Vermittlung des Sich-Verstehens.

7.3.1 Vom Wort zur Schrift

Im Kern geht es Ricoeur um die Frage, welche Merkmale der Rede in ihrem Bedeutungsgehalt durch den Übergang vom (lebendigen) Wort zur Schrift verändert werden. Wir können den Akt der Rede in die Teilakte der Prädikation und der Bezugnahme (Referenz) zergliedern.

Im Akt der Rede wird zum einen ein Satzinhalt (= propositionaler Gehalt) mitgeteilt, zum anderen wird mittels des Akts des Bezugnehmens ein Verweisungsbezug, d. h. eine Beziehung zur Wirklichkeit hergestellt, die einen Wahrheitsbezug impliziert. Was geschieht nun beim Übergang vom Wort zur Schrift? Auf den ersten Blick scheint die Schrift nur einen äußerlichen, materiellen Faktor einzuführen: „die Fixierung, die das Ereignis der Rede vor Zerstörung bewahrt" (Ricoeur 1974, 28). Tatsächlich hat dieser Vorgang einschneidende Konsequenzen: die Schrift macht den Text gegenüber der Intention des Autors *autonom*: „Was der Text bedeutet, fällt nicht mehr mit dem zusammen, was der Autor sagen wollte" (Ricoeur 1974, 28) Wörtliche, d. h. Text gewordene und psychologische Bedeutung gehen getrennte Wege. Gadamer bewertete die Entfremdung des Textes von der lebendigen Mitteilung negativ als ‚Selbstentfremdung', für Ricoeur hat sie positive Bedeutung: was Gadamer die ‚Sache des Textes' nennt, wird dem begrenzten Horizont des Autors entzogen, damit die ‚Welt' des *Textes* die ‚Welt' des *Autors* „zerbrechen lassen" kann (Ricoeur 1974, 28) Die Verfremdung, die die Rede im Übergang vom gesprochenen Wort zum Text erleidet, ist nichts der Rede nachträglich Zugefügtes oder Schädliches, sondern eine Bedingung ihrer Interpretierbarkeit. Die Verfremdung ist nicht nur das, was das Verstehen besiegen muss; sie ist Bedingung dafür, dass es etwas zu verstehen und auszulegen gibt.

Was für die psychologischen Bedingungen gilt, gilt auch für die soziologischen Bedingungen der Entstehung des Textes. Solche Bedingungen lassen sich transzendieren, d. h. öffnen für eine nicht begrenzbare Folge von Akten der Rezeption, die ihrerseits in unterschiedlichen sozio-kulturellen Zusammenhängen möglich sind. Der Text muss sich aus seinem Kontext lösen lassen, um sich in einer neuen Situation in einen neuen Kontext einfügen zu lassen; dies geschieht im Akt des *Lesens*. Im Unterschied zur Gesprächssituation, in der der Adressat oder Hörer durch die Situation der Rede bestimmt ist, lässt die geschriebene Rede (der Text) ein Publikum entstehen, zu dem virtuell jeder gehört, der lesen kann bzw. dem vorgelesen wird: „In der Entgrenzung der geschriebenen Sache aus der Gesprächsbedingtheit der Rede kommt die Schrift zu ihrer bedeutendsten Wirkung; daraus folgt, dass das Verhältnis von Schreiben und Lesen kein Sonderfall des

Verhältnisses von Reden und Hören mehr ist" (Ricoeur 1974, 29). Mit dem Text kommuniziert man nicht, wie man mit Personen kommuniziert. Wie entfaltet sich dann aber die ‚Sache des Textes'? Vor allem: wie stellt der Text den Verweisungsbezug auf das, was nicht Text ist, her?

7.3.2 Der Text als ‚Werk'

Um die Eigenart von Texten näher zu bestimmen, bemüht Ricoeur die Kategorie des ‚Werkes'. Er unterscheidet drei Merkmale. Ein Werk ist (1.) ein „strukturiertes Ganzes", eine Art „abgeschlossener Totalität", d. h. mehr als eine Aneinanderreihung von Sätzen. Das Werk ist (2.) einer „kodifizierten Form" unterworfen, die auf eine Komposition angewandte wird und aus einer Rede ein Gedicht, einen Brief, eine Erzählung, einen Essay etc. macht. Diese Kodifizierung heißt „literarische Gattung". Es erhält (3.) eine besondere Gestaltung, die ihm eine individuelle Prägung verleiht und die wir „Stil" nennen können (Ricoeur 1974, 29; Ricoeur 2004, 214f.). *Komposition, Gattungszugehörigkeit* und individueller *Stil* charakterisieren die Rede als Werk. Im Werk steckt Arbeit: ein Stoff wurde geformt; das Hervorgebrachte wurde einer Gattung unterworfen; ihm wurde eine individuelle Prägung mitgegeben. Der Stoff (das Material) ist die Sprache. Es wird deutlich, dass die Rede Gegenstand einer *Praxis* und einer *Techne* ist (die Unterscheidung geht auf Aristoteles zurück). Ricoeur macht darauf aufmerksam, dass sich nicht nur die Rede im Werk objektiviert, sondern auch der Mensch, der es hervorbringt: „Aus einem, der spricht, wird ein Autor" (Ricoeur 1974, 30). Der Schriftsteller, als Autor, ist keine psychologische Realität, sondern eine Kategorie der Interpretation, die mit der Kategorie des Werks in Zusammenhang steht. Die hermeneutischen Konsequenzen aus dem Werkcharakter der Rede sind einschneidend. Weil das Werk strukturale Eigenschaften hat, lassen sich zwanglos und auch erfolgreich *strukturale Methoden* anwenden (z. B. Derridas ‚Dekonstruktion', aber auch Julia Kristevas Verfahren der ‚Intertextualität'). Der alte Gegensatz zwischen Geisteswissenschaften und Naturwissenschaften bzw. ‚Verstehen' und ‚Erklären' beginnt zu verschwimmen. So wenig die geisteswissenschaftliche Methode allein auf ‚Einfühlung' beruht, so wenig ist die naturwissenschaftliche Methode – die Erklärung der Phänomene durch Rückführung auf Regeln und Gesetzmäßigkeiten – auf die Naturdinge beschränkt. Auch in den Sprachwissenschaften – dem Bereich, dem auch die Rede zugehört – können Erklärungen gegeben werden. Der Erfolg der strukturalen Analyse hat eine neue Epoche der Hermeneutik eingeläutet. ‚Erklären' und ‚Verstehen' sind keine Gegensätze mehr, vielmehr ist die ‚Erklärung' – in Abstufungen angewandt auf die Gegebenheiten der Sprache – der heute verbindliche Weg des ‚Verstehens'. Damit ist auch der Gegensatz entschärft, den Gadamer in seinem Hauptwerk von 1960 für unüberwindbar hielt: der Gegensatz von ‚*Wahrheit*' und ‚*Methode*'.

7.3.3 Die ‚Welt' des Werks

Was wird aus dem Verweisungsbezug, wenn die Rede Text wird? Wir hatten gesehen, dass der Akt der Rede den Teilakt des Referierens (Bezugnehmens) miteinschließt. Die Schriftlichkeit, vor allem die Werkstruktur verändern den Verweisungsbezug auf radikale Weise, so dass er zur Gänze suspendiert erscheint. In der mündlichen Rede besteht der Verweisungsbezug nicht zuletzt darin, dass einzelne Ausdrücke ‚indexikalisch' verwendet werden, d. h. mittels ihrer lässt sich auf *etwas* oder *jemanden* in der Umgebung der Sprechenden und Hörenden hinweisen. Dieses konkrete Zeigen ist mit dem Übergang von der Äußerung zum Text unmöglich geworden. Was garantiert jetzt, dass die Wörter eine externe Wirklichkeit bezeichnen, referieren, ihren Beitrag zur Festlegung des Wahrheitswerts leisten? Wir können schlecht sagen, dass die Zeichen im Text ‚von sich her' das bezeichnen, was sie bezeichnen. (Wie machen es die Zeichen, für etwas oder jemanden zu stehen, wenn sie in keinem Äußerungskontext vorkommen?) Das Problem des fehlenden Verweisungsbezugs verschärft sich durch das Entstehen bestimmter literarischer Gattungen, die im allgemeinen an die Schrift gebunden sind, aber nicht notwendig von ihr abhängen: Erzählung, Mythos, Roman, Theater, d. h. für die fiktive Literatur insgesamt, aber auch für alle poetisch zu nennende Literatur, die Heiligen Schriften der Hochreligionen eingeschlossen. Man kann sich den Standpunkt vertreten, dass die poetische Funktion der Sprache die referentielle Funktion suspendiert und dass die Mitteilung um ihrer selbst willen geschieht. Ein Text würde damit nur auf sich selbst oder auf andere Texte, nicht aber auf eine außersprachliche Realität Bezug nehmen. Man kann umgekehrt behaupten, dass die poetische Rede die Wirklichkeit auf einer viel fundamentaleren Ebene erreicht als die behauptende, deskriptive Rede im Alltag oder in den Wissenschaften. Ricoeur geht davon aus, dass Freges Unterscheidung von ‚Sinn' und ‚Bedeutung' für jede Rede, auch die poetische gilt. Die Hervorbringung der Rede als ‚Literatur' bedeutet also gerade nicht, dass die Beziehung des Sinns auf die Referenz suspendiert wird. Es ist keineswegs so, dass die Literatur keine denotative Bedeutung, nur Konnotation habe. Es gilt freilich im Auge zu behalten, dass die Referenz eines poetischen Textes (Werkes) anders bestimmt werden muss als die Referenz eines assertorischen Sprechakts oder eines wissenschaftlichen Satzes. Ein poetischer Text besitzt eine Referenz, aber nur unter der Bedingung, dass die Referenz seiner deskriptiven Redeanteile suspendiert wird: „[I]m literarischen Kunstwerk entfaltet die Rede ihre Bedeutung als Bedeutung zweiten Grades, und zwar durch die Suspension der erstgradigen Bedeutung der Rede" (Ricoeur 2004, 215f.). Das Postulat der Referenz zweiten Grades verweist auf das Problem der *Metapher*, denn es ist gerade die metaphorische Aussage, die das Verhältnis zwischen suspendierter und entfalteter Referenz in voller Klarheit zeigt. So wie die Metapher ihren Sinn aus der Zerstörung des wörtlichen Sinns gewinnt, so resultiert ihre (übertragene) Referenz aus den Trümmern dessen, was man ‚wörtliche' Referenz nennt.

Was ist der Verweisungsbezug des literarischen Werks? In Anbetracht seiner komplexen Struktur verweist es auf nichts weniger als eine Welt. Anders als die neo-strukturalistischen Autoren begnügen wir uns nicht mit der Struktur des Werkes, „wir nehmen [vielmehr] eine Welt des Werkes an" (Ricoeur 2004, 214). Die Struktur des Werkes ist sein Sinn, die Welt des Werkes ist seine Bedeutung. Für Ricoeur ist die Hermeneutik die Theorie, die den Übergang von der Struktur des Werkes zur Welt des Werkes zum Inhalt hat: „Ein Werk interpretieren heißt die Welt entfalten, auf die es sich kraft seiner ‚Disposition' [d. h. Komposition], seiner ‚Gattung' und seines ‚Stiles' bezieht"

(Ricoeur 2004, 214). Der oberste methodische Grundsatz der Interpretation ist nicht die Suche nach einer kongenialen Beziehung zwischen den Seelen von Autor und Leser (Schleiermacher), sondern die Suche nach der „vor dem Werk entfalteten Welt" (Ricoeur 2004, 215). Wir haben vorhin gesehen, dass das Problem der Referenz des poetischen Textes auf das Problem der Metapher verweist. So wie die Referenz der Metapher nicht wörtliche, sondern übertragene ist, so ist auch der Verweisungsbezug des poetischen Textes durch die Zerstörung der Referenz seiner deskriptiven Redeanteile zu gewinnen: „Ich behaupte, dass die Zerstörung eines primären Verweisungsbezugs durch Fiktion und Poesie die Bedingung der Möglichkeit dafür sei, dass ein sekundärer Verweisungsbezug freigelegt werde, der die Welt nicht mehr nur als Bereich verfügbarer Gegenstände erreicht, sondern als das, was Husserl ‚Lebenswelt' und Heidegger ‚In-der-Welt-Sein' nennt" (Ricoeur 1974, 31f.). Der Verweisungsbezug des dichterischen und literarischen Texts (nicht weniger des biblischen Texts) stellt das tiefste Problem der Hermeneutik dar. Die fiktive und poetische Rede verweist auf keine Welt ‚hinter dem Text', sondern entwirft eine Welt ‚vor dem Text'. Damit verschiebt sich die hermeneutische Aufgabe. Wir müssen jetzt fragen: „Was bleibt zu interpretieren, wenn wir die Hermeneutik nicht mehr definieren können als Frage nach den *hinter* dem Text verborgenen inneren Absichten eines anderen, wenn wir die Interpretation aber auch nicht auf die Zerlegung der Strukturen beschränken wollen? Ich würde sagen: interpretieren heißt, die Weise des *vor* dem Text entfalteten In-der-Welt-Seins dazustellen" (Ricoeur 1974, 32). Ricoeur formuliert die Aufgabe der Hermeneutik jenseits der Alternative von romantischer Hermeneutik und Strukturalismus. Die romantische Hermeneutik war bemüht, die Genialität des Autors zu ergreifen, sich ihr anzugleichen, ja dieser gleichzeitig zu werden. Dieser Weg erscheint unverzeihlich naiv, sobald wir die Verfremdung durch die Schrift und die Objektivierung durch die Struktur ernst nehmen. Indem wir darauf verzichten, das innere Erleben eines Autors nachzuempfinden, sind wir noch nicht darauf festgelegt, uns in strukturalen Analysen zu verlieren. Jenseits der Alternative von Genialität und Struktur befassen wir uns mit dem Phänomen der ‚Textwelt', immer verstanden als Welt ‚vor', nicht ‚hinter dem Text'.

Der Begriff einer ‚Welt *vor* dem Text' ist den existential-ontologischen Analysen Heideggers aus *Sein und Zeit* verpflichtet. Der Weltbegriff Heideggers ist nicht der Weltbegriff der alten Metaphysik („Welt' als All der seienden wirklichen und möglichen Dinge). Was ‚Welt' meint, ist nur aus der Differenz von ‚Sein' und ‚Seiendem' verständlich zu machen, – einer Differenz, die im Seinsverständnis desjenigen Seienden wurzelt, dem es „in seinem Sein um dieses Sein selbst geht" (Heidegger 1972, 12). Die ontische Auszeichnung des Menschen besteht für Heidegger darin, dass er das ‚Da' des Seins ist, insofern er sich zu seinem eigenen Sein ins Verhältnis setzen kann, was ein Stein oder ein Tier nicht vermag. Das Seinsverhältnis des Daseins ist zunächst nicht theoretischer, auch nicht technisch-instrumenteller, sondern existenzieller Natur. Die Seinsart des ‚Daseins' ist, ohne in die Detailanalyse gehen zu wollen, durch drei Stichwörter gekennzeichnet: *Sorge, Geworfenheit* und *Entwurf* (Heidegger 1972, 221). Das Dasein ist faktisch in bestimmte Möglichkeiten hinein „geworfen", es muss sich auf der andere Seite aus seinen Möglichkeiten heraus „entwerfen"; es hat die Wahl, sich von seiner Herkunftswelt und von den Anderen her zu verstehen oder selbstbestimmt leben und eine eigene Wahl zu treffen. Das Dasein existiert als ‚geworfener, entwerfender Entwurf'. Den Gedanken des ‚Entwurfs des eigensten Seinkönnens' wendet Ricoeur auf die Theorie des Textverstehens an: „Ein Text ist zu interpretieren als ein *Entwurf von Welt*, die ich bewohnen kann, um eine meiner wesenhaften Möglichkeiten darin zu entwerfen. Genau dies nenne ich Textwelt, die *diesem* einzigen Text eigene Welt" (Ricoeur 1974, 32). Die Welt des Textes ist weder die Lebenswelt noch die Welt der Wissenschaft (Metaphysik eingeschlossen). Die Textwelt konstituiert eine neue Art der Verfremdung, die Ricoeur „Selbstentfremdung des Wirklichen" nennt. Die Textwelt bricht zwar mit der ‚wirklichen' Welt; sie entwirft jedoch keine Traumwelt, sondern eröffnet „neue Möglichkeiten des In-der-Welt-Seins […] Fiktion und Poesie zielen auf das Sein, jedoch nicht im Modus des gegebenen Seins, sondern im Modus des Seinkönnens" (Ricoeur 1974, 32). Dem neuen Seinkönnen entsprechen neue Weisen zu existieren, neue eigene Lebensentwürfe oder die Infragestellung und Korrektur bereits gewählter Entwürfe.

7.3.4 Sich-Verstehen vor dem Werk

Der Adressat der Rede ist der Angesprochene oder Angerufene – ein Gegenüber. Der Text hat kein Gegenüber, er setzt und schafft sich seinen Leser (Adressaten) im Vollzug der Rezeption. Schon die älteste Tradition der Hermeneutik kennt das Problem der *Aneignung* oder *Anwendung* des Textes auf die gegenwärtige Situation des Lesers. Im Zusammenhang der Überlegungen Ricoeurs zur Autonomie des Textes verändert sich die Thematik der Aneignung noch einmal grundlegend. Was sich der Leser aneignet und was bei Gadamer die ‚Sache des Textes' heißt, ist für Ricoeur nichts Geringeres als ein „Entwurf von Welt" (Ricoeur 1974, 33), der nicht sachlich-distanziert entgegengenommen werden kann, sondern zur Stellungnahme und Antwort auffordert. Der Text konfrontiert den Leser mit einem Entwurf von Sein, auf den der Leser mit einem Selbstentwurf antwortet: „Daher heißt Verstehen *Sich-Verstehen vor dem Text*" (Ricoeur 1974, 33). Damit ist nicht gemeint, dass der Leser dem Text sein begrenztes Verständnis aufzwingt, sondern sich dem Text aussetzt und von diesem her ein „erweitertes Selbst" gewinnt. Der *Weltenwurf* des Textes ist nur dann wirklich angeeignet, wenn ihm ein *Existenzentwurf* entspricht: „Nicht das Subjekt konstituiert also das Verstehen, sondern – so wäre es wohl richtiger zu sagen – das *Selbst* wird durch die ‚Sache' des Textes konstituiert" (Ricoeur 1974, 33). Damit ist aber eine fiktive Welt ebenso so sehr eine grundlegende Dimension des Verweisungsbezugs des Textes wie die eigene Subjektivität des Lesers: „Wie die Textwelt nur in dem Maße wirklich ist, als sie fiktiv ist, gelangt die Subjektivität des Lesers zu sich selbst nur in dem Maße, als sie in Schwebe versetzt, aus ihrer Wirklichkeit gelöst und in eine neue Möglichkeit gebracht wird, wie die Welt selbst, die der Text entfaltet" (Ricoeur 1974, 33). Der Text leistet eine doppelte Verfremdung: er entfremdet den Leser seiner bekannten Welt und sich selber. Daher ist das Verstehen so sehr Aneignung wie Enteignung. Die ‚Sache des Textes' ist das neue Sein des Lesers. Wer liest und nicht ein anderer geworden ist, hat nicht wirklich gelesen.

7.4 Semantik der Metapher

Ricoeur hatte das Problem des Verweisungsbezugs poetischer Texte mit dem Hinweis auf die Sinnerweiterung metaphorischer Rede, die nur um den Preis einer Sinnzerstörung zu haben ist, gelöst. So wie der wörtliche Sinn, indem er sich durch seine Unstimmigkeit selbst aufhebt, einen metaphorischen Sinn freisetzt, so überlässt die wörtliche Referenz, indem sie aufgrund ihrer Unangemessenheit zusammenbricht, der metaphorischen Referenz ihren Platz. Die Metapher ist also viel mehr als eine rhetorische Stilfigur (Ausschmückung der Rede); sie impliziert eine semantische Neuerung; durch sie erfahren wir etwas Neues über die Wirklichkeit. Die Metapher beschränkt sich daher nicht auf die sinn-schöpferische Potenz der Sprache, sie erweitert auch den Bereich des Gegenstandsbezugs: „weil [die Metapher] Sinn schafft, hat sie auch die Macht, Wirklichkeit nachzuzeichnen, d. h. der Sprache neue Bereiche von Welterfahrung zu eröffnen; in diesem Sinn kann man von metaphorischer Wahrheit sprechen" (Ricoeur 1974, 45). Die zentrale These in *Die lebendige Metapher* lautet, dass die Sinnerweiterung durch die Metapher auf einem sonderbaren, ungewöhnlichen Gebrauch der Prädikation beruht. Die Metapher ist eine „impertinente Prädikation", d. h. eine Prädikation, die die gewöhnlichen Kriterien der Angemessenheit oder „Pertinenz" der verwendeten Prädikate verletzt (Ricoeur 2004, VI). Die kanonische Form der Metapher ist

A ist B,

sofern B nach den gewöhnlichen „Pertinenzkriterien" der Sprache nicht zu A passt, wie in ‚Achill ist ein Löwe', ‚die Sonne lacht', ‚die Sprache ist das Haus des Seins', ‚gezeugt, nicht geschaffen, eines Wesens mit dem Vater'. Der Metapher liegt also manchmal, nicht immer ein Vergleich zugrunde. Die kanonische Form der Metapher ist nicht „A ist *wie* B". Durch die Metapher werden semantische Felder, die nicht zusammengehören, in bisweilen gewaltsamer, aber immer überraschender Weise zusammengeführt. So erklärt sich der Titel *Die lebendige Metapher*: „Dass der Wortschatz [einer Sprache] ein Friedhof ausgelöschter, aufgehobener ‚toter' Metaphern ist, steht fest [...] Erst in der Erzeugung eines neuen Satzes, in einem Akt unerhörter Prädizierung entsteht die lebendige Metapher wie ein Funke, der beim Zusammenstoß zweier bisher voneinander entfernter semantischer Felder aufblitzt. In diesem Sinn existiert die Metapher nur in dem Augenblick, in dem das Lesen dem Zusammenstoß der semantischen Felder neues Leben verleiht und die impertinente Prädikation erzeugt" (Ricoeur 2004, VI). Die Behandlung der Metapher gehört daher in die Semantik, nicht in die Rhetorik, wo sie traditionell beheimatet war. In der rhetorischen Tradition wurde die Metapher unter die bildlichen Ausdrucksweisen (Tropen) eingereiht, also unter jene Redefiguren, die eine Abweichung vom gewöhnlichen Sprachgebrauch bedeuteten. Die Abweichung galt als legitim, wenn eine semantische Lücke zu schließen war, d. h. wenn ein Ausdruck in der wörtlichen Bedeutung fehlt, wie in ‚Stuhlbein', ‚Weggabelung', ‚jemanden in die Zange nehmen', oder wenn die Rede ausgeschmückt werden sollte. Als Grund für die metaphorische Prädikation wurde stets die Ähnlichkeit genannt. Die Rolle, die die Nachbarschaft von Ausdrücken für die Metonymie spielte, spielte die Ähnlichkeit für die Metapher. Die Ähnlichkeit begründet die Substitution (Ersetzung) eines Ausdrucks, der hätte wörtlich gebraucht werden können, durch ein im übertragenen Sinn gebrauchtes Wort. Nach klassischer Auffassung impliziert die substituierte Bedeutung keine semantische Neuerung, was heißt, dass eine Metapher übersetzbar ist. Der bildhafte Ausdruck ist stets restituierbar mit dem eigentlichen Wort. Die Metapher stiftet nichts Neues, wir erfahren durch sie nichts Neues über die Wirklichkeit. Sie ist eine bloße Verzierung und hat eine emotionale Funktion.

Die klassische Lehre von der Metapher geht auf Aristoteles zurück, bei dem sich folgende Definition findet: „Metapher ist die Übertragung eines fremden Nomens, entweder von der Gattung auf die Art, oder von einer Art auf eine andere oder gemäß der Analogie" (*Poetik* 1457b 6–9). Die Metapher ist etwas, das dem *Nomen* widerfährt. Ricoeur kritisiert an der Definition des Aristoteles die Eingrenzung der Metapher auf den Bereich der *Wortfiguren*. Aristoteles und die Tradition verzichten mit dieser Eingrenzung auf die Möglichkeit, die metaphorische Funktion auf allen Ebenen der Sprache, in Worten, Sätzen, Reden, Texten und Stilen wiederzuerkennen (Ricoeur 2004, 21f.). Die Metapher wird von Aristoteles als eine Bewegung, ἐπιφορά, eine Art Verschiebung von ... zu ... beschrieben. Der Begriff der Epiphora verrät in den Augen Ricoeurs ein Interesse an der Bewegung der Übertragung selbst, an den Prozessen statt an den Klassen und systematischen Einteilungen. Für Ricoeur bezeichnet die Epiphora den „Prozess der Bedeutungsveränderung als solche", unabhängig davon, ob er nur für die Ebene des Nomens oder auch für die anderen, komplexeren sinntragenden Einheiten der Sprache statthat (Ricoeur 2004, 22)

Die Metaper ist gemäß der Definition des Aristoteles die Übertragung eines Nomens, das ‚fremd' (ἀλλότριον) ist, das also eine andere Sache bezeichnet. Das Attribut ‚fremd' steht im Gegensatz zu ‚gewöhnlich', ‚gebräuchlich' (κύριον): „Ich nenne gebräuchliche Bezeichnung ein Nomen, das alle gebrauchen" (*Poetik* 1457b 3). Die Metapher wird also als *Abweichung* vom herrschenden Sprachgebrauch definiert. Neben der negativen Konnotation im Sinne einer ‚Abweichung' schließt das Wort ‚fremd' (ἀλλότριος) die positive Vorstellung der *Entlehnung* ein: „der verschobene Sinn kommt von anderswo her; es ist immer möglich, einen Bereich des Ursprungs oder der Entlehnung der Metapher zu bestimmen" (Ricoeur 2004, 24). Es ist unklar, ob Aristoteles meint, dass zur Ermöglichung der Abweichung und Entlehnung der gewöhnliche Sprachgebrauch unfigürlich im Sinn von ‚originär', ‚eigentlich' sein muss. Die spätere Rhetorik hat den Schritt vom gewöhnlichen Sprachgebrauch zum unfigürlichen, eigentlich Sinn mit Leichtigkeit vollzogen und damit den Gegensatz zwischen dem ‚eigentlichen' und ‚übertragenen' Wortsinn befestigt. Für Ricoeur deutet nichts darauf hin, dass Aristoteles selbst diesen Schritt vollzogen habe (Ricoeur 2004, 24). In Ricoeurs Augen hat sich Aristoteles dennoch in die Nähe dieser Sinnverschiebung gebracht, indem dieser davon ausgeht, dass das metaphorische Wort an die Stelle eines unmetaphorischen Worts tritt, das man hätte verwenden können, sofern ein solches existiert: „[D]amit ist es doppelt fremd, indem es einem vorhandenen Wort entlehnt ist und an die Stelle eine abwesenden Worts tritt" (Ricoeur 2004, 25). Der metaphorische Begriff ist daher ein bloß substituierter. Sein Informationsgehalt ist gleich null, da der abwesende Begriff, sofern er existiert, wieder an seine Stelle gesetzt werden kann.

Im Anschluss an die Definition entwirft Aristoteles eine Typologie der Metapher. Es findet eine Übertragung von der Gattung auf die Art oder von der Art auf die Gattung, oder von einer Art auf eine andere, oder eine Übertragung gemäß der Analogie (Proportion) statt. Die spätere Tradition hat unter der Metapher nur noch die Figur verstanden, die mit der vierten angeführten Unterart verwandt ist, d. h. die Proportionalitätsanalogie, z. B. ‚Achill stand in der Schlacht wie ein Fels in der Brandung'. Ricoeur macht auf den Umstand aufmerksam, dass die Pole, zwischen denen die Übertragung vorgenommen wird, logischer Art sind: „Die Metapher tritt in einen Bereich ein, der schon nach Gattungen und Arten geordnet ist, und in einem Spiel von Beziehungen auf, deren Regeln schon festgelegt sind" (Ricoeur 2004, 26). Die Metapher besteht in der Verletzung dieser Ordnung und dieser Spielregeln. An diese Beobachtung knüpft Ricoeur den über Aristoteles hinausgehenden Vorschlag, dass „die Metapher eine Ordnung nur auflöst, um eine andere zu erfinden". Die Kehrseite der „Kategorienverwechslung" wäre demnach eine „Logik der Entdeckung", keine der Entfremdung (Ricoeur 2004, 28). Die Metapher wäre etwas völlig anderes als ein ‚Schmuck der Rede'. Sie wäre eine Neubeschreibung der Wirklichkeit, die aus einer Kategorienverwechslung hervorgeht. Aus dieser Hypothese leitet Ricoeur die Vermutung ab, dass das Verfahren, das eine bestimmte logische Ordnung, eine bestimmte Begriffshierarchie und eine bestimmte Klassifizierung „durcheinanderbringt und verschiebt", kein anderes ist als dasjenige, was die Ordnung (Klassifikation) hervorbringt. Die Ordnung selbst entsteht auf die gleiche Weise, wie sie sich verändert: jedesmal sieht man eine gewisse Ähnlichkeit. Ricoeur zitiert anerkennend Gadamer, der als erster erkannte, dass „am Ursprung des logischen Denkens, an der Wurzel jeder Klassifizierung eine ‚Metaphorik' am Werk" sei (Ricoeur 2004, 29; vgl. Gadamer 1986, 81, 433) Die Idee der ursprünglichen Metaphorik relativiert den Gegensatz zwischen ‚eigentlicher' und ‚uneigentlicher', ‚wörtlicher' und ‚übertragener' Bedeutung.

Ricoeur erblickt eine indirekte Bestätigung seiner These, wonach dasjenige, was die Kategorienordnung verletzt, auch dasjenige sei, was sie hervorbringt, in Aristoteles' Reflexionen über die Bedingungen des Gelingens des metaphorischen Sprachgebrauchs. Aristoteles geht davon aus, dass gutes Übertragen nicht erlernbar sei. Es sei eine Gabe des Genies, d. h. der Natur. Bei der Wahl einer Metapher befinden wir uns auf der Ebene eines Glücksfunds. Dass es für das Erfinden keine Regeln gibt, bestätigt die moderne Wissenschaftstheorie. Es gibt keine Regeln zur Aufstellung guter Hypothesen und Modelle; es gibt nur Regeln zu ihrer epistemischen Rechtfertigung bzw. „Gültigkeitserklärung" (Ricoeur 2004, 30). Gut zu übertragen (metaphorisieren) ist nicht lernbar, weil ‚gut übertragen' heißt, ‚das Ähnliche sehen': „Es ist aber wichtig, jedes der genannten Mittel angemessen zu verwenden, die Doppelworte wie die Glossen; weitaus das Wichtigste ist das Metaphorische [wörtlich: metaphorisch zu sein, τό μεταφορικόν εἶναι]. Denn dieses allein kann man nicht bei anderen lernen, sondern ist das Zeichen von Begabung. Denn gut zu übertragen [wörtlich: gut zu metaphorisieren, εὖ μεταφερεῖν] bedeutet das Ähnliche sehen" (Aristoteles: *Poetik* 1459a 4–8). Die Ähnlichkeit war in all den vier Arten der Metapher als das positive Prinzip am Werk, dessen „Negativ" die Kategorienübertretung war (Ricoeur 2004, 30) Die Metapher ist für Ricoeur nicht die „Bekleidung einer Idee mit einem Bild", sondern die „Verminderung des Zusammenpralls zwischen zwei unvereinbaren Ideen" (Ricoeur 1974, 48). Die Ähnlichkeit ist nicht nur dort am Werk, wo ein Vergleich gefunden, sondern wo die Abweichung des Sinns vermindert und eine Annäherung disparater semantischer Felder stattfindet. In der metaphorischen Aussage geht es darum, eine Verwandtschaft sehen zu lassen, wo das gewöhnliche Hinsehen keine Entsprechung bemerken kann. Die Metapher macht sich bewusst eines Kategorienfehlers schuldig, sie erzeugt ein „semantisches Missverständnis", einen „einkalkulierten Irrtum": „Dieser Irrtum besteht in der Assimilation von Dingen, die nicht zusammengehören; aber er lässt, gerade durch die Gunst dieses einkalkulierten Missverständnisses eine bis dahin unentdeckte Sinnverwandtschaft zwischen Termini entstehen, die durch die alten Klassifzierungen daran gehindert waren, in gegenseitigen Austausch zu treten. Wenn der Dichter sagt: ‚Die Zeit ist ein Bettler', so lehrt er uns ‚sehen wie …', er lehrt uns die Zeit anschauen wie einen Bettler. Zwei bis dahin voneinander entfernte kategoriale Klassen kommen sich plötzlich nahe. ‚Nahe bringen', was ‚fern' war; das ist die Arbeit der Ähnlichkeit" (Ricoeur 1974, 48). Ricoeur macht darauf aufmerksam, dass das Sehen gleichzeitig ein Machen, Herstellen ist: „Gute Metaphern sind jene, die mehr eine Ähnlichkeit stiften, als dass sie sie nachzeichnen" (Ricoeur 1974, 48). Die Spannung zwischen den Worten, mehr noch, die Spannung zwischen den Auslegungen, der wörtlichen und der übertragenen, erzeugt eine „Sinn-Schöpfung", von der die Rhetorik, so glaubt Ricoeur, nur das Endresultat wahrnimmt, die Ausdehnung des Wortsinns. Tatsächlich ist die Metapher aber eine Schöpfung, die nur im Augenblick lebt (‚lebende Metapher'). Die Metapher gleicht damit mehr der „Auflösung eines Rätsels" als der „einfachen Assoziation durch Ähnlichkeit". Sie ist die „Auflösung einer semantischen Dissonanz" (Ricoeur 1974, 48).

Ricoeur zieht aus seiner Analyse zwei Konsequenzen (Ricoeur 1974, 49): (1.) Die wahren Metaphern sind *unübersetzbar*; nur die auswechselbaren Metaphern lassen eine Übersetzung zu, die den ‚wahren Sinn' wiedergibt. Natürlich lassen sich auch die echten Metaphern umschreiben, aber so eine Umschreibung ist unendlich, und sie erschöpft die Neueinführung von Sinn, die mit der semantischen Innovation einherging, nie. (2.) Die Metapher ist keine Ausschmückung der Rede; sie leistet nichts weniger als eine Neubeschreibung der Wirklichkeit: „das *Seiende* [wird] durch die Prädikatsrelation neu beschrieben; sie besagt, *dass* dem so ist" (Ricoeur 2004, 239) Die Metapher sagt etwas Neues über die Wirklichkeit. Man darf von einer „metaphorischen Wahrheit" sprechen, um die realistische Intuition, die mit dem Neubeschreibungsvermögen der dichterische Sprache verbunden ist, zu unterstreichen (Ricoeur 2004, 239).

Literatur:

Davidson 1986b.
Reimer/Camp 2006.

Literatur

Austin, John L. 1972: Zur Theorie der Sprechakte [How to do Things With Words, dt.] Stuttgart: Reclam

Arnauld, Antoine; Nicole, Pierre 1994: Die Logik oder die Kunst des Denkens, Darmstadt: Wissenschaftliche Buchgesellschaft

Beaney, Michael (Hg.) 2013: The Oxford Handbook of the History of Analytic Philosophy, Oxford: Oxford University Press

Bermúdez, José Luis 2010: Two Arguments for the Language-Dependence of Thought, in: Nimtz, Christian; Langkau, Julia (Hg.): New Perspectives on Concepts, Grazer Philosophische Studien 81 (2010), 37–54

Bertram, Georg W. 2011: Sprachphilosophie zur Einführung, Hamburg: Junius

Borg, Emma 2006: Intention-Based Semantics, in: Lepore, Ernest/Smith, Barry C. (Hg.) 2006, 250–266

Borsche, Tilmann (Hg.) 1996: Klassiker der Sprachphilosophie. Von Platon bis Chomsky, München: Beck

Borst, Arno 1957: Der Turmbau zu Babel. Geschichte der Meinungen über Ursprung und Vielfalt der Sprachen und Völker, Band I, Stuttgart

Brandom, Robert 2000: Expressive Vernunft [Making It Explicit, dt.], Frankfurt am Main: Suhrkamp

Brandt, Reinhard/Klemme, Heiner F.: John Locke, in: Borsche, Tilmann (Hg.) 1996, 133–146

Brandom, Robert 2001: Begründen und Begreifen. Ein Einführung in den Inferentialismus [Articulating Reasons, dt.], Frankfurt am Main: Suhrkamp

Brentano, Franz 1924: Psychologie von einem empirischen Standpunkt, Erster Band, Leipzig: Meiner

Burge, Tyler 1979: Individualism and the Mental, in: Midwest Studies in Philosophy 4 (1979), 73–121

Burge, Tyler 1993: Concepts, Definitions, and Meaning, in: Metaphilosophy 24 (1993) 309–324

Candlish, Stewart 1998: Wittgensteins Privatsprachenargumentation, in: Savigny, Eike von (Hg.): Ludwig Wittgenstein: Philosophische Untersuchungen, Klassiker Auslegen Bd. 13, Berlin: Akademie Verlag, 143–165

Carnap, Rudolf 1970: Empiricism, Semantics, and Ontology, in: ders.: Meaning and Necessity. A Study in Semantics and Modal Logic, Chicago: Univ. of Chicago Press, 2. Aufl. 1970, 205–221

Carruthers, Peter 1996: Language, thought and consciousness. An essay in philosophical psychology, Cambridge: Cambridge University Press 1996

Chalmers, David 2006: Two-Dimensional Semantics, in: Lepore, Ernest/Smith, Barry C. (Hg.) 2006, 574–606

Condillac, Etienne Bonnot de 1803: Essai sur l'origine des connoissances humaines, Paris: Duffart

Davidson, Donald 1986a: Denken und Reden, in: Wahrheit und Interpretation, Frankfurt am Main: Suhrkamp, 224–246

Davidson, Donald 1986b: Was Metaphern bedeuten, in: Wahrheit und Interpretation, Frankfurt am Main: Suhrkamp, 343–371

Davidson, Donald 1993a: Vorausetzungen für Gedanken, in: ders.: Der Mythos des Subjektiven, Stuttgart: Reclam, 5–15

Davidson, Donald 1993b: Externalisierte Erkenntnistheorie, in: ders.: Der Mythos des Subjektiven, Stuttgart: Reclam, 65–83

Davidson, Donald 2001: Rational Animals, in: ders.: Subjective, Intersubjective, Objective, Oxford: Clarendon Press, 95–105

Detel, Wolfgang 2007: Philosophie des Geistes und der Sprache, Grundkurs Philosophie Band 3, Stuttgart: Reclam, 2007

Devitt, Michael 1981: Designation, New York: Columbia University Press 1981

Devitt, Michael/Stelerelny, Kim 1999: Language and Reality. An Introduction to the Philosophy of Language. Second Edition, Cambridge, Mass.: MIT Press

Di Cesare, Donetella 1996: Wilhelm von Humboldt, in: Borsche, Tilmann (Hg.) 1996, 275–290

Dretske, Fred I. 1981: Knowing and the Flow of Information, Cambridge, Mass.: MIT Press

Dummett, Michael 1982a: Freges Unterscheidung zwischen Sinn und Bedeutung, in: ders.: Wahrheit. Fünf philosophische Aufsätze, Stuttgart: Reclam, 47–93

Dummett, Michael 1982b: Kann und sollte die analytische Philosophie systematisch sein?, in: ders.: Wahrheit. Fünf philosophische Aufsätze, Stuttgart: Reclam, 185–220

Dummet, Michael 1988: Ursprünge der analytischen Philosophie, Frankfurt am Main: Suhrkamp

Dummett, Michael 1993: What is a Theory of Meaning? (I), in: ders.: The Seas of Language, Oxford: Clarendon Press, 1–33

Eco, Umberto 1994: Die Suche nach der vollkommenen Sprache, München: Beck

Fodor, Jerry A. 1975: The Language of Thought, Cambridge, Mass.: Harvard University Press

Fodor, Jerry A. 1987: Psychosemantics, Cambridge, Mass.: MIT Press

Fodor, Jerry A. 1990: A Theory of Content and Other Essays, Cambridge, Mass.: MIT Press

Fodor, Jerry A. 1998: Concepts. Where Cognitive Science went wrong, Oxford: Clarendon Press

Frank, Manfred 1984: Was ist Neostrukturalismus?, Frankfurt am Main: Suhrkamp

Frege, Gottlob 1966: Der Gedanke. Eine logische Untersuchung, in: ders.: Logische Untersuchungen, hg. v. Günther Patzig, Göttingen: Vandenhoeck und Ruprecht, 30–53

Frege, Gottlob 1987: Grundlagen der Arithmetik (1884), hg. v. Joachim Schulte, Stuttgart: Reclam

Frege, Gottlob 1994a: Über Sinn und Bedeutung, in: Funktion, Begriff, Bedeutung. Fünf logische Studien, hg. v. Günther Patzig, Göttingen: Vandehoeck und Ruprecht, 7. Aufl., 40–65

Frege, Gottlob 1994b: Funktion und Begriff, in: Funktion, Begriff, Bedeutung. Fünf logische Studien, hg. v. Günther Patzig, Göttingen: Vandehoeck und Ruprecht, 7. Aufl., 17–39

Gabriel, Gottfried 2013: Frege and the German background to analytic philosophy, in: Beaney, Michael (Hg.) 2013, 280–297

Gadamer, Hans-Georg 1986: Wahrheit und Methode. Grundzüger einer philosophischen Hermeneutik, Tübingen: Mohr, 5. Aufl.

Gaier, Ulrich 1996: Johann Gottfried Herder, in: Borsche, Tilmann (Hg.) 1996, 215–232

Glock, Hans-Johann 2000: Wittgenstein-Lexikon, Darmstadt: Wissenschaftliche Buchgesellschaft

Glock, Hans-Johann 2010: Can Animals Judge?, in: Dialectica 65 (2010), 11–33

Glock-Hans-Johann 2011: A Cognitivist Approach to Concepts, in: Grazer Philosophische Studien 82 (2011), 131–163

Glüer, Kathrin: Triangulation: in: Lepore, Ernest/Smith, Barry C. (Hg.) 2006, 1006–1019

Glock, Hans-Johann 2010: Can Animals Judge, in: Dialectica 64 (2010), 11–33

Graeser, Andreas 1996: Aristoteles, in: Borsche, Tilmann (Hg.) 1996, 33–48

Grice, Herbert P. 1957: Meaning, in: Philosophical Review 66 (1957) 377–388

Grondin, Jean 2009: Hermeneutik, Göttingen: Vandenhoeck u. Ruprecht

Habermas, Jürgen 1981: Theorie des kommunikativen Handelns, Band 1 Handlungsrationalität und gesellschaftliche Rationalisierung, Frankfurt am Main: Suhrkamp

Hacking, Ian 1984: Die Bedeutung der Sprache für die Philosophie, Meisenheim; Königstein: Anton Hain

Hamann, Johann Georg 1825: Metakritik über den Purismus der reinen Vernunft, in: Hamanns Schriften VII, hg. v. Friedrich Roth, Leipzig: bey G. Reimer

Heidegger, Martin 1949: Über den Humanismus, Frankfurt am Main: Klostermann

Heidegger, Martin 1959: Unterwegs zur Sprache, Pfullingen: Neske

Heidegger, Martin 1971: Hölderlin und das Wesen der Dichtung, in: ders.: Erläuterungen zu Hölderlins Dichtung, Frankfurt am Main: Klostermann, 4. Auflage, 33–38

Heidegger, Martin 1972a: Sein und Zeit, Tübingen: Niemeyer 12. Aufl.

Heidegger, Martin 1972b: Der Ursprung des Kunstwerks, in: ders.: Holzwege, Frankfurt am Main: Klostermann, 5. Aufl., 7–68

Heidegger, Martin 1979: Prolegomena zur Geschichte des Zeitbegriffs, Gesamtausgabe Bd. 20, Frankfurt am Main: Klostermann

Herder, Johann Gottfried 1960: Abhandlung über den Ursprung der Sprache, in: ders.: Sprachphilosophische Schriften, hg. v. Erich Heintel, Hamburg: Meiner, 3–87

Hobbes, Thomas 2002: Leviathan oder Stoff, Form und Gewalt eines kirchlichen und bürgerlichen Staates, Frankfurt am Main: Suhrkamp

Humboldt, Wilhelm von 1963: Schriften zur Sprachphilosophie, Werke Bd. III, hg. v. Andreas Flitner, Stuttgart: Cotta

Joisten, Karen 2009: Philosophische Hermeneutik, Berlin: Akademie Verlag

Jung, Matthias 2012: Hermeneutik zur Einführung, Hamburg: Junius

Kambartel, Friedrich/Stekeler-Weithofer 2005, Pirmin: Sprachphilosophie. Probleme und Methoden, Stuttgart: Reclam

Kant, Immanuel 1969: Kritik der reinen Vernunft, Werkausgabe Band III, hg. v. Wilhelm Weischedel, Frankfurt am Main: Suhrkamp

Kant, Immanuel 1977: Logik, in: Schriften zur Metaphysik und Logik, hg. v. Wilhelm Weischedel, Werkausgabe Bd. VI, Frankfurt am Main: Suhrkamp, 417–582

Kaplan, David 1989: Demonstratives. An Essay on the Semantics, Logic, Metaphysics, and Epistemology of Demonstratives and Other Indexicals, in: Themes from Kaplan, hg. v. Joseph Almog, New York: Oxford University Press, 481–563

Kenny, Anthony 1963: Action, Emotion and Will, London: Routledge & Kegan

Kodalle, Klaus-M. 1996: Thomas Hobbes, in: Borsche, Tilmann (Hg.) 1996, 11–132

Kraus, Manfred 1996: Platon, in: Borsche, Tilmann (Hg.) 1996, 15–32

Kripke, Saul 1981: Name und Notwendigkeit [Naming and Necessity, dt.], Frankfurt am Main: Suhrkamp

Künne, Wolfgang 1996: Gottlob Frege 1996: Borsche, Tilmann (Hg.) 1996, 325–346

Künne, Wolfgang 2007: Abstrakte Gegenstände. Semantik und Ontologie, Frankfurt am Main: Klostermann, 2. um einen Anhang erweiterte Auflage

Lafont, Cristina 1994: Sprache und Welterschließung. Zur linguistischen Wende der Hermeneutik Heideggers, Frankfurt am Main: Suhrkamp

Laurence, Stephen; Margolis, Eric 1999: Concepts and Cognitive Science, in: Margolis, Eric; Laurence, Stephen (Hg.): Concepts. Core Readings, Cambridge, Mass.: MIT Press, 3–81

Leerhoff, Holger/Rehkämper, Klaus/Wachtendorf, Thomas 2009: Analytische Philosophie, Darmstadt: Wissenschaftliche Buchgesellschaft

Leiss, Elisabeth 2009: Sprachphilosophie, Berlin; New York: de Gruyter

Lepore, Ernest/Smith, Barry C. (Hg.) 2006: The Oxford Handbook of Philosophy of Language, Oxford: Clarendon Press

Locke, John 1981: Versuch über den menschlichen Verstand [An Essay Concerning Human Understanding, dt.], Band I: Buch I und II, Hamburg: Meiner

Locke, John 1988: Versuch über den menschlichen Verstand [An Essay Concerning Human Understanding, dt.], Band II: Buch III und IV, Hamburg: Meiner

Lycan, William 2008: Philosophy of Language. A Contemporary Introduction, 2. Aufl. New York; London: Routledge

Malcolm, Norman 1972: Thoughtless Brutes, in: Proceedings and Addresses of the American Philosophical Association 46 (1972–1973), 5–20

Manthey, Franz 1937: Die Sprachphilosophie des hl. Thomas von Aquin und ihre Anwendung auf Probleme der Theologie, Paderborn: Schöningh

Martinich, Aloysius (Hg) 2008: Analytic Philosophy. An Anthology, Malden, Mass.: Blackwell

McDowell, John 1998: Geist und Welt, Paderborn: Schöningh

Medin, Douglas/Ortony, Andrew (1989): Psychological Essentialism, in: Vosniadu, Stella/Ortony, Andrew (Hg.): Similarity and Analogical Reasoning, Cambridge: Cambridge University Press, 179–195

Meixner, Uwe 2004: Einführung in die Ontologie, Darmstadt: Wissenschaftliche Buchgesellschaft

Millikan, Ruth Garrett 1984: Language, Thought, and Other Biological Categories. New Foundations for Realism, Cambridge, Mass.: MIT Press

Millikan, Ruth G. 2012: Biosemantik. Sprachphilosophische Aufsätze, Berlin: Suhrkamp

Mojsisch, Burkhard: Augustinus, in: Borsche, Tilmann (Hg.) 1996, 63–76

Morris, Michael 2007: An Introduction to the Philosophy of Language, Cambridge: Cambridge University Press

Newen, Albert 2005: Analytische Philosophie zur Einführung, Hamburg: Junius

Newen, Albert/Schrenk, Markus A. 2008: Einführung in die Sprachphilosophie, Darmstadt: Wissenschaftliche Buchgesellschaft

Nimtz, Christian; Langkau, Julia 2010: Concepts in Philosophy – A rough Geography, in: Nimtz, Christian; Langkau, Julia (Hg.): New Perspectives on Concepts, Grazer Philosophische Studien 81 (2010), 1–11

Panaccio, Claude 1999: Semantics and Mental Language, in: Spade, Paul Vincent (Hg.): The Cambridge Companion to Ockham, Cambridge: Cambridge University Press 1999, 53–75

Papineau, David 2006: Naturalist Theories of Meaning, in: Lepore, Ernest/Smith, Barry C. (Hg.) 2006, 175–188

Peacocke, Christopher 1992: A Study of Concepts, Cambridge, Mass.: MIT Press

Pessin, Andrea/Goldberg, Sanford (Hg.) 1996: The Twin Earth Chronicles. Twenty Years of Reflection on Hilary Putnam's „The Meaning of ‚Meaning'", Armonk, NY: Sharpe

Pfister, Jonas (Hg.) 2011: Texte zur Sprachphilosophie, Stuttgart: Reclam

Prechtl, Peter 1998: Sprachphilosophie, Stuttgart: Metzler

Putnam, Hilary 1979: Die Bedeutung von „Bedeutung", hg. u. übers. Von Wolfgang Spohn, Frankfurt am Main: Klostermann

Quine, Willard van Orman 1976: Carnap and Logical Truth, in: The Ways of Paradox and Other Essays, Cambridge, Mass., revised edition, 107–132

Rakoczy, Hannes 2010: Concepts, Abilities, and Propositions, in: Langkau, Julia; Nimtz, Christian (Hg.): New Perspectives on Concepts, Grazer Philosophische Studien 81, Amsterdam [u. a.]: Rodopi, 77–103

Reimer, Marga/Camp, Elisabeth 2006: Metaphor, in: Lepore, Ernest/Smith, Barry C. (Hg.) 2006, 845–863

Ricoeur, Paul 1974: Philosophische und theologische Hermeneutik, in: Paul Ricouer/Eberhard Jüngel (Hg.): Metapher. Zur Hermeneutik religiöser Sprache, München: Kaiser, 24–45

Ricoeur, Paul 2004: Die lebendige Metapher [La métaphore vive, dt.], München: Fink, 3. Aufl.

Rorty, Richard (Hg.) 1967: The Linguistic Turn. Recent Essays in Philosophical Method, Chicago: The University of Chicago Press

Runggaldier, Edmund 1990: Analytische Sprachphilosophie (Grundkurs Philosophie, Band 11), Stuttgart: Kohlhammer

Russell Bertrand 1921: The Analysis of Mind, New York: Allen & Unwin

Russell, Bertrand 1968: On Denoting, in: ders.: Logic and Knowledge. Essays 1901–1950, London: Allen & Unwin, 4. Aufl., 41–56

Schiffer, Stephen 1987: Remnants of Meaning, Cambridge/Mass.: MIT Press
Schiffer, Stephen 2003: The Things we mean, Oxford: Clarendon Press
Schiffer, Stephen 2006: Propositional Content, in: Lepore, Ernest/Smith, Barry C. (Hg.) 2006, 267–294
Schleiermacher, Friedrich 1977: Hermeneutik und Kritik, hg. v. Manfred Frank, Frankfurt am Main: Suhrkamp
Searle, John R. 1958: Proper Names, in: Mind 67 (1958), 166–173
Searle, John R. 1982: Ausdruck und Bedeutung. Untersuchungen zur Sprechakttheorie, Frankfurt am Main: Suhrkamp
Searle, John R. 1983: Sprechakte. Ein sprachphilosophischer Essay [Speech Acts. An Essay in the Philosophy of Language, dt.] Frankfurt am Main: Suhrkamp
Searle, John R. 1987: Intentionalität. Eine Abhandlung zur Philosophie des Geistes [Intentionality. An Essay in the Philosophy of Mind, dt.], Frankfurt am Main: Suhrkamp
Sosa, Ernest 2006: Rigidity, in: Lepore, Ernest/Smith, Barry C. (Hg.) 2006, 476–489
Strawson, Peter 1972: Einzelding und logisches Subjekt. Ein Beitrag zur deskriptiven Metaphysik [Individuals, dt.], Stuttgart: Reclam

Taylor, Charles 1995a: The Importance of Herder, in: ders.: Philosophical Arguments, Cambridge, Mass.: Harvard University Press, 79–99
Taylor, Charles 1995b: Heidegger, Language, and Ecology, in: ders.: Philosophical Arguments, Cambridge, Mass.: Harvard University Press, 101–126
Taylor, Charles 1985: Theories of Meaning, in: ders.: Human Agency and Language, Philosophical Papers 1, Cambridge: Cambridge University Press, 248–292
Teichert, Dieter 2006: Einführung in die Philosophie des Geistes, Darmstadt: Wissenschaftliche Buchgesellschaft
Tugendhat, Ernst 1976: Vorlesungen zur Einführung in die sprachanalytische Philosophie, Frankfurt am Main: Suhrkamp
Tugendhat, Ernst/Wolf, Ursula 1983: Logisch-semantische Propädeutik, Stuttgart: Reclam

Vedder, Ben 2000: Was ist Hermeneutik? Ein Weg von der Textdeutung zur Interpretation der Wirklichkeit, Stuttgart: Kohlhammer

Wittgenstein, Ludwig 1984: Tractatus logico-philosophicus, Werkausgabe Band 1. Tractatus logico-philosophicus. Tagebücher 1914–1916. Philosophische Untersuchungen, Frankfurt am Main: Suhrkamp
Wohlfahrt, Günter 1996: Martin Heidegger, in: Borsche, Tilmann (Hg.) 1996, 385–400

Sachregister

Allegorie 187
Ambiguität 30, 209, 211
Analytischer Schluss 42
Art
– natürliche 153
– nominale 152, 165
– reale 152, 165
Augustinisches Bild der Sprache 82, 83, 84
Ausdrucksbedeutung 24, 91, 94
Auslegung 200
Aussage 200, 201, 202

Bedeutung (Frege) 43, 77, 78, 79, 80, 81, 107, 139
Bedeutung in einer Sprache 93, 94
Bedeutungstheorie 22, 77, 79
Begriff der objektiven Realität 54, 55, 56
Begriff des Glaubens 53, 56
Begriffe 14, 38, 39, 40, 42, 43, 44, 45, 58, 69, 154, 159, 165
Bündeltheorie 141, 143, 145, 162

Definition 41, 86, 166
Dichtung 63, 102, 204, 207

Eigenname 114, 115, 119, 149
Eigenschaften
– primäre 72, 73
– sekundäre 72
Einrahmungstheorie 185, 186
Ereignis 203
Erfüllungsbedingung 101
Erschlossenheit 192, 196, 198, 199, 200, 201, 203
Existenz 126, 127, 128, 130
Expressive Sprachfunktion 177, 181, 183, 184, 186
Expressivismus
– rationalistisch 58

– romantisch 58, 208
Expressiv-konstitutive Sprachauffassung 185, 187, 189, 191
Extension 41, 81, 154, 155, 160, 161
– aktuelle 163, 164
– kontrafaktische 163, 164
Externalismus 159, 167

Funktion 111, 112, 114

Gedanke 31, 34, 62, 63, 64, 80, 102
Gegebenheitsweise 38, 43, 78, 79, 143
Gesetzgeber der Namen 12, 13
Gespräch 206, 213, 214
Glaube
– holodoxastisch 48
– propositional 49, 51
Grammatik 94
Grenzen der Sprache 99

Handlungserklärungen 50, 52
Hermeneutik 196, 212, 213, 215, 219
Hintergrund 173, 180
Hinweisende Definition 82, 83, 87

Ideen 70, 73
Identität 126
Illokutionäre Handlung 134, 135, 136
Illokutionäre Rolle 135, 136, 211
Indexikalischer Ausdruck 114, 118, 210
Indexikalität 157, 158, 159
Inferentialismus 47, 58
Inferenz 40, 47, 59
Inhalt
– begrifflicher 44, 57, 59
– bildhafter 48, 72
– enger 167
– geistiger 22, 44

- propositionaler 29
- weiter 167, 168

Inneres Wort 69
Intension 41, 155, 162, 163
- primäre 163, 164, 166
- sekundäre 164

Intensionaler Kontext 34, 35, 121
Intentionales Objekt 27, 28
Intentionalität 16, 18, 20, 26, 27
Intentionenbasierte Semantik 24, 91, 96

Junktor 120, 122

Kategorie 131, 132, 165
Kategorisierung 42, 43
Kausale Theorie der Referenz 149
Kennzeichnung 114, 115, 117
Klassifikation
- begrifflich 57
- responsiv 58

Kompositionalität 22, 39, 94
Kontextprinzip 61, 100
Konventionen 16, 87, 94
Kopula 126, 127, 132
Kraft (Frege) 63, 102, 103

Lexem 16, 209
Lexikon 209
Lichtung 190, 191, 192, 193, 195, 203
Logik 14, 104, 105, 120
Logik von Port-Royal 14, 69

Mentaler Diskurs 71
Mentalismus 44, 64, 65, 66, 71, 91, 97
Metapher 219, 220, 223, 224, 225, 226
Mögliche Welt 41, 146, 147, 148, 163, 164
Morphem 16, 209

Nominalismus 109, 110
Notwendigkeit
- de dicto 147, 148
- de re 147, 148

Performative Äußerung 132, 133, 134, 182
Perlokutionäre Handlung 135
Phonem 16, 209
Privatsprachenargument 84, 88, 89
Propositionale Einstellung 23, 24, 27, 29, 30
Propositionen 23, 28, 29, 31, 32, 40, 93, 210
- Fregesche 36, 38
- Russellsche 32, 34, 35
Psychologismus 64

Quantor 116, 122, 123, 124, 125, 129

Referenz
- von Metaphern 219, 220
- von singulären Termini 114, 117
- von Texten 218, 219, 220
Regelfolgen 85, 86

Sachverhalt 34
Satz
- elementarer 107, 120
- genereller 122
- komplexer 120
Schriftlichkeit 214, 216
Semantik 16, 21, 24, 103, 105, 106
- der begrifflichen Rolle 46
Signalisieren 175, 176, 177
Sinn (Frege) 43, 63, 77, 79, 80, 81, 101, 103, 140, 143
Sortale Ausdrücke 118
Sprache 16, 90, 209
Sprache des Geistes 18, 23, 44, 66
Sprachliche Dimension 174, 175, 177, 180
Sprechakt 60, 92, 134, 136, 137
Sprecherbedeutung 24, 92, 93, 95
Starre Bezugnahme 119, 148, 149, 151, 158
Stereotyp 160, 161, 162
Syllogismus 105

Symbol 187, 188, 194
Synonymie 30, 209
Syntax 16, 106, 209

Teleosemantik 19
Terminus 109
– genereller 111, 112
– singulärer 112, 114, 117
Text 211, 213, 215, 216, 218, 221
Triangulation 55
Turmbau zu Babel 11

Unausdrückbarkeit 99
Universalienrealismus 109, 110
Ursprache 12

Urteil 15, 113

Variable 116, 123, 125
Vehikel des Denkens 44, 65
Verstehen 22, 46, 222
Vorstellungen 62, 64, 77

Wahrheitsbedingung 22, 31, 100, 101, 108, 110
Wahrheitsfunktion 120, 121
Wahrheitswert 80, 101, 107, 113, 120
Werk 217, 219

Zuschreibung 23, 35, 52
Zwillingserde 156, 163

Namenregister

Aristoteles 42, 67, 68, 70, 72, 104, 125, 126, 131, 190, 224, 225
Augustinus 68, 69, 82, 83
Austin, John 132

Borst, Arno 11
Brandom, Robert 46, 57, 58
Brentano, Franz 27
Burge, Tyler 167

Chalmers, David 163
Condillac, Etienne 171, 179, 180

Davidson, Donald 26, 50, 54, 56
Descartes, Réné 70
Dummett, Michael 46, 61, 62, 65, 97

Fodor, Jerry 19, 66
Frege, Gottlob 36, 61, 63, 64, 77, 78, 79, 106, 111

Gadamer, Hans-Georg 212, 213
Glock, Hans-Johann 48
Grice, Herbert Paul 21, 25, 91

Habermas, Jürgen 137
Hacking, Ian 75, 76
Heidegger, Martin 190, 192, 195, 197, 198, 203, 204, 212, 221
Herder, Johann Gottfried 171, 172, 178, 179
Hobbes, Thomas 71
Hölderlin, Friedrich 204

Humboldt, Wilhelm von 188, 189

Kant, Immanuel 14, 142, 170
Kripke, Saul 119, 139, 140, 146, 149, 150, 151, 153

Locke, John 70, 73, 74, 76, 151, 152

Malcolm, Norman 48
Mill, John Stuart 139

Peacocke, Christopher 46
Platon 13, 66, 68, 125
Putnam, Hilary 155, 160, 166

Quine, Willard van Orman 75

Ricoeur, Paul 215, 217, 223
Russell, Bertrand 27, 32, 115, 116, 128

Schiffer, Stephen 21, 91
Searle, John 17, 21, 91, 132, 135
Strawson, Peter 116

Taylor, Charles 170, 171, 180, 184
Thomas von Aquin 69, 132
Tugendhat, Ernst 132

Wilhelm von Ockham 66
Wittgenstein, Ludwig 34, 82, 84, 85, 87, 99, 141, 173

Wolfgang Erich Müller

Konzeptionen der Gerechtigkeit

Entwicklungen der Gerechtigkeitstheorie
seit John Rawls

2014. 256 Seiten. Kart.
€ 34,99
ISBN 978-3-17-022501-5

Gerechtigkeit gilt als Kardinaltugend für ein gutes und richtiges Leben. Was aber bedeutet sie inhaltlich und wie lässt sie sich begründen? Der gedankliche Mittelpunkt der Darstellung ist die epochale Neubestimmung der Gerechtigkeit durch John Rawls. Seine Theorie der Gerechtigkeit hat zu vielen Diskussionen, Weiterführungen und Gegenentwürfen Anlass gegeben, die exemplarisch vorgestellt und vier Fragestellungen zugeordnet werden: Ist ein Gesellschaftsvertrag als Grundvoraussetzung der Theorie unabdingbar? Muss nicht die Gemeinschaft als Ort der Gerechtigkeitsvorstellungen stärker betont werden? Ist der Stellenwert, den Rawls der Gleichheit zuschreibt, angemessen? Gewährt er der Freiheit einen adäquaten Raum? Den Abschluss bildet ein argumentationsethischer situationsbezogener Ansatz.

W. Kohlhammer GmbH · 70549 Stuttgart
vertrieb@kohlhammer.de · www.kohlhammer.de